KB126280

정읍, 샘고을 이야기

저자소개

최재용

- 1994년 한양대학교 행정학과 졸업
- 2005년 KDI정책대학원 및 미국 러커스대학교 MCRS 석사
- 2017년 전라북도청 기획관
- 2021년 전라북도청 농축산식품국장
- 2022년 정읍시 부시장(현재)

정읍,
샘고을 이야기

하나를 보면 열을 알게 되는 교실 밖 역사문화여행

· 최재용 지음

좋은땅

머리말

학교 다닐 때 문과생이었지만 역사가 참 어려웠습니다. 나름 성실하게 외운다고 하였지만 성적은 정말 형편없이 나오기 일쑤였습니다.

그러고도 대학에 가서는 공무원 시험을 택했는데, 1차 시험 과목 중 하나였던 한국사는 제발 평균 점수만이라도 깎아 먹지 않기만을 바랄 뿐이었습니다.

지금 생각해 보면 참 어리석은 일이지만 그렇게 공부하던 시절 마음속으로 괜히 부모님을 원망하기도 했습니다. 머리는 평균 같은데 왜 이렇게 암기력은 남만 못할까 하고요.

어느 해 1차 시험을 마치고 여럿이 같이 나오며 시험 뒷얘기를 하는

데 우연히 같은 학과 친구가 혼잣말처럼 이렇게 말합니다. '나는 한국사가 제일 쉽더라⋯⋯.'라고요!

그 친구의 고향은 경북 경주였습니다. 태어나 자라면서 역사책에서 언급되는 경주의 역사 현장과 문화재를 일상으로 보고 다녔을 터입니다. 또 역사적 장소로서의 고향 경주에 대한 자부심도 큰 듯했습니다.

참 부러웠고, 역사적 현장과는 너무 동떨어져 살아왔다고 생각하던 저에게는 한국사를 못하는 또 다른 합리적 이유로 여겨졌고, 그래서 더더욱 한국사는 도저히 극복할 수 없는 한계라고도 생각했습니다.

여러 우여곡절을 거쳐 결국은 운 좋게 1997년부터 지역에서 공직 생활을 시작했습니다. 세월이 흘러 가족을 이루고, 어느새 두 아이는 중·고등학교에 다니고 있습니다. 그사이 그래도 주말이면 시간적 여유도 생기게 되었습니다.

학창 시절 역사에 대한 콤플렉스가 컸기에 아이들에게 역사적 현장을 보여 주고 싶었습니다. 주말에 어쩌다 시간이 되면 멀리는 못 가니 한나절 정도 다녀올 수 있는 곳을 주로 다녔습니다.

아이들과 다녀본 곳 중에서 남원의 황산대첩비, 교룡산성과 남원성, 완주와 진안 경계에 있는 웅치전적지, 정읍 내장산 조선왕조실록 이안

길 등이 특히 기억에 남습니다.

 시간이 흘러가면서 우리 지역이 어느 곳 못지않게 참 많은 역사 문화 자산을 가졌다는 것도 알게 되었습니다. 예나 지금이나 물자와 사람이 많이 모이는 곳에서 문화와 역사가 융성해지는 것은 당연한 이치입니다. 우리 지역의 비옥하고 광활한 토지는 상당한 경제력을 갖게 했고, 이를 바탕으로 선조들은 찬란한 역사 문화를 수천 년간 꽃피워 온 것입니다.

 하지만 아이들은 여전히 따분해하기만 합니다. 지금 둘러보는 역사 문화의 현장은 그 시절의 극히 일부분만 현재 남아 있는 것이고, 뒤에 담겨 있는 깊은 역사는 숨겨져 있는 것이니 놀이동산에서와 같은 재미를 느끼기를 바란다는 것은 애당초 기대하기 어려운 일일 것입니다.

 그럼에도 현장에 있는 문화재 안내문은 너무 전문적이어서 솔직히 읽어도 무슨 뜻인지 알기가 어려운 경우가 의외로 많아 이내 고개를 돌리고 맙니다.

 또한 역사 문화 현장 자체에 대한 단순한 설명보다는 이와 관련된 역사나 문화의 맥락을 짚어 주거나, 특히 역사적 인물이라면 그 인물의 전체적인 역사적 행적도 알 수 있으면 조금이라도 더 흥미로웠겠다는 아쉬움이 들기도 합니다.

이 책은 역사 문화 현장을 둘러보면서 궁금했던 점을 찾아보거나, 현장을 둘러보면서 느꼈던 아쉬움을 스스로 채우기 위해 정리한 것을 주제별로 묶은 것입니다. 역사를 잘 모르는 비전문가 입장에서 기존의 전문적 자료들을 가능하면 일반인들이 쉽게 이해하도록 상식적 수준의 언어로 재편집한 것입니다.

이 책을 통해 지역 역사 문화에 좀 더 호감을 갖게 되고, 흥미를 느낄 수 있으면 좋겠습니다.

더 나아가 이 책을 보며 문화나 역사적 맥락을 조망하고 현장을 보게 되면 한 곳을 가더라도 열 곳을 간 것처럼 배울 수 있기를 기대합니다.

예컨대 무성서원과 유상대에서 고운 최치원 선생의 행적을 앞뒤로 살피다 보면 신라시대 말기의 정치 상황을 가늠해 보게 되고, 『계원필경』을 통해 조선 실학의 흐름도 대략 이해하게 됩니다.

또 불우헌 정극인 선생을 주제로 한 상춘공원에서 가사문학의 출발점이 된 「상춘곡」을 보면서 고대가요부터 향가, 고려가요와 경기체가, 시조와 가사문학으로 이어지는 우리나라 운문문학의 흐름을 알게 되는 것입니다.

끝으로 이 책에 쓰인 글들은 기존의 저작들이나 글들에서 이미 알려진 내용을 나름대로 정리한 것에 불과하다는 말씀을 다시 한번 드립니다. 그런 연유로 이 글을 쓰면서 많은 분들의 도움을 직간접으로 많이 받았습니다.

특히 글의 주제를 정하고 전체적인 흐름을 이해하는 데 있어 큰 도움을 주신 이홍재 정읍시립미술관 명예관장님, 김재영 정읍역사문화연구소 이사장님, 조광환 동학역사문화연구소 소장님께 감사드립니다.

궁금한 사항에 대한 질문이 있으면 번거로움을 마다하지 않고 자료를 찾아 주시기도 하고, 어떤 때는 지적 호기심을 자극하듯 흥미로운 역사 문화 자료를 먼저 건네주시던 김용련 정읍문화원 사무국장님, 강용원 정읍시 관광과장님과 서명석 전시시설팀장님께도 고마운 마음을 전하고 싶습니다.

지루한 글일 텐데도 인내심을 갖고 읽어 주시고, 새로운 주제에 도전하도록 자극하며 응원해 주신 황서영 정읍시생활문화센터 사무국장님의 도움도 컸습니다. 그리고 어떤 때는 지나가다 뜬금없이 들르기도 하고 길을 찾다 헤매기도 했지만 늘 변함없이 묵묵히 함께해 주신 정읍시 유영만 주무관님과 시간을 알뜰하게 쓸 수 있도록 배려해 주신 정읍시 유상선 주무관께도 이 글을 통해 감사드립니다.

책을 내면서 가족의 도움도 많이 받았습니다. 아내는 여러 번 글을 읽어 보며 어색한 문장을 바로잡아 주기도 하고, 책 출간을 망설이는 제게 해 보라는 용기도 줬습니다. 또 이제는 중·고등학생으로 자기들만의 바쁜 시간을 보내고 있는 상연, 윤호 두 아이는 고맙게도 책 제목과 표지 디자인에 대한 의견도 주고, 인내심을 갖고 읽으며 오탈자 교정에도 도움을 줬습니다.

끝으로 이번 출간을 하면서 이렇게 힘든 과정을 거쳐야 하나 하는 생각이 들었습니다. 지독할 만큼 집요하게 오탈자와 앞뒤 불일치하는 내용을 찾고, 역사적 인물의 연대나 원문 자료의 오류까지 살펴봐 주신 좋은땅출판사 관계자 여러분의 도움에 다시 한번 깊이 감사드립니다.

이 책이 정읍을 흥미롭게 여행하고, 정읍을 통해 우리 역사 문화의 맥락을 이해하고자 하는 분들에게 작은 도움이 되면 좋겠습니다.

목차

참고자료

수제천의 정읍은
이탈리아의 피렌체였다!

　정읍 수제천을 아시는지요? 아마도 정읍의 어느 하천을 떠올릴 것입니다. '칠보천, 고부천, 정읍천 말고 수제천은 도대체 어디에 있는 것일까…?' 하고 말입니다. 솔직히 저도 그랬습니다!

　긴말로 괜한 골탕을 먹이기보다는 어서 말하는 것이 나을 듯합니다. 수제천은 한자로 목숨 수(壽), 가지런할 제(齊), 하늘 천(天)입니다. 그러니 일단 하천은 아닌 것입니다.

　수제천의 뜻을 헤아림에 있어 어려운 글자는 가운데 제(齊)로 보입니다. 한자사전을 찾아보면 '가지런하다, 오르다, 다스리다, 성취하다.' 등 다양한 뜻으로 쓰이는 걸 볼 수 있습니다. 결론적으로 수제천은 '생명이 하늘에 달할 정도로 영원하라.'는 뜻으로 해석된다고 합니다.

그럼 수제천은 도대체 무엇일까요? 놀랍게도 수제천은 역사 드라마를 보면 가끔 듣게 되는, 무척 귀에 익은 음악입니다. 임금의 즉위식이나 나라의 경사스러운 연회, 그리고 국가적 의전 행사 시 그 품격을 높일 목적으로 사용되는 음악입니다.

백문이 불여일견이라고 하지 않던가요! 그러니 지금 당장 유튜브에서 '수제천'을 찾아보면 좋겠습니다. 아마도 몇 초 안에 손으로 무릎을 치며, '너무도 익숙한 이 음악이 바로 수제천이구나!'라고 말할 것입니다.

(사)수제천보존회 회원들의 수제천 연주 모습(정읍시 제공)

사실 수제천의 본래 명칭은 '정읍(井邑)'이라고 합니다. 궁중음악의 백미인 수제천의 본명이 정읍이라는 것이 이상하면서도 놀랍지 않은

가요? 그럼 당초 '정읍'으로 불렸던 '수제천'의 역사를 좀 더 살펴보기로 하겠습니다.

'둘하 노피곰 도두샤 어긔야 머리곰 비취오시라'로 시작되는 가사 「정읍사(井邑詞)」와 함께 반주음악 정읍(井邑)으로 불리던 '수제천'은 고려시대에는 궁중음악으로 흡수되어 연주되었고, 조선시대에는 국가를 대표하는 정곡으로 발전했다고 합니다.

성리학적 통치이념이 한층 강화되는 조선 중종 때(1506~1544) 이르러 가사가 왕실의 분위기와 어울리지 않는다는 이유로 가사 '정읍사'는 떨어져 나가고 반주음악인 '정읍'만이 연주됩니다.

그러던 것이 순조 때(1800~1834) '정읍'이라는 본명을 대신하여 '수제천'이라는 별칭을 사용하기 시작하고, 일제강점기(1910~1945)를 거치면서 별칭이었던 '수제천'이 일반적으로 널리 사용되면서 오늘에 이르게 된 것입니다. 이쯤 되면 수제천의 역사라기보다는 오히려 '정읍'의 역사라고 부르는 것이 합당할 듯합니다.

아무튼 '생명이 하늘에 달할 정도로 영원하라.'는 뜻의 수제천은 우리나라 전통음악 중 가장 품격 있고 아름다운 정악 곡으로 꼽힙니다. 또한 유일하게 '정읍'이라는 지역의 지명을 궁중음악의 제목으로 사용한 곡이기도 합니다. 이것은 천 년이 넘는 오랜 시간, 정읍의 시대적 위상을 짐작하게 한다는 생각입니다. 오늘날 우리가 이탈리아 피렌체나 밀라노 하면 떠올리는 이미지라 할까요?

수제천 무고복원연주회 모습(정읍시 제공)

1970년 유네스코 아시아 음악제에서 '천상의 소리가 인간 세상에 내려온 것 같다.'라는 평을 들었던 수제천은 국립국악원과 같은 우리나라 최고의 기관에서도 널리 연주되고 있습니다.

하지만 한 가지 주목할 점이 있습니다! 수제천의 본고장 정읍에서는 단지 음악을 사랑하는 일반 시민이 중심이 되어 '수제천보존회'를 만들고 민간 주도로 수제천을 연주한다는 것입니다.

여기에는 현직 시청 직원도, 소방관도, 학교 선생님도 있습니다. 평일 저녁과 주말을 활용하는 연습은 누구보다 열정이 넘칩니다. 연간 수백억 원의 돈을 쏟아부어 세계 최고의 연주자로 구성된 베를린 필하모니 오케스트라나 런던 필하모니 오케스트라라 할지라도 우리 정읍의 순수함과 열정을 어찌 따라올 수 있겠습니까!

이것이 1천5백 년 전 백제시대 「정읍사」와 정읍(수제천)을 오늘까지 이어지게 만든 원천이며 정읍의 저력이라는 생각이 듭니다. 이에 화답하듯 정읍시에서도 2014년 수제천보존회 지원 조례를 제정하였고, 최근에는 운영비까지 일부 지원하며 지역의 자발적이고 애틋한 보존 노력을 응원하고 있는 것입니다.

무성서원, UNESCO 세계문화유산이 되다

정읍 태산선비권역의 중심에 있는 무성서원은 우리나라 다른 8개 서원과 함께 지난 2019년 7월에 유네스코 세계문화유산으로 등재되었습니다.

무성서원은 최근까지도 학생이나 일반인에게 그리 많이 알려지지 않은 서원입니다. 솔직히 저도 그랬습니다. 정부가 유네스코 세계문화유산 등재 신청을 하면서 '지역적 안배라도 했나?'라고 할 정도로 우리 무성서원을 가벼이 여겼습니다. 함께 등재된 소수서원, 도산

무성서원 앞에 세워진
세계문화유산 안내 표지석

서원, 옥산서원 등 다른 대부분의 서원들은 학교 다닐 때나 시험을 위한 역사 공부에서 그나마 들어봤기 때문입니다.

하지만 무성서원을 가 보고, 조금씩 알게 되면서 제가 너무 무지했구나 하는 생각이 들었습니다. 참 창피한 일입니다!

아래에 최근 인터넷을 뒤지고, 무성서원 초입에 위치한 태산선비문화사료관 관장님으로부터 들은 얘기를 나름대로 정리해 보았습니다.

혹시라도 역사적 사실과 다른 부분이 있으면 스스럼없이 말씀해 주시면 더 좋겠습니다!

1. 외형적으로 무성서원은 유네스코에 등재된 다른 서원과 달리 마을 속에 둘러싸여 존재합니다. 대부분의 서원은 풍광이 좋으며 마을에서 떨어진 외딴 곳에 세워졌는데 무성서원은 달랐습니다.

그도 그럴 것이 불우헌 정극인 선생(1401~1481)이 주도하여 1475년 무성서원 앞 남전마을에 일종의 공동체 회의소인 '동각'을 짓고, 우리나라에서 가장 오랫동안 지속된 민간 향약인 '태인고현동향약'을 시작했다는 점을 주목할 필요가 있습니다.

성리학적 이상사회를 이루기 위해 공동체 단위의 자치제도인 향약

과 백성의 교육과 교화를 위한 서원은 지역사회에 필수였기에 마을을
떠날 수가 없었던 것입니다.

무성서원의 정문인 현가루

2. 무성서원은 유네스코가 지정한 9개 서원 중에 가장 소박하고 정갈
한 건축과 시설 배치로 이뤄졌습니다.

향약으로 대표되는 성리학적 이상사회를 지향했기에 굳이 외부에
위세를 뽐낼 필요도 없었습니다. 그 정신은 계속되어 현대에 와서도
정부 지원을 통해 공간을 넓히고 건축물을 추가로 세워 외형을 키울 아
무런 이유가 없었던 것입니다.

단지 거목이 된 오래된 은행나무 두 그루가 지금도 남아 무성서원이

설립된 당시의 초심을 잃지 않도록 지켜보고 있을 뿐입니다.

학생들을 가르쳤던 무성서원의 강당

3. 무성서원의 최고 책임자인 원장은 특이하게도 관찰사가, 부원장은 군수가 맡아 왔습니다. 오늘날로 얘기하면 도지사가 원장을 맡은 것입니다. 무성서원도 세월이 흐르며 여러 차례 보수를 해 왔는데, 그 당시의 보수 상황을 적은 여러 편액에 그렇게 적혀 있는 것입니다.

무성서원은 재원이 없어 크기가 작은 것도 아니요, 국가의 관심이 적어 현재처럼 소박하게 남아 있는 것은 결코 아닌 것입니다. 조선시대 태인이 어디 보통의 도시였겠습니까?

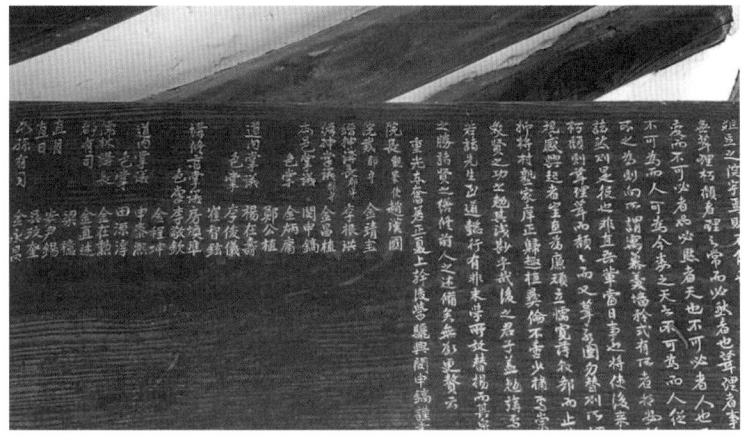

무성서원 강당 건물에 걸려 있는 건물 보수 기록을 담은 편액

4. 무성서원은 성리학을 이념적 근간으로 하는 조선에 세워진 사실상 첫 번째, 그리고 민간 주도의 서원이기도 합니다.

1437년 이후 정읍 태인에 낙향하신 불우헌 정극인 선생이 세운 교육기관인 '향학당'이 1483년에, 고운 최치원 선생을 모시던 '선현사'가 1484년에 현재의 무성서원, 즉 사액서원 이전에는 '태산서원'으로 불렸던 이곳으로 합쳐졌다고 합니다.

물론 공식적으로는 숙종 대인 1696년에 '무성(武城)'이라고 사액(賜額)되어 무성서원으로 개편되었지만, 실질적 '서원'으로서의 모습은 그 훨씬 이전인 1484년부터 향학당의 교육과 고운 최치원 선생을 모시는 생사당인 선현사(지금은 태산사로 명칭이 바뀜)의 배향이 합해진 지금의 '무성서원'에서 이미 이뤄졌던 것입니다.

흔히들 서원 하면 1543년 경북 영주에 풍기군수 주세붕이 안향을 배향하는 사당과 함께 세운 백운동서원을, 그리고 후에 풍기군수였던 퇴계 이황의 건의로 우리나라 최초의 사액서원(조선시대에 왕으로부터 서원명 현판과 노비·서적 등을 받은 서원)이 됨으로써 백운동서원에서 이름을 바꾼 소수서원을 떠올립니다.

사액서원임을 알리는 무성서원 강당 건물에 걸려 있는 편액

하지만 여러 역사적 정황과 실질적 기능으로 보면 '무성서원', 혹은 사액서원이 되기 전인 이곳 '태산서원'은 우리나라 최초의 서원임이 틀림없어 보입니다.

5. 대부분의 서원은 과거시험을 위한 배움의 장이었습니다. 하지만 무성서원은 엄격한 내부 규정을 통해 누구나 배움을 위해 들어올 수는 있지만, 벼슬길에 오르고자 과거시험 공부를 하고 싶으면 무성서원을 떠나라고 할 정도로 철저하게 순수 학문지향적이었습니다.

무성서원은 최초의 민간 향약인 '고현동향약'을 그 밑바탕에 두고 시작한 만큼 권력지향적이지 못했던 것 같습니다. 하지만 그만큼 학문적 자존감과 자긍심이 컸다는 의미도 있어 보입니다.

6. 무성서원은 또한 출판의 중심이기도 했습니다. 특히 무성서원을 중심으로 한 태인은 18세기 말에 '태인방각본'으로도 유명했습니다.

조선시대 서적 출간은 국가적 사무였고, 각 도의 관찰사가 주도했다고 합니다. 하지만 임진왜란 이후에 민간에서도 출판이 이뤄졌는데, 과거시험 응시생이 많은 한양을 제외하고 이곳 태인이 민간에 의한 서적 출간이 가장 활발했다고 합니다.

무성서원에서 직접 발간한 것으로 보이는 책자도 현존하고 있습니다.

'태인방각본'은 후에 전주, 대구 등지로 원판이 팔려나가 그곳에서 재출간되었다고도 하니, 출판시장에서의 태인과 무성서원의 위상이 어떠했을지 쉽게 짐작이 갑니다.

7. 유사 이래 수많은 외침을 받아 왔지만 1905년 11월 일본이 우리의 외교권을 빼앗아 간 을사늑약은 참으로 참담한 역사입니다. 이 시기 전국의 서원 중에서도 역시 가장 먼저 분연히 일어선 곳이 무성서원인 것입니다.

1906년 6월 면암 최익현 선생(1833~1907)은 을사늑약에 맞서 싸울 것을 무성서원에서 선포하고, 전라도 최초로 선비들이 앞장서 의병을 일으켰다고 합니다. 이것이 일명 '병오창의'입니다. 과거시험을 통한 출세가 아닌 선비로서의 자질을 중시했던 무성서원의 정신이 살아 있었기에 가능했으리라 생각됩니다.

무성서원 바로 뒤편 언덕의 산책로

정읍이 사랑한
고운(孤雲) 최치원

고운 최치원 선생이 쓰신 『계원필경』이라는 문집이 있습니다. 학창 시절 역사 교과서에서 이름은 들어봤을 책입니다. 고운 최치원 선생이 당나라 유학 시절, 황소의 난을 물리치는 데 공헌했던 당나라 장수 고변의 참모로 일을 하게 되는데 이 시기(880~884)에 지은 작품 일부를 정리한 문집이라고 합니다. 그 유명한 「토황소격문」이 여기에 실려 있습니다.

고운 최치원의 계원필경

「토황소격문」은 황소의 난은 명분이 없으며 그 행위가 포학무도하다는 등 토벌의 이유를 널리 알리면서, 황소의 사기를 꺾을 목적으로 만들어진, 말 그대로 격문(檄文)으로서 881년 7월에 만들어졌다고 합니다.

'… 너는 불을 지르고 겁탈하는 것을 능사로 알고, 살상하는 것을 급선무로 삼아, 큰 죄는 헤아릴 수 없이 많으나 속죄할 수 있는 착함은 조금도 없으니 천하 사람들이 모두 너를 죽이려고 생각할 뿐만 아니라 땅속의 귀신들도 은밀히 죽일 의논을 하였을 것이니, 네가 비록 숨은 붙어 있다고 하지만 넋은 이미 빠졌을 것이다…'

이 격문을 읽고 황소가 저도 모르게 앉아 있던 의자에서 굴러떨어졌다는 일화가 전해지면서 고운 최치원의 명성이 널리 퍼지는 기회가 되었다고 합니다.

『계원필경』은 그 내용이 온전히 남아 오늘날까지 전해지는 우리나라의 가장 오래된 책이라고 합니다. 하지만 그 과정은 결코 순탄치 않았습니다.

예컨대 18세기 연암 박지원(1737~1805)은 『열하일기』에서 『계원필경』을 구하려고 백방으로 알아보았으나 구하지 못한 걸 보니, 책이 없어진 지 오래된 모양이다.'라고 썼을 정도입니다. 그 당시 남겨진 책이 거의 없었다는 걸 알 수 있는 것입니다.

왜 그랬을까요? 전문가들의 의견에 따르면 고운 최치원 선생이 고려, 조선시대를 지나오며 추앙만 받은 것은 아니라고 합니다. 성리학이 조선의 통치이념으로 자리 잡고, 유일한 가치 척도가 되면서 고운 최치원을 대하는 기류가 바뀌기 시작한 것입니다.

특히 퇴계 이황 선생(1501~1570)은 고운 최치원에 대해 불교에 아첨한 인물이라고 혹평하며 성균관과 향교에 있는 문묘 배향에도 부정적 입장을 보입니다.

아마도 이런 조선 중기 이후의 완고한 학문적 분위기 속에서 고운 최치원의 문집 『계원필경』은 드러내 놓고 간행되거나 필사되기가 쉽지 않았을지도 모릅니다. 고운 최치원은 유학자였지만, 유불선 3교(유교, 불교, 도교)를 주체적이고 통합적으로 받아들였던 까닭입니다.

하지만 조선 후기에 실학사상이 생겨나고, 정묘호란(1627년) 이후 오랑캐의 나라로 취급받던 청나라에 사신으로 다녀온 뒤 청의 발달된 문물을 수용하여 조선을 발전시키자는 박지원(1737~1805), 박제가(1750~1805), 서유구(1764~1845) 등 북학파 학자들이 생겨나면서 고운 최치원은 다시 새롭게 조명되기 시작합니다.

참고로 박제가는 『북학의』에서 '일찍이 최치원이 당나라의 진사가 된 다음 본국에 돌아와 신라의 풍속을 혁신하여 중국처럼 진보시킬 생각을 갖고 있었다.'고 언급하면서 고운 최치원을 최초로 '북학사상의 선구'로 표현했다고 합니다.

젊었을 때 순창군수를 지내고, 전라관찰사로 있던 서유구는 전라도를 순시하면서 무성서원에 들러 옛 태산(지금의 정읍 칠보면 일원)의 군수(890~893)를 지낸 고운 최치원 선생을 찾아뵙고, 유상대·피향정 등 고운 최치원 선생의 흔적을 살폈는데 이때 지역 사람들이 고운 최치원 선생에 대한 흠모와 존경심이 상당히 크다는 점에 깊은 인상을 받았다고 합니다.

그러면서 '북학사상의 선구'로 표현된 고운 최치원과 그의 문집『계원필경』을 더욱 그리워하게 되었을 것입니다. 그러던 중 좌의정 풍산 홍석주(1774~1842)로부터 우연히『계원필경』진본을 받은 서유구는 1834년에 자기 개인 돈을 들여 1백 부를 동활자로 조판하여 인쇄합니다. 그리고 '무성서원'과 가야산 해인사(고운 최치원이 관직을 마치고 말년에 머문 곳)에 나누어 보관했다고 합니다.

서유구가 다른 곳이 아닌 무성서원에『계원필경』을 보관시켰던 연유는 무엇일까요?

아마도 태산군수였던 고운 최치원을 아껴 주고, 그의 책을 지켜 줄 수 있는 곳이 정읍과 정읍의 무성서원이라고 믿었기 때문일 것입니다.

우리는 이 부분에서 정읍 지역의 학풍이 일찍부터 실천적이고 개방적이었다는 점을 알 수 있습니다. 실제로 무성서원뿐 아니라 남고서원과 도계서원 같은 정읍의 다른 서원에 배향된 분들을 살펴보면 이 점은 더 확연해집니다.

고운 최치원을 비롯한 정읍에
연고가 있는 학자들을 소개하는 책자

정읍에 있는 '남고서원'은 전라도의 대학자 일재 이항(1499~1576) 선생과 그의 제자로 임진왜란 당시 2차 진주성전투에서 진주성 안의 백성과 함께 최후를 맞았던 의병장 건재 김천일(1537~1593)을 모시고 있습니다.

또 '도계서원'에도 일재 이항의 또 다른 제자 오봉 김제민(1527~1599)을 모시고 있습니다. 오봉 김제민은 과거에 급제하여 벼슬길에 올랐는데, 임진왜란 때에는 의병을 모아 전라도를 지켜 낸 웅치전투에서 공을 세우기도 했습니다.

참고로 서원이라고 하면 학문이나 충절이 높은 선비를 모셔 제사 지내는 사우와, 학문을 가르치고 배우는 강당을 갖춘 곳을 이르는데, 정읍 무성서원은 1484년부터 사실상 서원의 체계를 갖추고 운영된 우리나라 최초의 서원입니다.

1483년 지금의 무성서원 부지에 불우헌 정극인이 가르치던 향학당을 옮겨 세웠고, 이듬해 1484년 고운 최치원을 생사당으로 모셨던 선현사를 옮겨 오면서 '태산사'로 고쳐 부르다가 1696년 사액서원이 되면서 무성서원으로 고쳐 부르게 되었습니다.

끝으로 고운 최치원 선생이 어디에서 태어나셨는지에 대해서도 학설이 많이 있습니다. 그래도 1834년 서유구가 『계원필경』 발간 서문에 적은 대로 '바다 밖 한 귀퉁이의 조그마한 지방'으로 표현된 옥구(지금의 군산)가 아닐까 생각됩니다.

하지만 어디서 태어났는지보다 더 중요한 것은 어디서 어떤 일을 했는지, 지역이 그 사람을 얼마나 아끼고 사랑했는지가 아닐까요? 그런 측면에서 고운 최치원 선생을 품은 정읍은 실사구시(實事求是)의 선구적 안목을 지닌 개방적인 지역이라고 할 수 있는 것입니다.

알고 보면 흥미로운
정읍의 서원

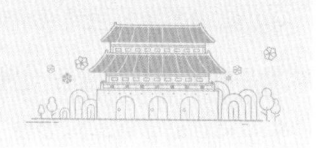

    정읍에는 9개의 서원이 있습니다. 이 중 칠보면에 있는 무성서원은 유네스코 세계문화유산으로 등재된 대표적인 한국의 서원이기도 합니다. 다른 8개의 서원은 남고서원, 정충서원, 고암서원, 도계서원, 용계서원, 옥산서원, 동죽서원, 창동서원입니다.

    읍면별로 어디에 있는지를 보면 지금은 정읍 시내인 정읍현 권역에 2개소(정충서원, 고암서원), 예전 고부군 권역에 4개소(동죽서원, 도계서원, 창동서원, 옥산서원), 그리고 예전 태인현 권역에 3개소(무성서원, 용계서원, 남고서원)가 위치해 있습니다.

    또 시간적 흐름으로 보면 15세기에 1개소(무성서원), 16세기 1개소(남고서원), 17세기 3개소(정충서원, 고암서원, 도계서원), 18세기 2개소(용계서원, 옥산서원), 그리고 20세기에 2개소(동죽서원, 창동서원)가 생겨났습니다.

서원의 건축물은 크게 3가지 기능을 하는 공간으로 이뤄집니다. 먼저 학문이나 충절이 높은 선비를 모시고 제사 지내는 사우, 두 번째는 학문을 가르치고 배우는 강당, 그리고 세 번째는 학생들의 숙소 역할을 하는 공간인 동재(東齋)와 서재(西齋)입니다.

통상 강당을 기준으로 위쪽에 사우가 있고, 좌우에 동재와 서재가 있다지만, 정읍에 있는 9개 서원을 가 보면 그 배치가 조금씩 달라 비교해 보는 것도 흥미롭습니다.

또 서원의 대표적 이름인 현판을 강당과 사우 중 어디에 붙이고, 건축물마다 어떤 뜻이 담긴 이름을 붙였는지를 보는 것도 재미가 있습니다.

이렇게 서원(書院)은 교육적 기능이 강하다는 측면에서, 개인이나 마을, 국가 단위에서 자기 조상이나 충절과 학식이 뛰어난 선현의 신주나 영정을 모셔 두고 제향을 행하는 사우(祠宇 : 제사 지낼 祠, 집 宇)와도 구분이 됩니다.

또한 서원 안에 있는 사우의 경우에는 주로 학문적으로 모범이 될 만한 분을 모시는 데 반해, 일반적인 사우의 경우에는 충절을 보였거나

의로운 행동, 혹은 효자나 열녀와 같은 분들을 주로 모신다고 합니다.

여기서 한 가지 더 참고하면 좋을 것이 조선시대 군현마다 관에서 운영하던 '향교(鄕校)'와의 구분입니다. 예컨대 지금 정읍에는 예전에 3개의 군현(정읍현, 고부군, 태인현)이 있었던 탓에 정읍향교, 고부향교, 태인향교가 있습니다.

향교도 기본 구조는 서원과 별반 다름이 없지만, 다만 향교의 사우는 대성전(大成殿)이라 불리고, 모시는 분 또한 어느 고을에서나 똑같다는 점을 주목할 필요가 있습니다.

향교의 대성전에는 공자의 위패를 비롯하여 5성(五聖 : 공자, 안자, 증자, 자사, 맹자)과 송나라의 4현(四賢 : 정호, 주돈이, 주희, 정이), 신라의 2현(二賢 : 최치원, 설총), 고려의 2현(二賢 : 정몽주, 안향), 그리고 조선의 14현(14賢 : 김굉필, 조광조, 이황, 이이, 김장생, 김집, 송준길, 정여창, 이언적, 김인후, 성혼, 조헌, 송시열, 박세채)까지 해서 모두 27현의 위패를 모시고 있는 것입니다.

무성서원의 출발이 되었던 태산사(泰山祠)와 같은 사우는 고운 최치원 선생(857~미상)을 모시던 생사당이었듯 사우는 이미 오래전부터 우리 삶에 존재했던 것으로 여겨지고 있습니다. 하지만 서원이라는 명칭은 성리학을 국가 통치이념으로 받아들이는 조선시대에 이르러 선비를 길러내는 공간을 이르는 말로 사용되기 시작한 것입니다.

참고로 인터넷 한국민족문화대백과에서 서원을 검색해 보면 중종 (1506~1544) 대에 전국의 서원은 4개소, 사우는 12개소였습니다. 명종 시대(1545~1567)를 거치면서 서원 건립이 활성화되기 시작하여 숙종 시대(1674~1720)에 폭발적으로 증가(서원 166개소, 사우 174개소가 신설됨)합니다. 그래서 조선 말에 이르면 전국적으로 서원이 417개소 (이 중 사액서원 200개소), 사우가 492개소(이 중 사액사우 70개소)에 이른다고 합니다.

서원은 초기에 국가와 지역의 존립과 운영에 필요한 많은 관료와 선비들을 육성했고, 또 임진왜란과 같이 국가 위기 시에는 의병 활동을 주도한 인물을 키워내는 등 긍정적 효과가 컸다고 합니다.

하지만 너무 많은 서원이 만들어지면서 조선 후기에 가면 국가 재정을 어렵게 하고, 서원의 운영과 유지라는 명목으로 지역 내 폐단이 많아지게 되면서 국가적 문제가 되었습니다.

이에 따라 1703년 숙종 임금은 조정에 알리지 않고 사사로이 서원을 세우는 경우 지방관을 문책하겠다는 서원금령을 내리게 되고, 1714년 이후에는 중복적으로 설립되는 서원을 엄금하고 사액을 내리지 않겠다는 결정을 합니다.

결국 1741년에 영조 임금은 1714년 이후 건립된 서원은 물론 사우를 모두 없애기까지 합니다.

그럼에도 불구하고 서원의 폐단은 계속되었고 마침내 1871년 흥선 대원군은 학문과 충절이 뛰어난 인물을 한 서원에서 한 분만 모시도록 하고, 그 외 모든 중첩된 서원을 일시에 없애는 강력한 '서원철폐령'을 내리게 됩니다. 이렇게 해서 전국에 47개소의 서원(27개소)과 사우(20 개소)만 남겨지게 됩니다.

참고로 이때 전라도에는 태인의 무성서원, 장성의 필암서원, 광주의 포충사 3개소만 남게 됩니다. 따라서 현재 우리 정읍에 있는 9개 서원 중에 무성서원을 제외하고는 모두 헐렸다가 일제강점기 이후에 다시 세워지거나 새로 건립된 것입니다.

우리나라 최초의 서원(書院)은 1543년 풍기군수 주세붕이 안향(1243 ~1306)을 제향하고 학문을 가르칠 목적으로 만든 백운동서원으로 알려져 있습니다. 그 뒤 1550년 퇴계 이황이 풍기군수로 있으면서 임금 께 간청하여 백운동서원에 대한 사액(줄 賜, 현판 額 : 임금이 이름을 지어서 새긴 현판을 내린다는 뜻)과 국가 지원(서적, 토지, 인력 등)이 이뤄짐으로써 소수서원으로 불리게 됩니다.

하지만 엄밀하게 따져 보면 우리나라 최초의 서원은 역시 정읍 태인의 무성서원으로 생각됩니다. 1483년 지금의 무성서원 부지에 불우헌 정극인이 교육하던 '향학당'을 옮겨 세웠고, 이듬해 1484년 무성서원 인근에 있는 유상대 위쪽에 최치원의 제사를 지내던 '선현사(先賢祠)'를 옮겨 오면서 '태산사(泰山祠)'로 고쳐 불렀습니다.

그리고 한참 시간이 흐른 1696년에 사액서원으로 지정받으며 무성서원으로 불리게 됩니다. 1484년부터 최치원을 제사 지내고, 선비를 가르치고 키우던 태산사와 향학당은 '서원'이라는 명칭을 쓰지 않았을 뿐이지, 사실상 1543년 풍기군수 주세붕이 처음으로 서원이라 명명한 백운동서원과 동일한 기능을 하는 것이었습니다. 그러니 최초의 서원은 백운동서원(소수서원)이 아닌 무성서원으로 보는 것이 합리적일 것입니다.

역사적으로 최초라는 것이 지금에 와서 뭐 대단한 것은 아닐 수도 있겠지만 그래도 지역이 자긍심을 갖게 하고, 구성원들이 자존감을 바탕으로 미래로 나아가는 데 있어 큰 원동력이 된다는 점은 분명합니다. 작지만 뭐라도 해 봤던 사람과 전혀 해 보지 못했던 사람은 험난한 과정을 이겨내고, 값진 결과를 이뤄내는 저력에 있어 차이가 있는 것입니다.

정읍에 위치한 9개의 서원을 하나하나 살펴보면 선비를 길러내고, 학식과 충절이 뛰어난 선현을 모신다는 일반적인 공통점을 발견하게 되지만, 각 서원이 갖는 특색이 뭔가 하는 궁금증이 생기게 됩니다. 더 나아가 정읍의 서원이 갖는 특징이나 자랑거리를 정읍에 오는 다른 사람에게 어떻게 설명하는 것이 좋을까 하는 고민에 빠지는 것입니다.

그래서 생각해 보니 서원에서 주로 배향하는 인물들 간의 관계를 알아보면 전체적으로 정읍의 서원을 이해하기도 쉽고 흥미롭게도 보이는 것 같습니다.

먼저 정읍의 대표적 서원인 '무성(武城)서원'은 고운 최치원 선생을 중심으로 한글 가사문학의 백미 「상춘곡」을 지은 불우헌 정극인(1401~1481), 신숙주의 증손자이며 태인현감을 지낸 신잠(1491~1554), 송세림, 정언충, 김약묵(하서 김인후와 동서지간), 김관 선생을 배향하고 있습니다. 1636년 병자호란 이전에 계시던 분들을 모시고 있고, 정언충 선생이나 김관 선생처럼 관직 없이 학문과 후학 양성에 힘쓰신 분들도 함께 있습니다.

전라도의 대학자 일재 이항(1499~1576) 선생은 41세에 서울에서 어머니와 함께 태인현으로 내려오셨고, 보림사 아래에 집을 짓고 일재(一齋)라 이름하면서 많은 제자를 길러냈습니다. 이곳에 '남고(南皐)서원'이 1577년에 창건되는데 일재 이항과 그의 제자들이 모셔져 있습니다. 1868년 서원철폐령으로 훼철되기 전에는 일재 이항 선생과 임진왜란 당시 2차 진주성전투에서 진주성 주민과 함께 최후를 맞았던 의병장 건재 김천일(1537~1593) 선생만 모셨는데, 1899년 중건될 때 일재 이항의 제자들인 김점, 김복억, 김승적, 소산복 선생이 추가로 배향되게 됩니다.

남고서원 강수재

'도계(道溪)서원'도 일재 이항의 학맥과 연결되어 있는 서원입니다.

주로 모셔져 있는 오봉 김제민(1527~1599)은 일재 이항의 제자로 과거에 급제하여 벼슬에 올랐고, 임진왜란 때에는 의병을 모아 싸웠으며 전라도를 지켜 낸 웅치전투에서 공을 세우기도 합니다. 참고로 오봉 선생의 한시집은 정읍문화원에서 한글로 번역되어 나오기도 했습니다. 도계서원에는 익재 이희맹, 모암 최안 선생도 함께 모셔져 있었지만, 나중에 오봉 김제민 선생의 동생(김제안), 아들(김혼, 김섬), 조카(김습)와 손자(김지수)가 함께 배향됩니다. 이것은 아마도 도계서원이 의성 김씨 종중의 소유로 내려온 연유로 보입니다.

도계서원의 강당

'용계(龍溪)서원'과 '고암(考巖)서원', 그리고 '옥산(玉山)서원'은 우암 송시열 선생(1607~1689)과 그에게 학문적 영향을 준 신독재 김집(1574~1656)의 학맥이 연결되어 있는 서원입니다.

용계서원 앞모습

　정읍시 칠보면 무성서원 근처에 있는 '용계서원'은 김장생(1548~1631)
의 아들로, 율곡 이이(1536~1584)에서 아버지 김장생으로 이어진 학문
을 우암 송시열에게 전해주어 기호학파를 형성하는 데 중요한 역할을
한 신독재 김집의 제자인 관곡 최서림(1632~1698)을 주로 모시는 서원
입니다. 관곡 최서림은 벼슬에 나가지 않고 후진 교육에 힘쓴 선비로
서, 용계서원에 모셔진 다른 여섯 분 중에 네 분(김정호, 은정화, 한백
유, 유종홍)은 최서림의 제자입니다.

고암서원의 강당

　우암 송시열이 제주도에 유배되었다가 국문을 받기 위해 1689년 6월 상경하는 도중에 정읍에서 사약을 받고 죽게 됩니다. 그 후 조정의 정치 상황이 바뀌자 1695년 그를 기리기 위해 '고암서원'을 세우게 되고, 1785년에는 송시열의 수제자인 권상하(1641~1721)의 위패를 추가로 모시게 됩니다.

옥산서원 앞모습

'옥산서원'은 의촌 김남식(1617~1681)을 중심으로 그의 아들 김이성, 증손 김성은의 학문과 덕행을 추모하고자 세운 서원으로 광산 김씨의 소유입니다. 의촌 김남식은 신독재 김집의 또 다른 제자로서, 1636년 병자호란 때 의병을 일으켰지만 삼전도의 비보를 듣고서는 통곡하며 고향으로 돌아와 학문과 교육에 정진했던 분입니다.

'정충(旌忠)서원'은 특이하게 학문적 측면보다는 임진왜란과 정묘호란 때에 나라를 구하고자 높은 충절을 보이신 분들을 모시는 서원입니다. 임진왜란 때 동래성전투에서 분투하다가 전사한 동래부사 송상현(1551~1592), 정유재란 때 남원성전투에서 순절한 무장공 신호(1539

~1597), 그리고 정묘호란 때 안주목사로 성을 지키다가 성이 함락되자 가족과 함께 죽은 장무공 김준(1582~1627)을 모시기 위해 1632년에 건립된 것입니다.

정충서원 강당

정읍에 현존하는 9개의 서원 중 7개 서원은 흥선대원군의 서원철폐령 (1868년) 이전부터 있었으나, 무성서원을 제외하고는 헐려 없어졌다가 나중에 다시 세워진 서원들입니다. 하지만 동죽서원과 창동서원은 특이하게 1960년대에 지역의 유림들에 의해 새롭게 창건된 서원입니다.

먼저 '동죽(東竹)서원'은 정읍시 덕천면 상학리에 위치하고 있습니다.

중종 대에 현량과를 통해 향촌의 선비들이 현실 정치에 참여토록 기반을 마련하고, 함께 기존 정책의 혁신을 추진했던 정암 조광조(1482~1519)와 그의 제자인 덕촌 최희정 두 분을 모시고 있습니다.

동죽서원 정문

'창동(滄東)서원'은 정읍시 이평면 창동리에 위치하는데, 간재 전우(1841~1922)의 제자인 후창 김택술(1884~1954)을 배향하는 서원입니다. 김택술이 후학 교육을 위해 세운 불망실(不忘室)과 낙요당(樂要堂)이 이미 있었는데, 그의 사후인 1965년에 그를 배향하는 사우와 함께 서원으로 만들어진 것입니다.

창동서원 전경

후창 김택술이 율곡 이이와 우암 송시열의 학맥을 따라간 간재 전우의 제자인 점을 고려하면 용계서원, 옥산서원, 고암서원과 함께 창동서원도 같은 학맥 선상에 있다고 보입니다.

유네스코 세계문화유산에 등재된 무성서원과 함께 정읍의 9개 서원들을 한번 둘러보면 좋겠습니다. 하루에 다 돌아볼 수는 없는 것이니 몇 개의 서원을 묶어서 주말마다 다녀 보는 것도 나름 흥미로울 것입니다. 지리적으로 가까운 서원을 그냥 다니기보다는 각 서원에서 주로 배향하는 학자들의 학맥을 중심으로 비슷한 것들을 묶어 둘러보면 어떨까 합니다.

참고로 ① 고운 최치원 선생과 관련 있는 무성서원, ② 전라도의 대학자 일재 이항과 관련 있는 남고서원과 도계서원, ③ 우암 송시열과 관련 있는 용계서원, 옥산서원, 고암서원과 창동서원, ④ 혁신적 정책을 추구했던 정암 조광조와 관련 있는 동죽서원, ⑤ 마지막으로는 선비다운 충절을 지킨 선현을 모시는 정충서원으로 구분해 볼 수도 있을 것입니다.

전라도의 대학자 일재 이항의 길을 걷다

중·고등학교를 다니며 국사 혹은 역사라는 과목을 배웠습니다. 돌이켜 보면 그때는 한 문제라도 더 맞혀 좋은 성적을 받는 것이 중요해 보였기에 시험에 나올 만한 사항을 밑줄 치며 외우기에 급급했던 거 같습니다.

하지만 시간이 흘러 직장 생활을 하고, 그저 호기심에 내가 사는 지역의 역사를 차분히 살펴볼 수 있게 되었습니다. 허겁지겁 받아들였던 단편적 지식이나 역사적 사건들을 하나씩 연결해 가다 보면 어느 때는 희미하게나마 윤곽이 보인다는 생각이 들며 작은 희열을 느끼기도 합니다.

1592년 임진왜란이 있던 16세기는 우리 민족이 겪었던 일상의 삶도 그렇지만 역사, 문화, 정치, 경제적으로 격변의 시기로 보입니다.

단종을 폐위시키며 왕위에 오른 세조(1455~1468)는 집권 후 공신을 많이 책봉하게 되었습니다. 하지만 이들이 건재한 상태에서 왕위에 오른 성종(1469~1494)의 경우에는 오히려 이들 공신세력에 눌려 왕권이 약해질 수밖에 없었습니다. 이를 만회하고자 성종은 지방에 있는 선비들을 적극 등용하기 시작하는데 이들이 바로 사림(士林)입니다.

하지만 16세기 전반기 사림들은 여러 가지 이유로 기존 기득권 관료들의 견제를 받아 정치적으로 죽임을 당하거나 귀향을 가게 되는 등 사화(士禍 : 선비 사, 재앙 화)를 겪게 됩니다. 4대 사화로 불리는 연산군 시절의 무오사화(1498년)와 갑자사화(1504년), 중종 시기의 기묘사화(1519년), 명종 시기의 을사사화(1545년)가 이 시기의 일입니다.

이런 정치적 상황에 대한 회의감으로 때를 기다리며 향촌에 은거하는 선비도 많아집니다. 또 그마저 잔혹한 사화에서 살아남은 선비들은 향촌으로 많이 내려가게 되었습니다. 이들은 지역에 학당과 서원을 세우고, 마을 자치규약인 향약을 통해 젊은 선비들을 길러내고 향촌을 교화시켜 나가게 됩니다. 사화로 대변되는 중앙 정치의 실망스런 상황이 오히려 지역에는 괜찮은 인재가 유입되는 호기가 되었다고도 볼 수 있습니다.

그러다 16세기 후반인 선조 임금(1567~1608) 시기에 이들 사림들은 다시 중앙관료로 대거 진출하기 시작합니다.

이렇게 16세기의 정치 상황을 대략 살펴봤는데, 우리가 역사책에서 배우게 되는 쟁쟁한 학자들이 주로 활동하던 시기가 대체로 이때입니다.

대표적으로 경상도에서는 남명 조식(1501~1572), 퇴계 이황(1501~1570)을, 전라도에서는 일재 이항(1499~1576), 하서 김인후(1510~1560)와 같은 분들을 들 수 있습니다.

이분들은 걸출한 제자들도 많이 배출했는데, 남명 조식은 의병장 곽재우(1552~1617)를, 퇴계 이황은 서애 유성룡(1542~1607)을, 일재 이항은 건재 김천일(1537~1593)을, 하서 김인후는 송강 정철(1536~1593)을 대표적인 제자로 길러냈습니다.

참고로 남명 조식과 퇴계 이황은 서신을 통해 서로의 의견을 주고받았지만 직접 마주친 경우는 없었다고 합니다. 또한 일재 이항의 딸과 하서 김인후의 아들이 결혼하였으니 두 분은 개인적으론 사돈 관계입니다.

퇴계 이황과 일재 이항, 그리고 하서 김인후, 이렇게 세 분을 연결해 주는 사이에 젊은 학자인 고봉 기대승(1527~1572)이 있습니다.

고봉 기대승은 4단 7정론(四端七情論)을 중심으로 퇴계 이황과 학문적 논쟁을 벌인 것으로 유명한데, 일재 이항이 제기한 이기일물설(理氣一物說)에 대해서 하서 김인후와 퇴계 이황에게 의견을 묻는 등 멀리 떨어진 학자 간의 학문적 소통에 필요한 연결고리 역할을 해 줬다고 합니다.

학자는 자신이 길러낸 제자들의 행적을 통해서 후세에 평가를 받기도 합니다. 의병장 곽재우, 서애 유성룡, 송강 정철의 경우는 역사책이나 TV 드라마를 통해 대중에게 꽤 알려졌지만 건재 김천일은 그 행적에 비해 상대적으로 덜 알려졌다는 아쉬움이 있습니다.

1537년 나주에서 출생한 건재 김천일은 19세가 되던 해에 일재 이항 선생을 찾아가 배우게 됩니다. 이때 자신을 길러 주신 외조모가 만류하며 "가까운 데도 스승이 얼마든지 있는데 어찌하여 멀리 일재 선생한테 가려 하느냐?"고 합니다.

이에 건재 김천일이 대답하길 "경전을 가르치는 스승은 찾기 쉬워도, 사람의 스승은 찾기 어려운 일입니다. 그래서 가까운 데를 버리고 멀리 가려는 것입니다."라고 합니다.

건재 김천일은 37세가 되던 해(1573년)에 나라에 천거되어 용안현감, 경상도도사, 순창군수, 담양부사, 수원부사 등을 지내게 되는데

1592년 임진왜란이 일어나자 전라도 최초의 의병장이 되어 여러 공적을 세웁니다.

하지만 1593년 6월, 남쪽으로 후퇴하던 왜군이 총결집하여 공격한 10일간의 2차 진주성전투에서 불가항력으로 성안의 백성들과 함께 순직하고 맙니다. 2차 진주성전투는 권율 장군이나 의병장 곽재우도 죽을 것이 뻔한 무모한 전투라고 물러섰던 것이니, 그 우국충정의 마음과 결기를 생각하면 누구나 가슴이 뭉클해질 것입니다.

건재 김천일이 일재 이항의 가르침을 받은 대표적 제자로 언급되지만, '일재선생유집 문인록'에는 김천일 이외에도 김제민, 변사정, 백광홍, 김복억, 안의, 손홍록, 김후진, 김대립, 박세림 등 42명이 기록되어 있습니다.

먼저 임진왜란 초기 전라도 지역엔 김천일, 고경명과 함께 3운장으로 불리는 의병장이 있었으니 그가 바로 오봉 김제민(1527~1599)입니다.

오봉 김제민은 일재 이항의 제자로 47세에 문과에 급제하고 순창군수 등을 지내다 60세가 되던 해에 고향 고부로 낙향해 후학들을 가르치고 있었습니다. 1592년 임진왜란이 일어난 당시 오봉 김제민은 66세의 고령이었는데, 그는 세 아들과 함께 의병을 일으킵니다. 1592년 7월 진안에서 전주로 향하던 왜군을 물리침으로써 전라도를 지켜 낸 웅치전투에 참여하는데, 여기서 아들도 전사합니다.

일재 이항의 제자 중에 언급하지 않을 수 없는 또 다른 두 분이 계십니다. 바로 물재 안의(1529~1596)와 한계 손홍록(1537~1600)입니다.

1592년 임진왜란으로 5월 2일에는 한양까지 이미 점령되고, 희망을 걸었던 6월 5일 용인전투에서 전라, 경상, 충청의 8만 관군이 어이없이 대패하고 흩어집니다. 마지막 남은 전라도마저 위태롭게 되자, 전주사고에 보관된『조선왕조실록』도 보존이 문제가 되었습니다.

1592년 6월 22일, 안의와 손홍록은 자신의 사재를 털어 전주사고에 보관된『태조실록』부터『명종실록』까지 13대의 실록과 어진을 나눠 싣고 피난을 떠납니다. 정읍 내장산 용굴암으로 실록을 옮기고 이듬해 정부에 안전하게 넘겨줄 때까지 1년여 동안 지켜냅니다.

『조선왕조실록』은 이렇게 해서 오늘날까지 우리에게 온전히 남겨질 수 있었고, 1997년 세계문화유산으로 지정되었습니다. 또한 2018년 정부는 6월 22일을 '문화재지킴이의 날'로 지정하여 매년 이들의 정신을 기리고 문화재 보존 관리의 중요성을 알리고 있습니다.

이쯤에서 이제는 일재 이항이 어떤 삶을 살았고, 어떤 철학을 갖고 제자들을 길러냈는지 알아보는 게 좋겠습니다.

일재 이항은 지금의 서울 금천구 시흥동에서 태어났습니다. 기골이 장대하고 무인 기질이 있던 일재 이항은 청년이 될 때까지도 학문에 큰 관심이 없었다고 합니다. 하지만 28세 무렵 집안 어른의 충고와 학문하는 이유는 수신한 후에 남에게 미치도록 하는 데 있음을 강조하는 주희의 「백록동규」를 접하면서 분발하는 계기가 되었다고 합니다.

뜻을 세운 일재 이항은 드디어 도봉산 망월암에 들어가 본격적인 공부를 시작합니다. 꼿꼿이 앉아서 외우거나 생각하여 반드시 체인(體認 : 마음으로 깊이 인정함)하고 마음으로 깨달은 후에야 그만두고자 하였다고 합니다.

일재 이항 선생이 태인 분동마을에 내려와 사시던 옛 집터

그 후 송당 박영(1471~1540)이 무과에 합격하고 무인으로서 관료 생활을 하다가 뜻한 바가 있어 경상도 구미에 낙향하여 학문에 전념하고 큰 학자가 되었다는 소문을 듣고 찾아가 배우기도 합니다. 무인적 기질이 강했던 일재 이항은 문무를 겸비하고 자신처럼 늦은 나이에 뜻을 세우고 깊이 있게 학문에 몰두하여 큰 학자가 된 송당 박영 선생을 자신의 사표로 삼았을 거라는 생각입니다.

일재 이항은 40세가 되던 해에 어머니를 모시고 전라도 태인 분동마을로 내려오게 됩니다.

이듬해 칠보산 아래 강학하는 곳을 짓게 되는데 단지 '일(一)' 자 한 자만을 적은 액자를 걸어 놓자, 사람들은 이곳을 '일재(一齋)'라고 부르게 되었습니다. 참고로, 한 일 자는 단지 하나만을 의미하는 것이 아니라 전체를 하나로 꿰뚫는다는 것을 뜻한다고 합니다.

일재는 이곳에서 김천일, 김제민, 변사정과 같은 의병장들, 그리고 안의, 손홍록과 같이 나라의 위기 시에 헌신적으로 실천한 많은 제자를 길러냈습니다.

67세가 되던 1566년 경전에 밝고 수양이 잘된 선비로 천거되어 임천군수로도 임명되었으나 병으로 오래 머물지 않았습니다. 그리고 1574년 75세에는 사헌부장령(사헌부의 대사헌과 집의 다음의 직급으로서,

나라의 시책을 논하고 비리 인사를 탄핵하는 등의 일을 맡음)을 지내기도 합니다.

늦은 나이지만 나라의 부름을 받은 상황에서 평생 배움에서 얻은 깨달음을 실천하고자 했던 일재 이항의 철학 때문으로 생각됩니다. 마침내 77세가 되던 1576년 일재 이항이 별세하자 이듬해 1577년 김천일이 주도하여 지금의 남고서원을 건립하게 됩니다.

남고서원 앞쪽에서 바라본 서원의 전경

참고로 일재 이항, 건재 김천일 두 분을 배향하던 서원은 1685년 정부가 지정하는 사액서원이 되면서 남고서원이라는 사액이 내려졌습니다. 이때 '남고(南皋 : 남녘 남, 언덕 고)'라는 뜻은 일재 이항이 남쪽 지방에 강학하는 자리를 마련하여 학문을 논하고 가르쳤다는 뜻을 담고 있다고 합니다.

보림사 옆 일재 이항 선생이 제자를 가르쳤던 곳을 표시하는 강마 바위

아쉽게도 1871년 서원훼철령에 따라 남고서원은 철거되었다가 1899년 후학들의 노력으로 다시 중건되었습니다. 이때 강수재를 우선 복원하여 학문을 가르쳤고, 1927년이 되어서야 선현을 모시는 사우(祠宇)가 복원되었다고 하니 배움에 대한 그 깊은 뜻을 되새길 만합니다.

일재 이항이 남긴 글은 그의 사후 백 년 후쯤인 1673년 후손에 의해

『일재집(一齋集)』으로 정리되어 남겨지는데,『일재집』이외에 일재 이항이 직접 쓰고 남긴 글은 거의 없습니다. 그렇다 보니 그의 철학이나 생각을 깊이 있게 연구하는 데는 한계가 있다고 합니다.

다행히 2013년부터 2015년까지 정읍시의 지원을 통해 일재 이항 선생에 대한 전국 학술행사가 개최되었는데 여기서 발표, 논의된 내용을 중심으로 일재 이항의 학문 사상을 제 나름대로 이해되는 수준에서 정리해 볼까 합니다.

첫째, 일재는 학문을 함에 있어 성현의 말씀이라고 그저 외우고 따르기보다는 스스로를 중심에 놓고 깊이 생각하고 깨달음으로써 세상을 주체적으로 인식하고, 생각을 정립할 것을 강조했습니다.

그래서 공부 방법론에서도 사서(四書)를 정밀하게 숙독하되 반드시 먼저『대학』을 읽어 두루 이해하고 환하게 파악하여, 한 부의『대학』을 가슴속에 품어 '공자, 안자의 도가 아니라 곧 나의 심사'라는 경지에 이르면 다른 책을 보아도 이해가 쉽다는 말을『일재집』에 남기고 있습니다.

우리는 공부를 하면서 생각의 중심을 잃고 특정한 사상을 분별없이 신봉하게 되거나, 체득하지 못한 글귀를 암송하고 나열하며 현학적 태도에 빠지게 되는 경우를 종종 보아 왔습니다.

그래서 일재 이항은 '많이 알려고 하는 것은 사물을 완상(玩賞)하는 데 정신이 팔려 본뜻을 잃어버리는 일과 같다. 그러므로 많은 책을 읽으려 하기보다는 경(敬)의 상태에서 이치를 탐구하고 묵묵히 숙고하여 자득(自得)해야 한다.'라는 말도 남긴 것으로 보입니다.

깊이 있는 원리 탐구와 반복학습을 통한 체득보다는 단순히 학교 점수를 받고, 시험 합격에 필요한 수준에서 겉핥기식 학습에 익숙해진 요즘 젊은 세대에게 들려주고 싶은 말이기도 합니다.

둘째, 일재 이항은 16세기 당시 학문적 논쟁이 되었던 이기론(理氣論)과 관련해서는 이기일물설(理氣一物說)을 말합니다.

저는 솔직히 이기론 자체에 대한 이해도가 너무 떨어져 뭐라 설명하기가 어렵습니다. 다만 사전에서 이기(理氣)의 뜻을 찾아보면 '성리학에서 우주를 이루는 근본의 이(理)인 태극(太極)과 그것으로부터 나온 음양(陰陽)의 기(氣)'라고 설명되어 있습니다.

그러하니 이기론에 대한 일재 이항의 입장에 대해서는 남의 해석보다는 그가 쓴 아래의 글로 대신하는 것이 좋겠습니다.

'예나 지금이나 학자들은 이와 기를 둘로 떨어뜨려 놓고 말하는 데에 치우쳐 있거나, 아니면 한데 모아진 차원에서 말하는

데에 치우쳐 있다. (이렇게 치우치게 된 원인은) 하나이면서 둘이고 둘이면서 하나임을 모르기 때문이지 다른 원인은 없다.'

퇴계 이황의 제자로, 4단 7정론을 주제로 퇴계 이황과 활발한 토론을 벌인 것으로 유명한 당시의 젊은 학자 고봉 기대승에게 일재 이항은 다음과 같은 글을 보냅니다.

'널리 많은 책을 보는 것은 그만두시고, 거경(居敬)하고 궁리(窮理)하면서 묵묵히 생각하여 스스로 터득해서 성을 높이고 함양하는 공이 오래되면, 이(理)와 기(氣)가 비록 두 가지 모습인 것 같으나 혼연한 일물(一物)의 체(體)가 되는 것을 자연히 터득할 것입니다.'

또한 『일재집』을 보면 사돈 관계이면서도 오랜 시간 학문적으로 깊은 교류를 했던 하서 김인후의 견해에 대해서도 '도와 기를 형이상과 형이하로 구분하는 입장에 얽매여 태극과 음양을 두 가지 존재로 여기고 있으니 탄식할 노릇입니다.'라고 말하며 이기일물설을 강조하고 있습니다.

이러한 일재 이항의 성리설은 고봉 기대승을 통해 퇴계 이황에게 전달되는데, 퇴계 이황이 고봉 기대승에게 답신 형식으로 보낸 글에서 "그(일재 이항)에게는 옛사람이 이른바 '자기가 있는 줄만 알고 다른 사람이 있는 줄은 모른다.'는 병통이 있음을 알겠습니다."라고 하면서 비판적이었다고도 합니다.

이러한 퇴계 이황의 부정적 평가로 말미암아 일재 이항의 이기일물설 사상은 17세기 이후 학계에서는 거의 조명을 받지 못하였다고 평가하는 학자(최영성 교수, 일재의 학문과 사상에 대한 퇴계 이황의 평가, 2015년)도 있습니다.

우리에게 일재 이항의 '이기일물설'이 오늘날까지 왜 낯설게 느껴지는지에 대한 상당히 설득력 있는 이유의 하나로 보입니다. 하나의 정답만이 있을 수 없는 인문학의 세계에서 어떤 학설이 지배적 학설이 되면 배타성을 갖게 되는 경우도 간혹 있습니다. 다른 학설이 존중받지 못하고, 일방적 비난의 대상이 되거나 더 나아가 이단으로까지 취급받지 않도록 인문학 분야의 개방성은 지켜나갈 필요가 있는 것입니다.

셋째, 일재 이항은 학문에 있어서 실천을 중시했습니다. 그의 제자들이 국가 위기 시에 보여 준 애국충절은 일재 이항의 실천적 학문 정신을 대변하는 것입니다.

임진왜란이 일어난 그해 전라도에서 처음 의병을 일으킨 건재 김천일, 남원에서 2천여 의병을 모집해 수원 독산성전투, 창원, 함안, 대구 등지에서 적을 무찔렀던 도탄 변사정(1529~1596), 66세의 나이에도 자신의 세 아들을 모두 데리고 의병장으로 나섰던 오봉 김제민, 세계문화유산『조선왕조실록』을 지켜 낸 안의와 손홍록 등이 바로 일재 이항의 실천하는 정신을 이어받은 제자들입니다.

한 가지 안타까운 점이 있다면 깊은 학문과 뜨거운 우국충정으로 실천하는 삶을 살았던 일재 이항의 제자들이 임진왜란 시기를 통해 많이 죽게 됨으로써 그의 학문과 사상이 온전히 지켜져 내려오기 어려웠겠다는 점입니다.

일재 이항 선생의 집터에서 시작하여 묘소, 그리고 남고서원까지 걸어가는 일명 '일재 이항의 길'이 있습니다. 날씨가 괜찮은 계절에는 이 길을 걸으며 스스로의 삶을 뒤돌아보는 것도 추천해 드리고 싶습니다.

일재 이항 선생의 옛 집터에서 바라본 들녘

먼저 출발점에 해당하는 정읍시 태인면 태서리 분동마을에 가면 40세에 낙향하여 마지막까지 사셨던 집터 자리에 세운 '일재이항유허비'가 있습니다. 일재 이항이 남긴 글을 보면 낮에는 마을 앞 들녘 어느 곳에서 농사를 직접 짓기도 하고, 밤에는 집에서 꼿꼿이 앉아 글을 읽었던 걸로 보입니다.

일재 이항은 공자처럼 기골이 장대하고 자로처럼 힘이 장사였던 모양입니다. 유허비 앞에는 일재가 부인을 위해 냇가에 징검다리로 놓았다고 전해지는 바위가 일재 이항에 대한 상상력을 자아내게 합니다.

조금 시간이 되면 분동마을 안쪽에 마을 분이 개인적으로 세운 '민속품 및 농기구박물관'을 둘러봐도 좋겠습니다.

이어 마을 입구 쪽 2차선 도로를 따라 북면 남고서원 방향으로 20분쯤 걷다가 보면 태인면 매계리 매계교회를 지나게 됩니다. 매계교회는 전라도 최초의 목사인 최중진 목사가 1900년에 세운 정읍 최초의 교회입니다. 교회 마당에 세운 전시물을 통해 초기 기독교가 정읍에 어떻게 전파되었는지 대략적인 흐름을 알 수 있는 곳이기도 합니다.

매계교회를 지나 길 따라 30분 정도 걷게 되면 월천마을 초입에 도착하고, 다시 월천마을 앞쪽 칠보에서 정읍으로 가는 4차선 큰길을 따라 5분 정도 걷다 보면 남고서원을 안내하는 이정표가 왼편에 크게 서 있습니다. 남고서원 이정표에서 남고서원까지는 4.2km라고 적혀 있습니다.

남고서원에 가는 길 중간쯤에 일재 이항 선생의 묘소가 있습니다. 이씨 문중의 제각과 묘소들이 오른편에 훤히 보이는데, 일재 이항 선생의 묘소는 그 맞은편 왼쪽의 야트막한 언덕에 따로 있으니 안내 표시를 잘보고 가야 합니다.

남고서원 가는 길

그렇게 하여 도착한 남고서원은 정읍에 있는 9개 서원 가운데서도 마음의 끌림이 많이 가는 서원입니다. 일재 이항 선생과 그의 제자들이 우리에게 남긴 실천적 학문 정신과 삶의 모습에 대한 존경과 흠모 때문일 것입니다.

아쉽게도 일재 이항 선생과 그의 제자들은 아직도 제대로 평가받지 못하고 있습니다. 폭넓은 학술 연구와 계승 발전의 노력이 더 필요한 이유입니다.

남겨진 행적과 가르침을 심층 분석하고, 그 속에서 오늘 우리에게 필요한 시대정신을 도출해야겠습니다. 그렇다고 한두 해에 끝날 일도 아닙니다. 장기적 로드맵에 따라 행정의 체계적 지원이 중요해 보입니다.

5백 년의 약속, 태인고현동향약은 지속 가능한 국가 발전 전략이었다!

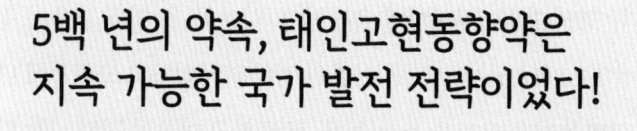

　우리는 학교에서 향약에 대해 배웠습니다. 덕업상권, 예속상교, 과실상규, 환난상휼이라는 네 가지 실천 덕목을 자율적으로 실천하고자 만든 마을 공동체의 약속입니다. 그리고 퇴계 이황(1501~1570)이 만든 예안향약, 율곡 이이(1536~1584)가 만든 해주향약을 향약의 대표적 사례로 학교 교과서에서 배운 것입니다.

　참고로 향약의 외형적 틀은 중국 송나라(960~1279) 때인 1076년에 여씨 4형제가 섬서성 남전(藍田)현에서 여씨향약을 처음 조직했습니다. 백 년 후쯤 주자(朱子)로 불리는 주희(1130~1200)가 1178년 남강(南岡) 고을 수령으로 있을 때 그곳에 백록동서원을 다시 세우고, 여씨향약을 좀 더 체계화시켜 지금 우리가 흔히 알고 있는 표준화된 형태의 향약을 시행하게 되었다고 합니다.

우리나라에서 가장 오래 시행되었던 향약은 정읍의 '태인고현동향약'입니다. 조선시대 가사문학의 출발점인 「상춘곡」을 지은 불우헌 정극인 선생(1401~1481)이 1470년 사간원 정언을 사임하고 고현동에 다시 옮겨 살면서 마을 모임을 조직(동계, 洞稧)하고 마을이 지켜 나갈 약속(동약, 洞約)을 작성하여, 1475년 향음주례라는 마을 공동체 행사 형식을 통해 시작한 것이 '태인고현동향약'의 출발입니다.

여기서 향음주례(鄕飮酒禮)는 마을 사람들이 모여 예의 절차를 지키어 술을 마시고 잔치를 하던 공동체 행사입니다. 나이가 많고 덕이 있는 노인들을 술과 음식으로 받들어 모시는 것을 통해 예의범절 등 유교 윤리를 보급하고자 했던 것입니다. 하지만 단순히 예의를 갖춘 술잔치에 그치는 것이 아니라, 예절을 통해 공경과 화목, 효도와 우애, 공손과 겸손이라는 미덕의 모범을 보여 주기 위한 것이었습니다.

태인고현동향약이 이뤄진 원촌, 동편, 남전, 송산마을

1475년 처음 만들어 시행한 마을 공동체의 약속은 동안(洞案), 동계안, 동중좌목, 동계좌목, 태산향약안, 고현향약안, 고현향약규례 등 시대에 따라 다양한 이름으로 시행되어 오다가 1974년 고현동약안을 마지막으로 만들게 됩니다. 한 마을에서 5백 년간 다양한 이름으로 시행된 이들 마을 공동체의 약속을 총칭하여 '태인고현동향약'이라고 부르는 것입니다.

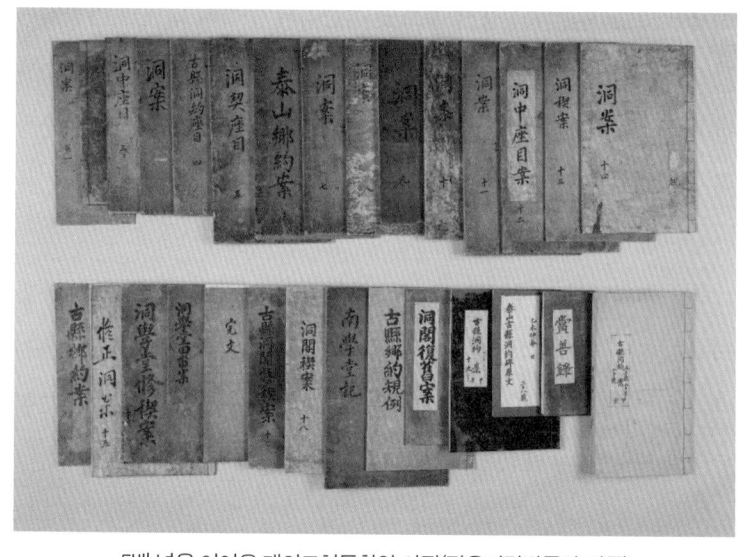

5백 년을 이어온 태인고현동향약 사진(정읍시립박물관 제공)

현재 '태인고현동향약'으로 총칭되는 29권의 문헌들은 1612년 작성된 동안(洞案)부터 1974년 고현동약안(古縣洞約案)까지가 남아 있습니다. 이들 '태인고현동향약'은 1993년 국가보물로 지정되어 고현동으로 불리던 지역의 일부인 지금의 남전(藍田)마을 동각(洞閣)에 보관되어 오다가 현재는 정읍시립박물관으로 옮겨 보존되고 있습니다.

여기서 칠보면 남전(藍田)마을 지명이 향약을 처음 시행한 중국 남전(藍田)현과 일치하는 것은 어떤 의도적인 결과로 보입니다.

참고로 '고현동(古縣洞)'은 유네스코 세계문화유산으로 지정된 무성서원이 있는 지금의 정읍시 칠보면 시산리와 무성리 일대의 마을입니다. 즉 칠보면 원촌마을, 남전마을(향약 문서를 보관했던 동각이 소재한 마을), 동편마을, 송산마을(최치원의 역사를 간직한 유상대, 감운정이 있는 마을) 정도로 여겨집니다.

태산군(지금의 칠보면 일대)과 인의현(지금의 태인면 일대)이 통합되어 1409년 태인현이 된 이후에 현의 관아가 칠보에서 태인으로 옮겨가게 되면서, 예전 현의 관아가 있던(古縣) 마을(洞)이란 뜻으로 고현동(古縣洞)으로 불린 것입니다.

불우헌 정극인 선생이 고현동에서 향약을 시행했던 근본적 목적은 무엇이었을까요? 그것은 마을의 인재 양성과 풍속 교화를 통한 유교적 이상사회의 실현이었고, 그 내용은 불우헌 정극인 선생이 향약 서문에 쓰신 태인고현동중향음서(泰仁古縣洞中鄉飲序)에 고스란히 담겨 있습니다.

1510년 8월 눌암 송세림 선생(1479~미상)이 정극인 선생의 뒤를 이어 새롭게 향약을 작성하는데, 정극인 선생이 쓰신 '태인고현동중향음서'를 서문으로 하고, 뒤편에는 발문 형식으로 본인이 쓴 '발동중향음서(跋洞中鄕飮序)'를 붙입니다. 다만 아쉽게도 이 두 개의 향약 원본은 전해지지 않고, 두 분의 서문과 발문만이 이후 이어지는 모든 태인고현동 향약 맨 앞 장에 계속 손으로 필사되어 전해지고 있습니다.

향약이 보관되어 오던 남전마을의 동각

마을 사람들은 오백 년간 시대 상황에 맞게 계속해서 향약 내용을 수정했지만, 정극인 선생의 서문과 송세림 선생의 발문만은 향약 맨 첫 장에 그때마다 한 글자 한 글자씩 정성스럽게 옮겨 담았던 것입니다.

그 이유는 최초의 담긴 뜻을 계속해서 기억하고자 했던 것이고, 그런 연유로 정기적으로 마을 모임이 있을 때에는 행사를 주관하는 유사(有司)가 소리 내어 읽었습니다.

5백 년간 지속된 마을의 향약 내용을 대략 살피다 보면 몇 가지 눈여겨볼 점이 있습니다.

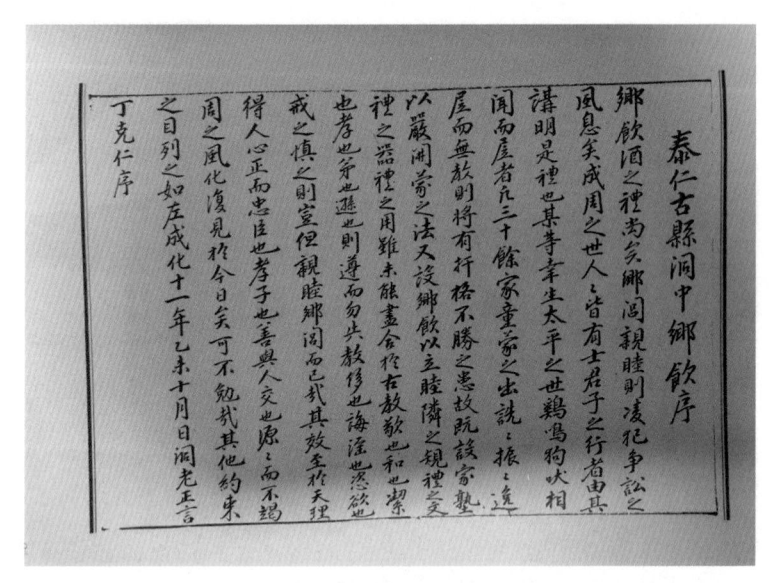

불우헌 정극인 선생이 쓰신 향약 서문은 계속해서 필사되어 오늘까지 전해지고 있음

첫째는 마을 아이들의 교육과 인재 양성을 시종일관 중요하게 여겼다는 점입니다. 고향 여부를 떠나 괜찮은 선비들이 낙향하여 고현동 마을에 정착하였고, 시대에 따라 양사재(養士齋), 남학당(南學堂), 동

학당(洞學堂), 동각(洞閣) 등으로 불리는 마을 자체 교육기관에서 아이들을 마을의 인재로 길러냈던 것입니다.

　마을 자체적으로 십시일반 자금을 모아 토지를 마련하여 마을 자체 교육기관의 운영비로 쓰는 등 지원을 아끼지 않았습니다. 특히나 1839년에서 1844년 사이에 연이은 대홍수로 마을이 큰 침수 피해를 보고, 학당이 심각하게 훼손되었을 때도 가장 먼저 마을 교육기관인 학당을 새로 세우는 데 노력했다는 점이 태인고현동향약에 적혀 있습니다.

　둘째는 사람들이 마을 역사에 이름을 남김으로써 부끄러움을 알고 스스로 미풍양속을 지켜 나가도록 노력했다는 것입니다. 특히나 송세림 선생의 발문을 보면 역사 앞에 부끄러움의 중요성을 다음과 같이 상세하게 적고 있습니다.

"새 좌목을 만드는데 (구 좌목의 인물 중에) 사망자의 이름을 제거하려는 이도 있었지만, 굳이 만류하고 말한다. 크게는 나라의 역사가 있고, 작게는 야사가 있는데 중요한 것은 모두 후세에 사람의 행동이 어떠하였는지를 알게 할 뿐이다.
이 한 좌목에 비록 행동한 바를 기록하지는 않았다 하더라도, 혹시라도 이것이 후세에 전해지게 되면 후세의 사람들이 손가락으로 가리키며 낱낱이 따지기를 '아무개는 정직하고, 아무개는 사특하며, 아무개는 착하고, 아무개는 악하다'고 하면 그의 후손 된 자가 더러는 득의한 낯빛을 짓기도 하고, 더러는 부끄러운 얼굴빛을 나타내기도 하면서 장차 그 사특하고 악한 것을 제거하고 그 정직하고 착한 자와 같이 나아가려고 도모할 것이니 어찌 하나의 귀감이 되지 않겠는가?"

그러한 맥락에서 '태인고현동향약'은 과거에 작성한 향약을 계속해서 보존하고, 전달했던 것입니다.

뿐만 아니라 그 세부 내용도 중국 송나라 주자의 향약이나 나라에서 권장하는 향약에 비해 의외로 간단하게 적었던 것입니다.

물론 1704년 태산향약안, 1801년 고현향약안, 1928년 고현향약규례의 경우는 향약의 4대 덕목의 체계에 따라 실천할 내용을 세부적으로 적고 있습니다. 특히 1801년 고현향약안의 경우는 앞선 1704년 태산향약안보다도 그 체계가 법규처럼 좀 더 형식화되고 해야 할 일들이 매우 구체적으로 언급되고 있습니다. 이것은 아마도 국가정책적 이유로 관의 영향력이 강하게 작용한 시기여서 그런 것으로 보입니다.

실제로 1704년 태산향약안에는 어색하게도 당시 태인현감 김시보의 서문이 추가되어 있다는 점에 주목할 필요가 있습니다.

1797년 정조(1776~1800) 임금은 기존의 사회질서가 무너지는 것을 우려하여 향약과 함께 관례나 혼례와 같은 중요 의례의 절차를 정리하여 사회 분위기를 일신하려는 의도에 따라 국가 차원에서 국내외 사례와 함께 표준적 내용을 정리한 『향례합편(鄕禮合編)』을 간행하기도 했으니, 1801년 고현향약안도 그 영향을 틀림없이 받았을 것입니다.

하지만 그 이외의 향약은 의외로 간략하기만 합니다. 흔히 지켜야 할 내용이 구체적이고 세부적이면 더 잘 지켜질 거라 생각되지만, 결국 양심과 부끄러움에 의지한 질서만 못한 것이 역사의 교훈입니다. '태인고현동향약'은 법(法)에 앞선 예(禮)를 통해 향촌의 유교적 이상사회를 추구했던 것입니다.

1519년 조선 중종 때 조광조(1482~1519)는 임금께 아뢰기를 향약의 본의는 그렇지 않은데 너무 관에서 향약 시행을 몰아붙이면 안 된다고 하면서, '치도(治道)는 급박해서는 안 되고, 덕으로 여유를 두고서 백성을 교화시켜야 올바른 정치라고 말할 수 있습니다.'라고 했다고 합니다.

5백 년간 마을이 간직해 온 '태인고현동향약'은 지금도 말하고 있습니다. 지속 가능한 국가 발전을 위해서는 강제력을 갖춘 복잡한 법규가 아니라 역사에 대한 성찰과 함께 사회 구성원이 부끄러움을 알도록 해야 하며, 지역 간의 균형 잡힌 교육과 인재 양성이 필요하다고 말입니다.

불우헌 정극인,
가사문학의 꽃을 피우다

　우리나라 고유의 문학 형식인 '가사문학'의 출발점으로 불리는 「상춘곡」의 첫 시작은 이렇습니다.

'紅塵(홍진)에 / 뭇친 분네 / 이내 生涯(생애) / 엇더ᄒᆞᆫ고 // 녯 사름 / 風流(풍류)를 / 미츨가 / 못 미츨가'

요즘 우리말로 표현해 보면 이렇게 옮길 수 있을 것입니다.

'이 세상 / 사람들아 / 이 내 생애 / 어떠한고 // 옛 사람 / 풍류에 / 미칠까 / 못 미칠까'

정읍 칠보면 원촌마을 초입에 있는 불우헌 정극인 선생을 주제로 한 상춘공원

「상춘곡」(賞春曲 : 칭찬할, 즐기며 구경할 賞 / 봄 春 / 가락, 악곡 曲)
의 뜻을 우리말로 직역한다면 '봄을 즐기는 노래'라고도 할 수 있습니
다. 지금으로부터 5백 년도 더 된 어느 해 봄날에 불우헌 정극인 선생
이 낙향해 사시던 태인현(지금의 정읍시 칠보면) 원촌마을 뒷산을 거
닐며 본인의 심경을 표현한 글입니다.

한자의 음만이라도 어느 정도 알 수 있는 경우라면, 소리 내어 문장을
읽어 보면 무슨 뜻인지 대략 이해됩니다. 지금 우리가 쓰는 일상의 말
과 비슷하고, 어순도 똑같기 때문입니다.

또한 문장의 뜻을 헤아리며 소리 내어 읽다 보면 3글자 내지는 4글자로 끊어 읽게 되고, 결국 자기도 모르게 운율을 느끼며 박자에 맞춰 노래 부르듯 흥얼거리게 됩니다. 5백 년도 더 된 글일 텐데 지금 우리가 이 정도로 이해하고 다가설 수 있다니 참 신기할 정도입니다.

1443년, 세종대왕이 만드신 한글 덕에 지금 우리는 누구나 쉽게 우리말을 읽고 쓰게 되었습니다. 하지만 안타깝게도 지금 우리 선조들이 남겨 주신 많은 글 대부분이 한자로 되어 있는 탓에, 손자가 불과 한 세기 전의 할아버지가 남긴 글을 잘 읽지도 못하고, 또 읽는다고 해도 그 뜻을 모르는 경우가 허다해졌습니다. 솔직히 일반인들에게 한자로 남겨진 옛글들은 우리말 번역 없이는 이해할 수 없기에 외국어와 다름없이 여겨지는 것입니다.

그런데 지금으로부터 5백여 년 전에 쓰인 「상춘곡」 원문을 읽고 그 대략의 뜻을 이해할 수 있다니 얼마나 감동적인지요? 「상춘곡」을 읽으며 우리는 1401년에 태어나 81세까지 사셨던 불우헌 정극인 선생과 교감을 나눌 수 있는 것입니다!

중국에서는 당나라 이백(701~762)과 두보(712~770)를 최고의 시인으로 꼽고 있습니다. 하지만 한자로 쓰인 시를 소리 내어 읽거나, 우리말로 번역된 글을 읽는다고 솔직히 우리에겐 진한 감흥으로 다가오질 않습니다.

하지만 「상춘곡」이 주는 느낌은 전혀 다릅니다. 중국인들에게 이백의 유명한 「장진주(將進酒)」라는 시가 운치 있고 멋스럽다고 하지만, 「상춘곡」 중간에 나오는 '곳나모 / 가지 것거 // 수 노코 / 먹으리라(꽃나무 가지 꺾어 수를 세며 먹으리라)'에서 느껴지는 풍류와 절제미와는 비교되지 않습니다.

참고로 「상춘곡」은 불우헌 정극인 선생이 세종 임금의 홍천사 사리전 창건 반대 상소로 함경도로 유배되었다가 태인현으로 처음 낙향한 시기인 1439년부터 과거 합격 후 관직 생활을 시작한 1451년 사이인 나이 40대의 어느 시점, 혹은 단종을 폐위시키고 세조 임금이 집권하자 낙향해 지내던 1455년부터 다시 관직에 나갔던 1465년 사이인 50대 후반 이후의 어느 시점에 지은 것으로 추정됩니다.

상춘공원의 불우헌 선생 동상 뒤편에 적혀 있는 「상춘곡」 전문

문학사적 측면에서 「상춘곡」은 '우리나라 가사(歌辭)문학의 출발점'

이라고 합니다. 하지만 그 의미가 선뜻 와닿지 않는 것도 사실입니다. 가사문학의 개념 자체가 잘 이해되지 않기 때문일 것입니다.

그래서 가사(歌辭 : 노래 歌 / 말씀 辭)의 뜻을 사전에서 찾아보면 '조선시대 초기에 발생한 시가(詩歌)의 한 형식. 음악상의 가사(歌詞)와 구별하여 쓰는 말로, 4·4조 연속체의 운문(韻文)과 산문(散文)의 중간적인 한국 고유의 문학 형식'이라고 풀이되어 있습니다.

상춘공원 뒤편 야트막한 언덕의 '상춘곡 둘레길'을 걸으며 볼 수 있는 「상춘곡」 문구

이러한 뜻풀이에도 뭔가 속 시원하게 이해되지 않는 부분이 여전히 있습니다. 가사문학이 어떤 특징을 갖는 것인지, 또 그 앞뒤의 시대에

는 어떤 유형의 문학 작품들이 유행하였고, 가사문학은 이것들과는 어떻게 구분되는 것인지에 대한 지식이 부족하기 때문일 것입니다.

그러니 조금 시간이 걸리더라도 문학의 전체적인 흐름을 살펴본 후에 가사문학을 알아보는 편이 좋겠습니다.

먼저 문학(文學)의 기본적 형식은 크게 율문과 산문으로 나뉜다고 합니다. 율문(律文)이란 언어의 배열에 일정한 규율 또는 운율이 있는 글을 말하고, 산문(散文)은 운율이나 글자 수에 관계없이 자유스럽게 쓴 글입니다. 비전문가적인 표현으로 하면 시(詩)를 제외한 우리 일상에서 흔히 쓰고 읽는 거의 모든 기행문, 일기, 편지, 소설 등이 산문이라 할 수 있겠습니다.

율문을 대표하는 문학의 한 갈래가 시가(詩歌)인데 우리의 시가는 고대가요, 향가, 고려가요와 경기체가, 시조와 가사 등 시간의 흐름에 따라 여러 형태로 나타나고 소멸해 왔다고 합니다.

먼저 고대가요(古代歌謠)는 흔히 삼국시대 초기부터 향가 성립 이전에 불린 노래를 통칭하는데, 한자로 번역되어 전해지거나 오랫동안 구전되어 오다가 나중에 한자나 한글로 기록되어 전해지게 되었습니다.

조선 후기 한치윤(1765~1814)이 지은 역사서인 『해동역사』와 중국 서진(265~316) 시기의 책인 『고금주』에 전하는 고조선과 관련된 「공무도하가」, 『삼국사기』(1145년)에 실린 고구려 유리왕과 관련된 「황조가」, 『삼국유사』(1281년) 가락국기에 전하는 「구지가」의 경우는 모두 '한자'로 번역되어 전해지는 고대가요입니다.

「황조가(黃鳥歌)」

翩翩黃鳥 雌雄相依 念我之獨 誰其與歸
(편편황조 자웅상의 염아지독 수기여귀)

펄펄 나는 저 꾀꼬리, 암수 서로 정답구나.
외로워라 이 내 몸은 뉘와 함께 돌아갈까?

특이하게 백제시대부터 오랫동안 구전되어 오던 「정읍사」는 『악학궤범』(1493년)에 수록되어 '한글'로 가사가 전해지는 유일한 백제 시가(詩歌)입니다.

「정읍사」를 읊조리다 보면 지금으로부터 천오백 년 전 우리 선조들의 생생한 음성을 듣는 듯한 느낌이 듭니다. 한자로 번역되어 전해지는 다른 고대가요에 비해, 우리말로 남겨졌기 때문에 천오백 년 전 우리 선조의 숨결과 언어의 맛을 느끼며 대략적인 이야기의 내용을 이해할 수 있는 것입니다.

「정읍사(井邑詞)」

둘하 노피곰 도ᄃᆞ샤
어긔야 머리곰 비취오시라
어긔야 어강됴리 아으 다롱디리

져재 녀러신고요
어긔야 즌ᄃᆡ를 드ᄃᆡ욜셰라
어긔야 어강됴리

어느이다 노코시라
어긔야 내 가논ᄃᆡ 졈그롤셰라
어긔야 어강됴리 아으 다롱디리

신라시대 후반에 가면 한자의 음(音, 소리)과 훈(訓, 뜻)을 빌려서 우리말 어순으로 문장을 적던 방법인 '향찰'로 표기된 노래인 향가(鄉歌)가 널리 퍼지게 됩니다.

『삼국유사』(일연, 1206~1289)에 삼국시대와 신라시대의 향가 14수, 『균여전』(균여대사, 923~973)에 불교 화엄경의 보현보살에 대한 보현십원가 11수가 향가 형식으로 실려 전하고, 고려 예종의 「도이장가(悼二將歌)」 1수가 있어 모두 26수의 향가가 향찰로 기록되어 전하고 있습니다.

특히 향가 중에서는 고려시대에 쓰인 역사서 『삼국유사』에 실린 14편이 많이 알려져 있는데, 「서동요」, 「헌화가」, 「도솔가」, 「모죽지랑가」, 「제망매가」 등이 잘 알려져 있습니다.

향가는 향찰 표기라는 독특한 방식을 통해 한자로 우리말을 최대한 옮겨 적었지만, 아쉽게도 한자로 쓰인 까닭에 쉽게 이해하기가 어렵습니다. 음과 훈의 구분이 일반인에게는 쉽지 않은 것이어서, 우리말로 번역을 해 놓아야 비로소 그 뜻을 알게 됩니다.

「제망매가(祭亡妹歌)」 / 양주동 박사(1903~1977) 해석

生死路隱 此矣 有阿米 次肹伊遣
(생사로은 차의 유아미 차힐이견)

죽고 사는 길 예 있으매 저히고

吾隱去內如辭叱都 毛如云遣去內尼叱古
(오은거내여사질도 모여운견거내니질고)

나는 간다 말도 못다 하고 가는가

於內秋察早隱風未 此矣彼矣浮良落尸葉如
(어내추찰조은풍미 차의피의부량락시엽여)

어느 가을 이른 바람에 이에 저에

一等隱枝良出古 去如隱處毛冬乎丁
(일등은지량출고 거여은처모동호정)

떨어질 잎다이 한 가지에 나고 가는 곳 모르누나

阿也 彌陀刹良逢乎吾 道修良待是古如
(아야 미타찰량봉호오 도수량대시고여)

아으 미타찰에서 만날 내 도 닦아 기다리리다.

고려시대를 지나면서 「동동」, 「가시리」, 「청산별곡」 등 '고려가요(高麗歌謠)'나 「한림별곡」, 「관동별곡」 등 '경기체가(景幾體歌)'와 같은 시가가 나타납니다.

「청산별곡」은 고려시대에 지어졌으나 작자가 알려지지 않은 '고려가요'로, 오랜 기간 노래로만 전해오다가 훈민정음이 창제된 후 그 전문이 『악장가사』라는 책에 실려 오늘까지 전해지고 있습니다. 참고로 '고려가요'의 경우는 대체로 작자를 알 수 없으나, '경기체가'는 작자가 알려져 있다고 합니다.

「청산별곡(靑山別曲)」 중 일부

살어리 살어리랏다, 청산에 살어리랏다.
머루랑 다래랑 먹고, 청산에 살어리랏다.
얄리얄리 얄랑성 얄라리 얄라.

우러라 우러라 새여, 자고 니러 우러라 새여.
널라와 시름 한 나도, 자고 니러 우니노라.
얄리얄리 얄랑성 얄라리 얄라.

(이하 생략)

또한 「한림별곡」은 고려 고종(1213~1259) 때 여러 선비들이 지은 작품으로 1451년에 완성된 고려시대에 대한 역사서인 『고려사』권71 악지에 실려 있으며, 지금까지 전해지는 경기체가 가운데 가장 먼저 창작된 작품이라고 합니다.

「한림별곡(翰林別曲)」 중 일부

元淳文 仁老詩 公老四六
李正言 陳翰林 雙韻走筆
沖基對策 光鈞經義 良鏡詩賦
위 試場ㅅ 景 긔 엇더니잇고
琴學士의 玉笋門生 琴學士의 玉笋門生
위 날조차 몃부니잇고

유원순의 문장, 이인로의 시, 이공로의 사륙변려문.
이규보와 진화의 쌍운으로 운자를 내어 빨리 내리 써서 짓는 시.
유충기의 대책문, 민광균의 경서 뜻풀이, 김양경의 시와 부.
아, 과거 시험장에서 뽑아내는 광경, 그것이야말로 어떻습니까?
금의가 배출한 많은 문하생들, 금의가 배출한 많은 문하생들.
아, 나를 포함하여(좇아) 몇 분입니까.

唐漢書 莊老子 韓柳文集
李杜集 蘭臺集 白樂天集
毛詩尙書 周易春秋 周戴禮記
위 註조쳐 내 외 景 긔 엇더니잇고
太平廣記 四百餘卷 太平廣記 四百餘卷
위 歷覽ㅅ 景 긔 엇더니잇고

당서 한서, 장자 노자, 한유 유종원의 문집.

이백 두보의 시집, 난대집, 백거이의 문집.

시경 서경, 주역 춘추, 대대례 소대례를

아, 주마저 줄곧 외우는 그 모습 어떠합니까?

태평광기 400여 권, 태평광기 400여 권.

아, 두루 읽는 모습이 그 어떠합니까.

(이하 생략)

한편 '고려가요'와 '경기체가'는 그 전에 유행하던 '고대가요'나 '향가'에 비해 글자 수의 규칙성이 커지면서 운율감이 더 느껴집니다. 글의 길이도 예전 '고대가요'나 '향가'에 비해 길어졌습니다.

또한 '고려가요'의 대표적 예인 「청산별곡」과 '경기체가'의 대표적 예인 「한림별곡」에서도 볼 수 있듯, '얄리얄리 얄랑셩 얄라리 얄라', '景 긔 엇더니잇고'와 같은 후렴구가 계속 반복되는 특징을 갖고 있습니다.

참고로 '경기체가'에서 경기는 경치 경(景), 어찌 기(幾)를 뜻하는데 '이 경치 어떠한가'를 반복적으로 시가에 담은 까닭에 경기체가로 불린다고 합니다.

시간이 흘러 고려 말부터 조선 초가 되면 '시조(時調)'가 널리 퍼지기 시작합니다. '시조'라는 명칭의 원뜻은 시절가조(時節歌調)에서 왔다고 합니다. 즉 그 시절 당시에 유행하던 노래라는 뜻입니다.

'시조'는 세 문장으로 이뤄져 있고, 운율을 갖고 있습니다. '시조'가 어떤 형태인지는 훗날 태종 임금이 되었던 이방원이 보낸 「하여가(何如歌)」나, 이에 대한 포은 정몽주의 답가인 「단심가(丹心歌)」를 보면 쉽게 알 수 있습니다.

「단심가(丹心歌)」

이 몸이 / 죽고 죽어 / 일백 번 / 고쳐 죽어
백골이 / 진토 되어 / 넋이라도 / 있고 없고
임 향한 / 일편단심이야 / 가실 줄이 / 있으랴

참고로 '시조'는 양반과 평민 모두가 지었던 대중적 문학이었는데, 현재까지도 지속적으로 창작되고 있는 우리나라 고유의 정형시라고 합니다!

또한 한문 문화가 모든 문화의 중심에 자리 잡고 있던 시기에 '시조'는 우리말로 노래하여 유교적 관념이나 주관적 정서를 잘 표현하여 우리 민족의 주체성을 살렸다는 평가도 받고 있다고 합니다.

시조와 한시는 종종 같은 것으로 생각되기 쉽지만, 전혀 다른 것이니 주의할 필요가 있습니다. '시조(時調)'는 우리말로 된 우리나라 고유의 정형시인 데 반해, '한시(漢詩)'는 중국뿐 아니라 우리나라나 일본 등과 같이 한자 문화권에서 한자로 창작한 정형시인 것입니다.

이제야 드디어 가사문학(歌辭文學)을 알아보게 되었습니다!

「상춘곡」으로 대변되는 '가사문학'은 시조와 같이 운율이 느껴지는 운문과 긴 산문의 중간 형태입니다. '가사'라는 명칭은 '가사(歌詞 : 말 사(詞) / 특히 문어체의 말)·가사(歌辭 : 말 사(辭) / 사상을 말이나 글로 나타낸 것)' 등이 관습적으로 통용되었으나, 오늘날에는 문학장르 명칭으로 '가사(歌辭)'라고 일반적으로 부른다고 합니다.

가사문학의 효시는 불우헌 정극인 선생(1401~1481)이 쓴 「상춘곡」으로 알려져 있습니다. 가사문학 중 면앙정 송순(1493~1582)의 「면앙정가」, 송강 정철(1536~1593)의 「관동별곡」, 「사미인곡」, 「속미인곡」, 「성산별곡」 등도 많이 알려진 작품입니다.

「면앙정가」 중 일부

無等山(무등산) 흔 활기 뫼히 동 다히로 버더 이셔
멀리 쎄쳐 와 霽月峯(제월봉)이 되어거늘

無邊大野(무변대야)의 므슴 짐쟉ᄒ노라

닐곱 구비 흠디 움쳐 믄득믄득 버럿ᄂ 듯

가온대 구비ᄂ 굼긔 든 늘근 뇽이

선즘을 ᄀᆺ ᄭᅵ야 머리ᄅᆯ 안쳐시니

너ᄅ바회 우히 松竹(송죽)을 혜혀고

亭子(정자)ᄅᆯ 안쳐시니

(이하 생략)

참고로 일재 이항(1499~1576)의 제자인 기봉 백광홍(1522~1556)은 과거에 급제하여 촉망되는 문신이었으나 그만 젊은 나이에 요절하고 말았는데, 그가 평안도평사(병마절도사 아래에서 행정을 총괄하는 정6품 벼슬) 시절에 지은 가사문학 형식의 「관서별곡」은 국문학상 최초의 기행가사로 알려져 있습니다.

'가사문학'은 우리 민족을 대표하던 '시조'와 비교할 때 상당히 긴 내용을 갖고 있습니다. 하지만 읽었을 때의 운율은 많이 비슷합니다. 또한 '가사문학'은 '시조'와 함께 우리 민족이 만들어 낸 자랑스러운 우리 고유의 문학 양식입니다.

'가사문학'은 앞서 형성된 문학 유형과 비교해 살펴보면 이해에 좀 더 도움이 됩니다.

'고려가요'와 '경기체가'는 글 전체적으로 전달하고자 하는 의미는 있지만, 글을 구성하는 문단들이 하나의 이야기로 연결되지 않고 단락 단락 나눠집니다. 하지만 '가사문학'은 하나의 긴 이야기로 전체가 연결되어 있다는 점에도 차이가 있습니다.

또 '경기체가'의 경우는 조사도 없이 한자로 된 문장만 나열되어 그 시대에 대한 깊은 지식과 한자 실력 없이는 오늘날 그 뜻을 헤아리기가 어렵다는 단점이 있는 반면, '가사문학'은 한자로 표기된 단어와 함께 우리말이 섞여 있어 지금에 와서도 이해하기가 좀 더 쉽습니다.

불우헌 정극인 선생이 쓰신 「상춘곡」은 우리나라 가사문학의 효시입니다. 하지만 가사문학으로서 완성도가 너무 높아 오히려 「상춘곡」이 정극인 선생의 작품이 맞느냐는 의구심을 제기하기도 합니다.

「상춘곡」은 1786년 후손에 의해 『불우헌집』으로 편집, 간행되었습니다. 시의 경우 「상춘곡」을 포함한 58수가 수록되어 있는데 전체적으로 서정적인 분위기가 짙으며 사용된 단어들이 평이하다고 합니다. 불우헌 정극인 선생은 현학적인 문구보다는 쉽고 평이한 언어를 즐겨 쓰셨던 걸로 보입니다. 이것은 「상춘곡」에서도 그대로 적용되었던 것입니다.

저는 「상춘곡」이 당연히 불우헌 정극인 선생의 작품이라고 생각하는데, 제 나름대로의 이유는 이렇습니다.

첫째, 불우헌 정극인 선생의 개인적 배경입니다. 사실 불우헌 정극인 선생은 새로운 사상적 체계를 세운 대학자도, 어렸을 적부터 천재 소리를 듣던 사람도 아니었습니다.

성균관 유생 시절인 37세 때 불교에 대한 나름대로의 소신을 갖고 상소를 했다가 유배되기도 하고, 나이 50세가 되어서야 과거에 합격했지만 얼마 안 있어 조카 단종을 폐위한 세조의 집권으로 다시 낙향하는 등 우여곡절을 겪게 됩니다. 결국 나이 70세 때 생각보다 높지 않은 사간원 정언(정6품)을 끝으로 관리 생활을 마무리하게 됩니다.

불우헌 정극인 선생을 기념하는 상춘공원 뒤편
동산에 있는 정자인 '상춘대'에서 바라본 들녘

하지만 굴곡 많은 인생은 그를 향촌에 머물게 했고, 나름의 꿈을 펼치지 못하던 현실 속에서 자연과 함께 깊은 사유에 잠기기도 했을 것입니다.

불우헌 정극인 선생이 머물던 곳은 조선 태종 임금 때까지 태산현으로 불리며 현의 현청이 있던 마을입니다. 옛 현의 현청이 있던 곳이라는 의미로 고현동(古縣洞)이라고 불리는 것입니다.

불우헌 정극인 선생은 그에 앞서 6백여 년 전 태산군수를 지낸 고운 최치원 선생(857~미상)의 자취가 묻어나는 성황산과 유상대를 거닐며 서로의 처지를 공감하기도 하고, 어떤 때는 위로도, 또 어떤 때는 격려의 영감도 받았을 것입니다.

그렇다고 생각에만 머물지 않았습니다. 세 칸짜리 조그만 글방에서 동네 아이들을 가르쳤는데, 이 글방은 후일 무성서원의 초석이 되었습니다. 또한 유교적 이상사회를 꿈꾸며 동네 사람들과 마을 자치규약인 고현향약을 시작하고 그 뜻을 후세에 남김으로써 우리나라에서 가장 오랜 기간 지속된 5백여 년의 '태인고현동향약'의 기틀을 닦았습니다.

불우헌 정극인 선생의 굴곡진 인생과 향촌 마을에서의 삶을 따라가다 보면 편안한 운율이 있으면서도 쉽고 친근한 느낌이 드는 「상춘곡」이 만들어진 배경을 이해하게 됩니다. 고관대작을 지낸 것도 아니었기에, 고려 고종(1213~1259) 임금 때 「한림별곡」을 지은 한림의 학사들처럼 학문적 깊이를 뽐낼 이유도 없었던 것입니다.

둘째로 불우헌 정극인 선생이 사시던 시기보다 2백여 년 전 이미 일정한 운율과 긴 문장으로 이뤄진 「한림별곡」과 같은 '경기체가'가 등장했고, 1백여 년 앞선 시기에는 이미 정립된 운율과 형식에 맞춘 우리 고유의 문학양식 '시조'가 있었다는 점을 눈여겨볼 필요가 있습니다.

「상춘곡」의 운율과 긴 문장은 어느 날 불쑥 튀어나온 것이 아니라, 이러한 문학사적 흐름 속에서 자연스럽게 만들어졌던 것으로 보입니다.

「상춘곡」은 참 정갈하고 담백한 맛이 나며, 읽으면 읽을수록 정감의 농도가 짙어 감을 느끼게 됩니다.

더욱이 지금의 정읍시 칠보면 원촌마을에 있는 불우헌 정극인 선생을 주제로 한 상춘공원을 둘러보고, 바로 뒤편의 야트막한 성황산에 잘 정비된 '상춘곡 둘레길'을 여유롭게 거닐며 나지막이 「상춘곡」을 읊조려 보면, 책상에 앉아 눈으로만 읽는 「상춘곡」보다 더 깊은 감흥과 감정을 경험해 볼 수 있겠습니다.

둘레길 사이사이에 적혀 있는 「상춘곡」 문구를 빠뜨리지 않고 순서대로 읽어가다 보면 어느새 무성서원에 다다르게 됩니다. 시간을 정해 놓고 운동하듯 서둘러 둘러보기보다는 「상춘곡」을 읊조리며 자연과 하나 된다는 마음으로 걸어 보면 좋겠습니다.

한편 상춘곡 둘레길이 시작되는 불우헌 정극인 선생을 기념하는 상춘공원 뒤편에는 한정, 호호정, 송정, 후송정 등 옛 선비들이 글을 읽고 배우던 정자가 있습니다.

후송정 옆 바위에 새겨진 간재 전우 선생의 '후송'이란 글씨

또한 필양사, 영모당, 송산사, 시산사 등 애국충절이 깊은 선현을 모시는 사우(祠宇)도 덤으로 함께 볼 수 있습니다. 최근에 문화재 해설 안내판이 읽고 이해하기 쉽도록 새롭게 정비되었습니다. 통상 알 수

없는 문화재 해설에 재미없어 시큰둥하던 어린 학생들도 함께 읽으며 흥미로운 시간을 보낼 수 있습니다.

　학생을 둔 가족이라면 꼭 한번 거닐어 보시길 강력히 추천드립니다! 교과서에서 먼 옛날의 이야기로 배우던 「상춘곡」이 지금 우리와 함께 있다는 걸 온몸으로 느끼게 될 것입니다.

태인방각본,
출판문화의 르네상스를 열다

새해가 시작되었습니다. 새롭게 무언가를 시작해 보기 딱 좋은 시기이기도 합니다. 새해에는 몇 권의 책을 읽어 보리라는 독서 계획은 많은 사람들의 단골 메뉴일 것입니다. 설사 기대에 못 미치더라도 매년 찾아오는 새해는 우리에게 새로운 시도를 하게 만드는 기회입니다.

조선시대 사람들은 어떤 책을 읽었을까요? 아마도 『논어』, 『맹자』와 같은 4서 3경을 떠올릴 것입니다. 성리학이 시대적 이념이고, 입신양명을 위한 과거시험 합격에 꼭 필요한 필독서이기 때문입니다. 시각을 바꿔 이런 질문도 가능해 보입니다. 조선시대에는 어떤 책이 많이 출간되었을까? 많이 출간되었다는 건 많이 읽었다는 뜻과 다름없으니까요.

조선시대 책의 출간은 기본적으로 국가의 업무로 여겨졌다고 합니다. 이렇게 만들어진 책을 관판본(官版本)이라고 합니다. 특히 지방 감영에서 출간하는 책은 감영본이라 부릅니다. 물론 개인이나 사찰이 간행한 책도 일부 있었는데 이들을 사간본(私刊本), 사찰본(寺刹本)으로 부릅니다.

그러면 오늘날과 같이 전문 출판사가 일반 대중을 상대로 하여 판매 목적으로 간행한 상업적인 책도 있었을까요? 이런 유형의 책은 흔히 방각본(坊刻本)이라 부릅니다. 참고로 방각본은 동네·저잣거리를 뜻하는 방(坊), 새길 각(刻), 책을 의미하는 본(本)으로 이뤄졌습니다.

방각본은 출간된 지역의 이름을 앞에 붙여 함께 부릅니다. 우리나라에서 방각본이 다수 출간된 지역은 지금의 정읍을 비롯하여 서울, 전주, 나주, 대구, 안성 등 6개 지역 정도로 여겨지고 있습니다. 이들 지역의 방각본은 태인방각본, 경판방각본, 완판방각본, 금성판본, 달성판본, 안성방각본으로 불립니다. 1576년 간행된『고사촬요』는 경판방각본으로서 가장 이른 시기의 방각본으로 여겨지나, 본격적인 방각본 출간은 조선 후기 무렵이라고 합니다.

양반 계층의 확대, 노비제의 해체, 독립 자영수공업자의 등장 등 신분제에 기반한 사회질서가 무너지고, 신분 상승을 꾀하는 계층의 문화적 욕구가 커지는 시대 상황에 따른 것으로 보고 있습니다. 이 중 가장 이른 시기에 활발하게 방각본이 출간된 지역이 정읍 태인이라고 합니다. 이것이 이른바 '태인방각본'입니다.

태인방각본은 여러 가지 특징을 갖고 있습니다.

첫째, 다른 지역의 방각본과 비교하여 누가, 언제, 어디에서 출간했는지, 즉 출판업자와 출간 시기 및 장소가 책자의 간기(刊記 : 출간 기록)에 명시되어 있어 방각본임을 가장 명확히 알 수 있다고 합니다.

현재 태인방각본으로 전해지는 책은 14권 정도인데, 1637년 출간된 『맹자언해』와 1796년에서 1844년까지 출간된 『공자가어』 등 13권이 있습니다. 특이하게 출간 기록을 볼 때 출판업자와 인쇄업자로 추정되는 전이채와 박치유는 1799년부터 1806년까지 7년 동안 무려 11권을 함께 간행합니다. 어쩌면 이들은 우리나라 최초의 전문 출판사와 인쇄소인 것입니다.

둘째, 태인방각본은 단편적 기술의 혁신이라기보다는 전체적인 경영의 혁신을 통해 출판을 하나의 문화산업으로 전환시킨 계기를 만들었습니다.

책에 대한 수요가 증가하는 조선 후기의 시대적 상황에서 이미 출간된 기존의 금속활자 인쇄본 책자를 활용하여 인쇄할 목판의 제작 시간과 비용을 줄이고, 발간 부수를 확대함으로써 책값을 낮추어도 오히려 출간자의 수익이 커지는 규모의 경제 원리를 통해 출판을 사업화한 것입니다.

참고로, 조선시대 주요 인쇄기술인 금속활자(活字)는 세종대왕 시기에 만든 계미자로 대표되지만, 책판 안에 이미 만들어진 개별 글자 하나하나를 배열한 후 책을 찍는 방식으로 인쇄하고 나면 해당 판본이 없어지는 한계가 있어 다품목 소량생산에 적합한 방식이라고 합니다.

무성서원 후문 옆에 있는 카페 겸 태인방각본전시관에 전시된 방각본 판본

하지만 방각본은 대부분 활자 형태가 아니라, 나무로 만든 목판에 글씨를 새기는 까닭에 목판의 부피가 크다는 약점이 있지만, 기존의 금속활자 인쇄본 '책자'를 활용하면 예전에 비해 판각 시간을 줄이고 대량출판 시 제작 단가를 낮춰 책값이 상대적으로 저렴해진다는 장점이 있

다고 합니다.

셋째, 태인방각본은 책을 소수의 전유물이 아니라 일반 백성으로 확대하는 출판문화의 대중화를 촉발했다고 할 수 있습니다.

출간된 책 중 하나인『효경언해』를 보면 한글로 한자의 음을 함께 적고, 이해되기 쉽도록 조사나 어미를 붙였으며, 설명이 필요한 단어나 문장에는 한글로 부연 설명을 달았습니다. 어쩌면 한자가 병기된 한글 책이라 할 만한데, 이런 표기 방식은 선비들뿐 아니라 일반 백성, 부녀자와 아이들까지 책을 쉽게 읽을 수 있도록 함으로써 독자의 폭을 넓힌 것입니다.

넷째, 태인방각본의 경우 농업 생산성 확대, 빈민 구제 등 현실 문제 해결에 맞춰 실용적인 책들을 많이 발간했습니다.

방각본 형태로는 처음으로『농가집성』과 같은 농업기술 보급을 위한 농서도 발간되었습니다. 농업은 당시의 주된 산업이자, 민생 안정을 위한 토대였습니다.『농가집성』은 산업 육성을 위한 지식인의 책임과 실용적 기술의 습득과 전파를 강조했던 것입니다. 또한 같은 태인방각 본으로 출간된『신간구황촬요』에는 오랜 시간 굶주린 사람들을 어떻게 조치하고, 회복시켜 나갈지에 대한 구체적 지식이 담겨 있습니다.

다섯째, 태인방각본은 특정 계층에서 벗어나 일반 백성에 의한, 일반 백성을 위한 서책 발간의 기폭제가 됨으로써 우리나라 출판문화의 르네상스를 열었습니다.

전문 출판사 경영을 시도한 전이채와 박치유를 통해 활성화된 태인방각본의 목판은 나중에 전주와 대구로 옮겨져서 완판방각본과 달성판본으로 재발간되었고, 19세기 말까지 계속 출간되었다고 합니다.

이후 20세기를 전후하여 서포, 서관, 서방 등 다양한 이름의 출판사 겸 서점들이 많이 생겨나기 시작하는데, 전주의 서계서포, 다가서포, 문명서관, 칠서방, 대구의 재전당서포, 서울의 방문서관 등이 대표적입니다.

끝으로 조선시대에도 큰 대도시가 아니었을 정읍에서 '태인방각본'이 만들어졌다는 건 참 의아한 일일 텐데, 여기에는 뭔가 깊은 이유나 배경이 있는 것이 분명합니다.

먼저 태인의 지리적 위치를 대략 알아볼 필요가 있습니다.

조선시대에는 지금의 정읍 지역 일대에 태인현, 고부군, 그리고 정읍현이 있었습니다. 당시 태인현은 지금의 태인면과 칠보면을 중심으로 주변 읍면을 포함한 큰 권역이었습니다. 지금의 태인면하고는 다른 것입니다.

태인은 1409년 태종 임금 시기에 태산군(泰山郡, 지금의 칠보면 일대)과 인의현(仁義縣, 지금의 태인면 일대)을 합치고, 두 고을의 앞 글자를 따서 태인(泰仁)으로 불렸고, 일제강점기인 1913년에는 태인현이 폐지되고, 지금 우리가 알고 있는 태인면으로 개편된 것입니다.

지금의 칠보면과 태인면을 중심으로 한 조선시대 태인현(泰仁縣)은 역사·문화적으로 출판문화와 깊은 관련이 있습니다.

890년 서른네 살의 나이에 태산군수로 부임한 고운 최치원 선생은 후대에 많은 선비들의 정신적 지주 역할을 했고, 이들이 자연스럽게 태인현에 애착과 동경심을 갖도록 만들었습니다.

당시 골품제라는 신분제의 한계 속에서 고운 최치원 선생은 낙담도 할 수 있었겠지만, 오히려 더 큰 세상을 꿈꿨을 것입니다. 이런 최치원 선생을 모신 까닭인지, 무성서원은 전통적으로 다른 서원들과 달리 과거시험 합격을 목적으로 하는 사람은 입교하지 말라 할 정도로 학문적 자부심이 컸습니다.

최초의 한글 가사문학 「상춘곡」을 지은 불우헌 정극인 선생이 풍류를 즐기시던 곳, 우리나라 최초의 주민 자치규약인 '태인고현동향약'의 전통을 이어간 곳도 이곳 태인현이었습니다.

전라도의 대학자로 불리는 일재 이항 선생(1499~1576)과 임진왜란의 위기에서『조선왕조실록』전주사고본을 지켜 낸 그의 제자 손홍록 선생도 태인현 사람인 것입니다.

그러니 1979년에 세워진 전라북도 최초의 사립도서관인 명봉도서관이 현재 태인면에 있다는 건 어색한 일이 아닌 것입니다.

방각본이 활성화되기 백여 년 전에 불교 서적으로 불리는 사찰본 발간도 태인현에서 대단히 활성화되었던 걸로 보입니다.

당시 태인현에 속했던 산내면 용장사라는 절에서 1635년 한 해에만 14권의 불경을 간행했다는 기록이 있고, 그중 다수가 현재까지 전해지고 있습니다. 태인방각본이 본격 출간되기에 앞서 태인현은 이미 출판문화가 상당히 활발했다는 점을 알 수 있는 것입니다.

이것은 그만큼 태인현 지역의 경제력이 커서 출판문화를 뒷받침했다고 볼 수 있는 것입니다. 출판은 지금도 꽤 많은 비용이 들지만, 예전에는 훨씬 어렵고 비용도 많이 들었을 것입니다.

대부분의 태인방각본이 목판으로 되어 있는데 통상 2쪽짜리 목판 한 장을 만드는 데 한 달 정도가 소요된다고 합니다. 목판 각인과 인쇄에 들어가는 시간과 비용, 그리고 인력이 상당함을 고려할 때 지역 내 출간을 뒷받침할 수 있는 상당한 경제력이 있었다고 보는 것이 맞을 것입니다.

  가까운 시기에 아이들과 함께 우리나라 출판문화를 대표하는 태인방각본을 알아보는 현장학습을 떠나 보면 어떨까요?

  태인방각본은 현재 정읍 내장산 문화광장에 위치한 정읍시립박물관에 가면 상설 전시가 되어 있어 쉽게 찾아 볼 수 있습니다. 또한 칠보면에 있는 세계문화유산 무성서원을 둘러보고, 후문으로 나오다 보면 찻집과 함께 민간인이 운영하는 태인방각본전시관도 있으니 둘러보면 어떨까 합니다.

무성서원 후문 옆에 있는 카페 겸 태인방각본전시관 내부 모습

시간이 되면 고운 최치원 선생이 거닐었던 호남 제일의 정자인 '피향정'을 보며 왜 시골 태인에서 태인방각본이 나왔는지 그 역사적 배경을 고민해 보는 것도 유익합니다.

가신 김에 바로 옆에 있는 우리 전라북도 최초의 사립도서관인 명봉도서관도 둘러보시길 권해 드립니다. 또 태인면에는 맛집도 꽤 있으니 점심이나 저녁도 꼭 드시고 가시면 좋겠습니다!

민족을 지킨
태인면 성황산

정읍 태인면 소재지에는 최치원 선생이 거닐었다는 '피향정'이 먼저 눈에 들어옵니다. '피향정'은 다른 이름으로 '호남제일정(湖南第一亭)'이라고 부르며, 그 현판이 피향정에 크게 붙어 있습니다. 전라도를 대표하는 도시 전주 초입에 호남제일문이 있다면, 태인에는 '호남제일정'이 있는 것입니다.

피향정 마당 한편에는 여러 개의 기념비가 서 있습니다. 그중에서도 눈에 띄는 것은 제법 값이 나가는 검은 돌로 만든 비석입니다. 아쉽게도 이 검은 돌 비석은 조병갑이 세운 것입니다.

온갖 학정을 일삼아 동학농민혁명의 도화선이 되었던 그 유명한 탐관오리 조병갑 고부군수가 주민 돈을 뜯어내 바로 옆 고을 태인현의 현감을 지낸 자기 아버지 조규순을 위해 세운 공적비입니다.

요즘 표현으로 하면 '셀프 표창장'이라 할 것입니다. 이것은 창피함을 알게 하는 비석으로, 그릇된 역사에서 오늘을 사는 우리가 어떻게 살아야 하는지에 대해 배우게 됩니다.

참고로 조병갑은 1898년 재판관으로서, 동학농민혁명의 최고 지도자인 해월 최시형에게 사형 판결을 내리기도 했으니 참 통탄스러운 역사입니다. 그나마 다행이라면 그 역사를 지금 우리가 배우고 기억한다는 점입니다.

신숙주의 증손자이며 태인현감으로 6년 동안 재직하며 태인현에 동서남북의 4학당을 세워 학문을 권장하는 등 선정을 베풀자, 고을 주민들이 세운 '신잠' 기념비도 찾아볼 만합니다.

'호랑이는 죽어서 가죽을 남기지만, 사람은 죽어서 역사에 이름을 남긴다'는 말이 맞는 듯합니다. 우리가 어떤 삶을 살아야 하는지를 배울 수 있는 공간이 피향정 주변에 같이 있는 것입니다.

또한 조선시대 공립 학교로 군현마다 있었던 태인향교, 또 전라북도 최초의 사립도서관인 명봉도서관, 태인 지역 3·1독립만세운동 유공자이며 일제 패망 후 백범 김구 선생이 정읍에 오셔서 머물렀다는 김부곤 선생의 가옥 등 역사, 문화, 예술적 향기가 진하게 배어나는 곳이 면 소재지 중심부에 많이 있습니다.

하지만 근대 일제강점기 즈음하여 가슴 저미는 역사적 현장도 꽤 있습니다.

1894년 말 전봉준 장군을 중심으로 한 동학군이 공주 우금치에서 왜군과 관군에 대패하고, 이어 김제 원평의 구미란전투에서 패하여 쫓기다가 마지막으로 재기를 노렸던 곳이 바로 이곳 태인면에 있습니다.

태인면 소재지에 있는 태인향교 뒤편의 높지 않은 산인 '성황산' 정상 부근이 바로 동학군의 마지막 접전지입니다.

성황산 정상으로 가는 길

지금은 임도가 잘 닦여 쉽게 걸을 수도 있고, 태인향교 뒤편 마을을 지나 산길로 올라갈 수도 있습니다. 임도를 이용해 차로 가는 길은 태인면 오봉리에 있는 '옥천사'라는 절을 내비게이션에 찍고 가시면 쉽습니다. 절 마당 옆을 지나는 임도를 따라 성황산 정상까지 차로 가는 길입니다.

한 가지 아쉬움이 있다면 임도 입구에 물 흐름 방지턱이 조금 높아 일반 승용차는 지나기 어렵다는 점입니다. 이런 경우 옥천사 마당에서 걸어가도 5분 정도 걸리니 절 근처에 차를 놓고 가는 것도 그리 불편함은 없습니다.

두 번째 방법인 태인향교 뒤편 길은 마을에서 3·1독립만세운동 기념탑 방향으로 올라가는 길 중간에 오른쪽으로 나 있는 갈림길로 가는 방법입니다. 조금 오르다 보면 수자원공사가 관리하는 배수지 정문에 막히는데, 정문 오른쪽으로 초록색 울타리를 끼고 나 있는 등산로를 따라 올라가는 것입니다.

1894년 11월 27일, 성황산 정상에서 훤히 내다보이는 고향 땅 태인의 들녘을 마지막으로 바라보며 그분들은 어떤 생각을 하셨을까요…?

성황산에서 내려오는 길 중간에는 3·1독립만세운동 기념탑도 있습니다. 3월 16일 태인 장날에 맞춰 독립만세운동을 일으킨 것인데, 이날

100여 명이 헌병에게 체포되었고 그중 송수연, 김현곤, 김달곤, 송문상 등 주동자 25명은 태형과 구류 등의 형을 선고받고 옥고를 치렀습니다. 역시 나라와 민족을 위하는 민초들의 마음은 끈질기게 그때도, 지금도 이어져 내려온다는 생각입니다.

정읍 태인은 한 번쯤 꼭 다녀갈 만한 곳입니다. 특히나 학교 다니는 자녀가 있는 분들이라면요.

성황산 정상에서 바라본 들녘

이런 때면 떠오르는 생각, 애들은 어디 가서 밥 먹이지? 고민하실 필요는 없습니다. 면 소재지엔 콩국수, 짜장면, 한식 백반, 떡갈비, 장어구이, 정원형 카페 등 은근히 유명한 지역 맛집도 꽤 있습니다!

그리고 정읍 태인은 미국 TIME지(誌)가 선정한 10대 슈퍼푸드의 하나로도 유명한 '귀리'가 우리나라에서 제일 많이 나는 곳입니다. 태인 지역에서 나는 귀리로 만든 빵을 파는 제과점도 면 소재지 중심에 있으니 맛보고 가시면 좋겠습니다.

전북 최초의 사립도서관, 태인면 명봉도서관

정읍 태인면 소재지에 가면 피향정을 볼 수 있는데, 여기서 불과 1~2분 거리에 우리 전라북도 최초의 사립도서관, '명봉도서관'을 볼 수 있습니다!

저는 처음에 '시골에 웬 대저택이 있지?' 하고 문 앞 가까이 갔다가 '괜히 남의 집 기웃거리면 안 되지.' 하고 나왔습니다. 마침 길가 평상에 앉아 담소를 나누고 계시던 어른들

명봉도서관 건물 정면

이 계셔, 저 대저택이 무엇인지 여쭤보고서야 들어가게 되었습니다.

'수학의 정석' 저자로 알려진 홍성대 선생님이 정읍 태인 고향 마을에

지은 것이라고 합니다.

1979년에 처음 문을 열었고, 현재의 도서관은 1999년에 새로 지었다고 합니다.

지금이야 어느 시군에 가도 도서관이 있고, 또 마을이나 아파트 단지별로 작은 도서관까지 있지만, 1980년대까지 도서관은 정말 흔치 않았습니다.

명봉도서관 전경

어쩌다 얻은 몇 권의 책을 몇 번이고 또 읽고, 이웃집과 바꿔 읽었던 기억이 생생한데, 그 시절 태인 사람들은 얼마나 행복했을까요?

도서관을 관리하시는 분께 여쭤보니, 지역 학생들은 물론이고 분위기가 너무 좋아 글이나 시를 쓰시는 분들이 먼 도시에서 여기까지도 오신다고 합니다.

왠지 모를 분위기에 끌림이 가는 도서관입니다.

내장산이 있는 샘고을 정읍의 운명적 만남, 조선왕조실록과 이순신 장군

샘은 넓고 깊은 대지 안에 맑은 물을 품고 있다가 필요한 때 땅에서 솟아나고, 부족함 없이 채워 주곤 합니다. 그런 샘을 대표하는 도시, '샘고을'은 정읍의 다른 말입니다.

내장산(內藏山)은 한자로 안 '내(內)', 품다 · 간직하다 · 저장하다는 뜻을 가진 '장(藏)', 그리고 뫼 '산(山)'으로 씁니다. 안으로 품고 간직할 줄 아는 내장산은 정읍을 대표하는 산입니다.

실제 우리 역사를 대표하는 『조선왕조실록』과 충무공 이순신 장군의 행적을 살피다 보면 '내장산'이 있는 '샘고을' 정읍의 운명적 역할을 이해하게 됩니다.

유네스코가 지정한 세계기록문화유산인『조선왕조실록』은 태조부터 철종 대까지의 조선 왕조 472년의 역사를 888권으로 기록한 것입니다.

참고로 당시『조선왕조실록』은 세종대왕 때부터 한양 춘추관, 경상도 성주, 충청도 충주, 그리고 전라도 전주 이렇게 네 곳의 사고(史庫)에 보관되었습니다.

하지만 1592년 4월 13일 섬나라 왜적들이 침략한 임진왜란이 일어났습니다. 4월 28일 신립 장군의 부대가 충주 탄금대전투에서 크게 패하고, 5월 2일에는 한양이 점령당했습니다. 6월 6일에는 전라도와 충청도에서 모인 5만 명의 병력이 용인전투에서 대패하면서 이제 전라도와 함께 전주사고의『조선왕조실록』도 위태롭게 되었습니다.

다행히 1592년 7월 7일에서 8일 사이에 전주성으로 향하는 길목인 마이산과 운장산 사이에서 벌어진 '웅치전투'와 운장산과 대둔산 사이에서 벌어진 '이치전투'에서 왜군은 많은 전력을 소진하고 전라도 진격을 포기하고 뒤로 물러섭니다.

이 무렵 전라도의 큰 학자 일재 이항(1499~1576)의 제자 손홍록(1537~1600)과 안의(1529~1596)는 자신의 개인 재산을 팔아『조선왕조실록』을 옮길 비용을 마련했고, 전주사고에 있던『조선왕조실록』을 1592년 6월 22일 내장산 용굴암에 옮겨 놓습니다.

이후 이들은『조선왕조실록』을 내장산 더 깊은 곳으로 옮기며 1년 18일 동안 밤낮으로 지켰습니다.

참고로 이 일을 계기로 2019년 문화재청에서는『조선왕조실록』이 경기전을 출발하여 내장산에 도착한 6월 22일(원래 음력인데 양력으로 환산하지 않음)을 '문화재 지킴이의 날'로 정하게 되었습니다.

하지만 1년쯤 뒤인 1593년 6월 22일 왜군은 퇴각하던 각지의 부대를 모아 10만 병력으로 다시 한번 진주성을 총공격합니다. 1592년 10월 진주목사 김시민과 의병장 곽재우가 백성들과 함께 지켜 낸 '1차 진주성전투'의 패배를 경험한 왜군이었기에 그 설욕을 위해 훨씬 많은 병력과 전력을 집중시킨 전투였습니다.

내장산 내장사 가는 길 중간에 있는 '조선왕조실록 내장산 이안 기적비'

진주성은 전라도로 진입하는 남쪽의 요지였으며 당시 이순신 장군이 머물던 여수 본영의 후방이었습니다. 왜군도 3만 8천 명의 사상자를 낼 정도로 피해가 컸지만, 왜군의 10분의 1도 안 되는 병력으로 진주성을 지켜 내긴 중과부적이었습니다. 이것이 황진 장군, 김천일 의병장 등 6천의 병력과 주민 6만 명이 몰살된 이른바 '2차 진주성전투'입니다.

이 무렵 불안했던 조선 조정은 손홍록과 안의로 하여금 내장산에 보관된 『조선왕조실록』을 옮기도록 했고, 이들은 1593년 7월 9일 내장산을 떠나 7월 24일 강화도에 도착합니다.

놀랍게도 『조선왕조실록』을 지키며 옮긴 내용은 안의와 손홍록이 작성한 『임계기사(壬癸記事)』에 하루하루의 기록으로 고스란히 담겨 있습니다. 참고로 『임계기사』는 현재 정읍시립박물관에 보관되어 있습니다.

임진왜란 하면 성웅 이순신 장군을 떠올리지 않을 수 없습니다. 1592년 4월 13일 임진왜란이 일어난 지 불과 18일 만인 5월 2일에 한양이, 6월 15일에는 평양성이 왜적에게 함락되고 맙니다.

이 시기 남해 바다에서는 이순신 장군이 5월 7일 옥포해전을 시작으로, 거북선이 실제 전투에 참여한 5월 29일 사천해전과 이어진 당포해전, 당항포해전 등을 거쳐 7월 8일에는 한산도대첩을 이뤄 냅니다.

이로써 왜군은 남해 바다를 함부로 다닐 수 없게 되고, 전라도를 지킬 수 있었습니다. 참고로 이날 7월 8일은 육지에서 전라도를 지켜 낸 웅치와 이치전투가 있던 날이기도 합니다.

이순신 장군이 전라좌도수군절도사로 부임한 것이 임진왜란 1년여 전인 1591년 2월인데, 그때는 정읍현감으로 있을 때입니다. 이순신 장군이 1589년 12월부터 1년 3개월 동안 정읍현감을 지냈다는 점은 많은 사람이 잘 기억하지 못하고 있습니다.

무관이었던 이순신 장군은 어떻게 정읍현감으로 오시게 되었을까? 또 무슨 일을 하셨을까 하는 대목은 자못 궁금증을 자아내기 충분합니다.

1576년 32세의 이순신은 무과에 급제하여 관직을 시작합니다. 그리고 주로 함경도나 전라도 외곽의 국방 업무를 맡습니다. 특히 42세 때인 1586년에는 두만강 하구 녹둔도의 책임(종4품)을 맡게 되는데, 이듬해 외적과의 전투에서 모함을 받아 직위해제 되고 처음으로 백의종군을 하게 됩니다.

이후 여러 우여곡절을 거쳐 45세 때인 1589년 12월부터 1591년 2월까지 1년 3개월 동안 정읍현감(종6품)을 지냅니다. 이순신 장군이 당시 근무했던 정읍현 관아는 지금의 정읍시 장명동주민센터와 정읍경찰서, 샘고을중학교 일대로, 현재 주민센터 앞에는 관아의 표석이 세워져 있습니다.

정읍현 관아가 있던 옛터 부지

1681년 당시 정읍의 선비들은 정읍현감으로 백성을 사랑하고 선정을 펼쳤던 이순신 장군의 덕을 추모하기 위해 지금의 정읍시 과교동에 유애사(遺愛祠)를 세웁니다. 사당의 이름은 한때 충렬사라고 불렸다고도 합니다. 하지만 조선 말기 서원철폐령에 따라 헐리고 말았고, 현재의 유애사는 근래에 복원되었습니다.

유애사 사당

한편 1945년 일제가 패망한 뒤, 지역의 뜻있는 분들이 창건기성회를 조성하고 각계의 성금을 모아 일제가 세운 신사를 허물고 이순신 장군을 모시는 충렬사를 지금의 정읍시청 옆에 세웁니다. 1949년 8월 공사를 시작했으나 6·25전쟁으로 중단되었다가 1963년에야 준공되었다니, 전쟁의 폐허로 그 어렵던 시절 세워진 충렬사에 대한 애틋함이 더욱 커집니다.

이순신 장군이 당시 정읍현감으로 계시던 시기(1589. 12.~1591. 2.)는 이미 왜적의 침략이 어느 정도 예견되던 때였을 것입니다. 왜냐하면 1590년이면 황윤길과 김성일이 조선통신사로 일본에 건너가 왜군을 총지휘하던 풍신수길을 만났던 무렵이기 때문입니다. 평생 충직한 무관의 길을 걸었던 이순신 장군이기에 정읍현 관아에서 집무를 보면서도 그런 왜적의 침략 동향과 향후 대책을 고민하지 않을 수 없었을 것입니다.

지금 정읍 쌍화차거리는 당시 이순신 장군이 계시던 정읍현 관아 바로 앞길입니다. 이순신 장군이 민초 백성들을 돌보고자 걸었을 거리입니다. 그 시절 정읍 옹동의 숙지황을 넣고 정성스레 달여진 쌍화차를 드셨을 것입니다. 강직한 성품과 용맹함에도 불구하고 주변의 시기 질투로 모함을 받고 엉뚱하게 고초를 겪으며 피폐해졌던 건강을 평생 마지막으로 돌볼 수 있는 기회를 정읍과 정읍의 쌍화차가 드렸을 거라는 생각입니다.

또한 정읍현감으로 계셨던 1년 3개월이란 기간은 이순신 장군이 곧 닥쳐올 왜적의 침입을 예견하고 고민하면서, 임진왜란 8년 동안 국난 극복의 힘을 축적할 수 있는 소중한 기회가 되었을 것입니다.

정읍시청 바로 옆에 있는 충렬사를 둘러보고, 정읍시 장명동주민센터가 있는 옛 정읍현 관아터에서 잠시 발걸음을 멈추고 당시 이순신 장군의 마음을 헤아려 보면 어떨까 합니다.

그리고 이순신 장군이 걸었을 쌍화차거리를 걸으며 사색에 잠겨 보는 것입니다. 그러다가 추워진 날씨에 몸을 따뜻하게 하고, 원기를 돋우는 쌍화차를 한잔 마시면 참 좋습니다.

우리는 뭔가 재충전이 필요할 때 산에 오르거나 바닷가 바람을 쐬러 가곤 하는데, 이순신 장군이 몸과 마음을 재충전하셨던 정읍 쌍화차거리가 오히려 제격이라는 생각입니다.

정읍시청 옆에 있는 충열사(충렬사) 가는 길

아는 만큼 흥미로운
동진강 역사 여행

우리나라는 어느 지역이나 강과 하천이 지나고 있습니다. 하지만 우리 전라북도처럼 금강, 만경강, 동진강, 그리고 섬진강이라는 큰 강을 네 개나, 그것도 발원지까지 모두 갖고 있는 경우는 매우 드뭅니다. 전 지구적 차원에서 물 부족 문제가 심각하게 우려되는 상황에서, 이런 수자원을 갖고 있다는 것은 참 행운이고, 그래서 더욱 소중하게 느껴집니다. 우리 전라북도는 '아름다운 山河(산하), 웅비하는 생명의 삶터'임이 분명합니다.

우리 선조들은 자연의 이치를 일찌감치 깨닫고, 안전하고 풍요로운 삶을 꿈꾸며 지혜로운 활용을 추구해 왔습니다. 강은 우리의 삶과 공존해 왔기에, 그 흔적을 살피다 보면 뿌듯함도 있지만 뼈아픈 역사의 현장도 함께 스며 있음을 알게 됩니다. 정읍에 살면서 일상으로 마주치는 동진강은 과거를 뒤돌아보게도 하고, 또 미래를 점쳐 보게도 합니다.

사실 동진강은 우리 지역에 있는 4개의 강 중에서 수량으로나 길이로만 보면 제일 작은 강입니다. 그러니 이 넓은 들녘에 물을 충분히 대기가 어려웠던 것입니다. 2천 년 전 우리 선조들은 제방을 쌓아 엄청나게 큰 저수지를 만들고 그 물을 농사에 활용하기 시작했습니다. 전라도를 대표하는 3대 저수지인 익산의 황등제를 빼고 정읍 눌제, 김제 벽골제는 동진강의 지류 하천인 고부천과 원평천을 막아 만든 것입니다.

흔히들 호남(湖南)이라 할 때 그 호(湖)가 도대체 어디인지는 정확히 알려져 있지 않습니다. 다만 이렇게 큰 호(저수지)가 여럿 있어 호남이라고 말하지 않았나 추측할 뿐입니다. 그래서 고려 현종 때인 1018년 전주(全州)와 나주(羅州)의 첫 글자를 따서 만든 전라도(全羅道)는 그 연원이 명확하기에, 호남이란 유래가 애매모호한 용어보다 나아 보입니다.

시간이 흘러 일제강점기를 겪게 되었고, 일제는 침략전쟁에 필요한 식량의 증산과 수탈에 혈안이 되었습니다. 이런 배경에서 1927년 임실과 정읍을 지나는 섬진강 물줄기에 운암제를 쌓아 거대한 저수지를 만듭니다. 그리고 저수지 뒤편 산에 0.8km의 도수터널(물이 일정한 방향으로 흐르게 하기 위하여 산 등을 뚫어 만든 물길)을 뚫어 그 물을 동진강으로 흘려보냄으로써 정읍과 김제의 평야 지역 더 깊숙한 곳까지 농업용수를 공급하게 만듭니다.

또 1931년에는 제2 도수터널을 뚫어 물 공급량을 늘림과 동시에 '우리 나라 최초의 유역변경식 발전소'라 불리는 운암발전소도 건립합니다.

이렇게 확보된 수자원을 가지고 들녘 곳곳에 물을 보내기 위한 큰 농수로가 만들어지고, 1935년 농수로의 끝자락에는 수탈의 상징이 되었던 김제 광활간척지가 마침내 준공됩니다.

그리고 1945년에는 6.2km가 넘는 새로운 도수터널을 칠보면 쪽으로 뚫어 지금의 칠보발전소도 세워지게 되었습니다.

지금은 용도가 폐기된 운암발전소 옛 건물

참고로 운암발전소는 1985년 폐쇄되어 현재 빈 건물로 남아 있는데, 아쉽게도 민간 소유로 되어 있습니다. 사실 운암발전소는 우리 기술로 지은 것도 아니고, 수탈의 상징이기에 참 얄밉기도 합니다. 하지만 다시는 일본에 결코 뒤처져서는 안 된다는 것을 기억하게 하고 우리 스스로의 부단한 노력을 독려하는 역사적 교육 장소로 활용 가능합니다. 이를 위해 근대문화유산으로 지정하고 보존해 가면 좋겠습니다.

한편 1927년 만들어진 운암제가 지금은 물 밑에 가라앉아 보이지 않게 되었는데, 새로 만들어진 섬진강댐 때문입니다. 운암제 하류 2.4km 지점에 '우리나라 최초의 다목적댐'인 섬진강댐이 1965년에 축조되었습니다. 지금 우리가 보는 옥정호의 모습은 이때 만들어진 것입니다.

정읍 151-2번 시내버스의 마지막 종착점에 세워진 전망대에서 바라본 섬진강댐

운암제를 그대로 둔 채 더 높은 섬진강댐을 만듦으로써 옥정호는 기존 운암제 때보다 7배나 많은 물을 담수할 수 있게 되었습니다. 섬진강댐으로 인해 더 많은 물을 더 멀리까지 보낼 수 있게 되자, 이를 기반으로 드디어 1978년 부안 계화도간척지를 완공하게 됩니다.

칠보발전소에서 계화도간척지까지 이르는 농수로는 '간선수로'나 '지선수로'라는 용어 대신에 특별히 '동진강 도수로(東津江 導水路)'라고 부르고 있습니다. 기존의 간선수로보다 농업용수를 의도적으로 더 먼 곳까지 끌어가는 까닭에 특별히 '이끌 도(導)'를 쓴 것으로 보입니다.

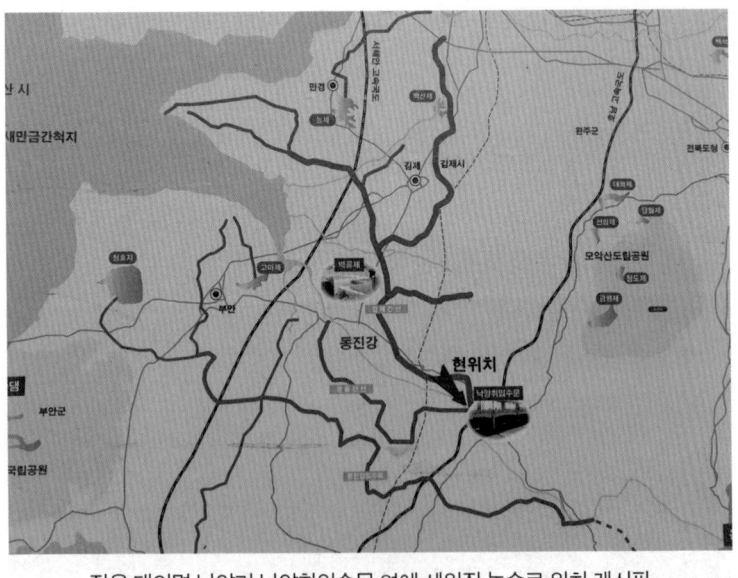

정읍 태인면 낙양리 낙양취입수문 옆에 세워진 농수로 위치 게시판

섬진강댐 건설은 1960~1970년대를 거치면서 인구가 급격히 늘고 산업 발전을 위해 식량 증산이 절실하던 시기에 국가적으로 큰 역할을 했지만, 섬진강댐으로 인해 수몰된 농가가 2천여 가구나 발생했습니다. 애석하게도 이들은 정든 고향을 떠나 낯선 부안의 계화도간척지로 이주해야만 했습니다.

동진강 물은 정읍의 배들평야, 김제의 금만평야를 지나 이제는 새만금으로 흘러 들어갑니다. 새만금방조제가 만들어지면서 1억 2천만 평 규모의 새로운 국토가 생겨난 것입니다. 새만금에는 기존 동진강이 만들어 낸 광활간척지나 계화도간척지보다도 훨씬 넓은 농지가 만들어졌고, 이제는 첨단농업뿐 아니라 미래 신산업과 생태관광, 그리고 물류의 거점으로 거듭날 준비를 서두르고 있습니다.

지금으로부터 20년 전, 안타깝게도 우리는 여러 우여곡절 끝에 김제공항 추진을 스스로 포기하고 말았습니다. 그리고 환태평양 경제공동체 시대에 그나마 지역이 살아남기 위해서는 산업, 물류 및 관광의 필수 인프라인 공항이 필요하다는 걸 절실하게 느끼면서, 긴 세월 동안 그 설움을 달래야 했습니다.

미군의 군사공항인 군산공항의 활주로를 전투기 이착륙 시간을 피해 잠시 잠시 빌려 쓴다는 것이 얼마나 가슴 답답하고 분통 터지는 일일까 싶습니다. 하지만 이제 새만금국제공항이 곧 설계를 마치고 2028

년 완공을 목표로 2024년이면 공사를 시작한다니 참 반가운 일입니다.

사실 새만금방조제는 정읍을 비롯한 김제, 부안 지역의 침수 예방에도 큰 역할을 하고 있습니다. 서해안 지역은 워낙 평평하다 보니 하천의 흐름이 매우 느립니다. 그래서 비가 오는 때에 바닷물이 밀물이 되는 시간이 겹치게 되면 하천은 제대로 흘러가지 못하고, 물의 흐름이 정체되거나 오히려 역류되곤 했습니다. 이런 까닭으로 동진강 유역에서 수천 년간 살아온 우리 선조들은 엄청난 피해를 감내해야만 했던 것입니다. 새만금방조제가 2010년 완공되고 이런 일이 현격히 줄게 되면서 그 아픈 기억도 이제는 서서히 잊혀 가고 있습니다.

물론 섬진강댐이 만들어지면서 평생의 삶터를 떠날 수밖에 없던 아픔이 있었듯, 새만금방조제가 만들어지면서 갯벌에서 조개를 캐고 물고기를 잡아 생활하던 많은 어가와 어민들이 떠나게 된 아픔도 있었습니다. 그러기에 우리는 좀 더 소명의식을 갖고 친환경적으로 새만금사업을 성공적으로 추진할 필요가 있고, 새로운 천년의 발전을 위한 든든한 디딤돌이 되도록 혼신의 힘을 쏟아야 할 것입니다.

동진강은 산외면 배남재에서 떨어진 빗물이 평사리천으로 모이고, 칠보와 태인을 지나 지류 하천인 정읍천, 고부천, 그리고 원평천과 합류하면서 새만금으로 흘러 들어갑니다. 동진강은 유역을 따라 함께 살아가는 사람들의 역사와 이야기를 간직하며 유유히 흐르고 있는 것입니다.

섬진강과 동진강 유역의 경계인 배남재

먼저 넓은 곡창지대에 필요한 농업용수를 동진강에서 확보하기 위한 노력은 수천 년간 계속되고 있습니다. 오래된 정읍 눌제와 김제 벽골제 이외에도, 정읍의 내장호와 용산호, 김제의 능제, 부안의 청호저수지가 대표적입니다.

오늘날 이들 저수지들은 단순한 농업용수뿐만 아니라 주민들의 휴식과 체험관광, 겨울철새 등 동식물들의 서식지 및 생태공간으로서의 역할도 톡톡히 하고 있습니다. 최근 정읍 용산호와 그 주변에 만들어진 내장산관광단지는 둘레길, 골프장, 산림휴양 및 체험 시설, 연수원, 호텔 및 카페 등 세부 사업들이 하나둘 모습을 드러내면서 세간의 주목을 받고 있습니다.

둘째, 동진강은 치수와 관련된 고대부터 현대까지의 기술이 종합적으로 담겨 있어 훌륭한 교육과 체험, 학습과 연구의 장으로 활용될 수 있습니다.

홍수 피해나 바닷물의 역류로 인한 조수(潮水, 밀물과 썰물) 피해 방지, 농사짓는 데 필요한 물을 논밭으로 보내는 관개수로와 수로 관리기술 개발, 생태하천 조성, 제방과 방수제, 그리고 새만금방조제의 축조기술 등 치수와 관련된 기술이 집적화된 공간입니다. 그러니 동진강은 치수와 관련된 대학이나 행정, 산업계에 종사하는 사람이라면 한 번쯤 반드시 와 봐야 하는 곳이라는 생각입니다.

셋째, 갑오동학혁명의 역사도 동진강과 깊은 관련이 있습니다. 정읍천이 동진강에 합류되는 배들평야 한가운데에 만석보터가 있습니다.

1893년 11월 고부천 옆 고부면 대뫼마을에 모여 사발통문을 작성하고, 1894년 1월 10일 시작된 고부봉기 이후 스스로 고쳐나갈 자정능력을 상실한 관료들과 이들의 고질적 부정부패, 그리고 기만적이고 가혹한 처벌에 맞서 3월 21일에 고창에서 무장기포로 다시 일어섰습니다.

이어 3월 26일에는 부안 백산봉기를 통해 전봉준을 총대장으로 하는 전라도 동학농민군 연합부대를 조직하고 본격적인 갑오동학혁명을 전개하게 되었는데, 백산봉기의 장소인 백산성도 동진강 옆에 외로이 서 있습니다.

백산성 정상에서 바라본 동진강(중간에 물막이처럼 세워진 것이 동진강 제수문)

4월 7일 황토현전투 승리는 자신감을 갖게 했고, 갑오동학혁명을 전국 단위로 확산하는 계기를 만들었습니다. 이를 기념하기 위한 '동학농민혁명기념관'이 위치한 곳도 동진강의 지류인 정읍천이 지나는 정읍 덕천면에 있습니다.

전주성전투 승리와 전주화약에 따라 5월 5일부터 전주에서 동학농민군의 철수가 이뤄지고, 약속에 따라 집강소 설치 등이 진행되면서 새로운 세상으로의 변화가 성큼 다가오는 듯했습니다.

하지만 스스로 나라를 지킬 힘도, 백성을 보살필 의지도 없던 조선 정부의 요청으로 5월 5일 청나라 군대가 들어오자, 갑신정변 이듬해인 1885년 맺어진 청과 일의 톈진조약에 따라 일제도 기다렸다는 듯 다음 날 들어옵니다.

1894년 7월 1일, 청일전쟁이 공식적인 전면전의 형태로 우리 땅에서 전개되자, 9월 10일 동학농민군은 삼례에서 재봉기를 하게 됩니다. 이제는 정부의 폭정에서 백성을 구하겠다는 제폭구민(除暴救民)과 보국안민(輔國安民)을 넘어 척양척왜(斥洋斥倭), 즉 외세 침략으로 위급에 처한 나라를 구하기 위해 다시 일어선 것입니다.

하지만 동학농민군은 11월에 공주 우금치전투와 충주성전투에서 모두 크게 패하게 됩니다. 우금치전투를 지휘하던 전봉준 장군과 충주성전투에서 분투했던 김개남 장군은 11월 14일에 논산에서 합류하게 되고, 재정비한 동학농민군을 이끌고 남쪽으로 내려오게 됩니다.

11월 25일 김제 원평의 구미란마을 전투를 거쳐, 11월 27일에는 정읍 태인면 성황산에서 마지막 결전을 하게 되는데 그 근처에 동진강과 함께 간선수로를 타고 김제 광활간척지로 물을 보내는 '낙양취수보'가 있습니다.

갑오동학혁명을 떠올릴 때 전라도와 충청도에서 이뤄진 움직임으로만 이해되기 쉬운데, 사실은 그렇지 않습니다. 주요 흐름이 그렇다는 것이지 각 지역별로 크고 작은 활동이 동시에 같이 있었습니다. 대표적으로 경상도 상주와 김천, 강원도 평창과 홍천, 황해도 해주와 평산 등지에서도 동시다발적인 갑오동학혁명이 전개되었다고 합니다. 예컨대 1894년 11월 27일, 황해도 해주감영을 재차 공격할 때 우리 민족의 지도자 백범 김구 선생님도 어린 나이에도 불구하고 해주성 공격의 선봉장이 되기도 했던 것입니다.

끝으로 갑오동학혁명의 도화선이 되었던 당시의 고부군은 지금의 고부면을 포함한 상당히 넓은 지역이었습니다. 지금의 정읍시 고부면, 덕천면, 소성면, 영원면, 이평면, 정우면과 부안군 백산면 일대인데, 1914년 일제의 행정구역 개편에 따라 고부라는 명칭은 하나의 작은 면으로만 남게 되었습니다. 일제에게 고부는 그렇게도 듣기 싫은 이름이었을 것입니다. 참고로 이러한 행정구역 개편으로 만석보터는 지금의 고부면에 있을 듯하지만 실은 이평면에 있습니다.

동진강과 지류 하천 덕으로 넓고 비옥한 평야가 많았던 고부군에서는 조선 왕조 500년 동안 근 3백 명에 가까운 고부군수가 임명되었는데, 그중 1백 명가량이 부정부패로 삭탈관직 처분을 받았다고 하니 백성들의 고충이 얼마나 컸을 것인지는 짐작이 갑니다.

조금 더 역사를 돌이켜 백제 사비시대로 돌아가 보면, 고부군(당시 명칭은 고사부리군)은 경제와 국방의 중심지이기도 했습니다. 백제는 당시 관제를 개편하여 지방을 동서남북, 중앙 이렇게 오방(五方)으로 나눴는데 그중 중방에 해당하는 곳이 고부성, 즉 당시의 이름으로 고사부리성입니다.

여기에는 1,200명 정도의 병력이 주둔하였다는데 다른 네 곳이 700~1,000명인 걸 고려하면 그만큼 중요했다는 걸 짐작할 수 있습니다. 고사부리성은 조선 영조 임금 때인 1765년, 지금의 고부초등학교로 읍치(邑治 : 고을 수령이 일을 보는 관아가 있는 곳)가 이전되어 읍성으로서 기능이 폐기됩니다.

2030년 복원을 목표로 복원 작업이 진행되고 있는 고사부리성

갑오동학혁명은 왜
혁명으로 불릴까?

　동학농민혁명 128주년 국가기념일 행사가 5월 11일에 열렸습니다. 문화체육관광부가 주최하고 동학농민혁명기념재단이 주관하는 이번 국가기념일 행사는 2022년 올해가 네 번째입니다. 지난 2019년 2월 국가기념일로 지정되고 나서, 첫 국가기념일 행사는 서울 광화문 북측 광장에서 열렸습니다. 이후 두 번째 국가기념일 행사는 정읍 황토현 전적지 '구민사'에서, 세 번째는 서울 경복궁 홍례문광장에서 열렸습니다. 그리고 올해는 다시 정읍 황토현 전적지에 새롭게 조성된 동학농민혁명기념공원에서 개원식과 함께 국가기념일 행사가 열리게 되었으니 그 의미를 더하게 되었습니다.

　동학농민혁명과 관련해서 2004년 3월 제정된「동학농민혁명 참여자 등의 명예회복에 관한 특별법」이 있습니다. 그리고 같은 해 2004년 11

월, 동학농민혁명 관련 선양사업을 위해 민법에 근거한 재단법인 동학농민혁명기념재단이 설립됩니다. 그리고 2007년 1월 「동학농민혁명 참여자 등의 명예회복에 관한 특별법」이 개정되면서, 2010년 2월에 기존 재단법인은 이 특별법에 따른 '동학농민혁명기념재단'으로 새롭게 인가되어 오늘에 이르게 됩니다.

동학농민혁명은 지난 2004년 이 명칭을 그대로 담은 「동학농민혁명 참여자 등의 명예회복에 관한 특별법」이 제정되고 국가 차원의 사업 추진을 위한 '동학농민혁명기념재단'까지 만들어졌지만, 아쉽게도 명칭과 관련해서는 아직까지 국민적 공감대가 충분히 형성되지 못했다는 생각이 듭니다.

왜냐하면 학계에서는 아직도 동학농민혁명 이외에도 동학농민운동, 동학농민전쟁, 갑오동학혁명 등 학자들마다 보는 시각에 따라 다른 명칭을 선택하고 있습니다.

그러다 보니 중고등학교 교과서에 나오는 동학농민혁명의 명칭도 달리 쓰고 있습니다. 현재 중·고등학교 교과서에서는 '동학농민운동'이라 기술되어 있습니다.

참고로 그동안 우리나라 교과서에서 동학농민혁명이 어떻게 기술되었는지를 살펴보면 그 길지 않은 시간 동안 참 다양한 명칭 변경의 흐름을 보여 왔습니다. 1960년대까지는 동학란으로, 1970년대에는 동학혁명, 동학혁명운동, 동학농민혁명운동으로 바꾸어 부르다가, 1980년대는 동학운동으로, 그리고 1990년 이후로는 동학농민운동으로 교과서에 적혀 있습니다.

이것은 아마도 일제 침략으로 인한 강점기를 거치면서 형성된 1860년 수운 최제우에 의해 창시된 동학(東學)과 1894년 갑오년의 동학농민혁명에 대한 악의적인 왜곡과 편견이 아직도 지금 우리에게까지 영향을 미치는 까닭도 있을 것이고, 광복 후 격동의 시기를 거쳐 온 국내 정치 상황도 영향을 미쳤을 것입니다.

작년 이맘때로 기억됩니다. 당시는 전북도청에 근무할 때입니다. 토론회에 초청된 걸로 보이는 몇 분이 청사 내 게시된 동학농민혁명 행사 관련 홍보물을 보시면서 "여기 사람들은 혁명이라 부르네……." 하는 말씀을 들었습니다. 그분들은 나지막한 목소리로 무심코 하는 말이었지만, 제게는 조금 충격적으로 들렸습니다. '아 저렇게도 생각하는구나!' 하고 말입니다. 하지만 '왜 동학농민혁명이라 부를까?' 하는 스스로의 질문에 솔직히 답할 아무런 지식이 없었습니다. 그 순간의 부끄러움도 잠시, 바쁘다는 핑계로 지금껏 지내 온 것입니다.

그때의 부끄러움과 답답함이 계기가 되어, 최근 동학과 동학농민혁명 관련 몇 권의 책을 얼핏 읽고, 또 인터넷도 뒤져 보았습니다. 그리고 여기서 얻은 얄팍한 지식에 기대어 '왜 동학농민혁명을 혁명이라 부르는지?'에 대한 이유를 나름대로 정리해 공유할까 합니다.

먼저 혁명(革命)이란 단어의 사전적 의미를 살펴볼 필요가 있습니다. 전자사전을 보면 천명(天命)이 바뀐다는 의미라고 하면서, 몇 가지 예시를 들고 있습니다.

첫째, 기존 헌법의 범위를 벗어나 국가나 사회, 경제의 제도를 급격하게 근본적으로 고치는 일입니다. 둘째는 어떤 사회적 분야에서 기존의 관습, 양식, 이념 따위를 근본적으로 바꾸는 일입니다. 셋째는 예전의 왕통을 뒤집고 다른 왕통이 통치자가 되는 일입니다. 넷째는 피지배 계급이 지배 계급으로부터 정치권력을 빼앗아 사회 조직을 급격히 바꾸는 일입니다.

현실 사례에서 혁명이란 단어가 들어간 용어는 의외로 많습니다. 우리 역사에서도 고려에서 조선으로 왕조가 바뀐 걸 역성혁명이라 하기도 하고, 다른 역사에서는 프랑스 시민혁명, 러시아 볼셰비키 혁명, 중공의 문화대혁명 등이 있습니다. 그 외에도 영국의 산업혁명, 미국의 과학철학자 토마스 쿤이 말한 과학혁명도 있는데, 요즘은 광고에서 가격혁명이라는 말까지 볼 수 있습니다.

그렇다면 동학농민혁명은 혁명의 네 가지 사전적 의미 중에 어디에 더 가까운 것인지, 아니면 몇 가지 혹은 이 모든 걸 포괄하고 있는지 궁금해집니다.

1894년 동학농민혁명은 폭정에서 백성을 구한다는 제폭구민(除暴救民), 나라를 바로잡아 백성을 편안하게 한다는 보국안민(輔國安民), 서양과 왜의 침략을 물리친다는 척양척왜(斥洋斥倭)의 깃발을 높이 들었습니다.

지난 2020년, (사)동학농민혁명계승사업회에서 조광한 동학역사문화연구소장이 중심이 되어 펴낸『정읍동학농민혁명사』라는 책을 보면 동학농민혁명의 역사적 의미를 정리하면서 왜 혁명인지에 대해 잘 설명해 주고 있습니다.

동학농민혁명은 수십만의 희생자를 낸 채 비록 좌절되었지만, ① 백성이 스스로 나라의 주인임을 자각하여

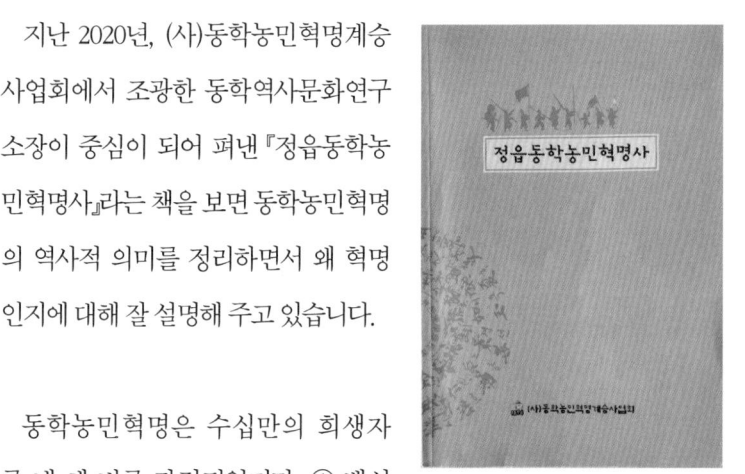

(사)동학농민혁명계승사업회에서 발간한『정읍동학농민혁명사』책자

반봉건, 반외세의 기치를 높이 든 우리 역사상 최대 규모의 민중항쟁이며, ② 신분제도 폐지로 인간 평등의 새 세상을 여는 데 결정적 역할을 했으며, ③ 우리 역사 처음으로 민중에 의한 근대 개혁의 지방통치 모형을 제시한 것입니다. 또한 ④ 동학농민혁명은 이후 이어지는 일제

침략기 항일 의병항쟁, 3·1만세운동, 항일 투쟁, 4·19혁명 등 조국의 자주독립과 민주화의 진원지 역할을 했던 것입니다.

이와 함께 동학농민혁명을 혁명이라 부르는 보다 내면적이고 근본적 이유를 그 저항과 희생의 밑바탕이 되었던 동학(東學) 그 자체에서 찾아볼 수도 있어 보입니다.

도올 김용옥 선생은 그의 책『동경대전』에서 동학혁명이라고 부르는 이유를 동학이 제시한 포괄적 세계관, 새로운 인간관 때문이라고 하며 다음과 같이 적고 있습니다.

도올 김용옥의 『동경대전』 책자

'비록 그것이 정치사적으로는 좌절로 끝나고 만 사건이긴 하지만, 그 내면의 제도개혁과 인간개벽에 대한 요구의 본질은 불란서혁명이나 미국독립전쟁이 구현하려고 했던 정신적 가치를 뛰어넘는 것일 뿐 아니라, 그 제도개혁을 가능케 만드는 포괄적 세계관, 그리고 왕정의 축을 민주의 축으로 전환시키는 새로운 인간관을 체계적으로 제기했기 때문이다.'

사실 1800년대 일반 백성들은 참으로 힘든 시기를 보내야만 했습니다. 외부적으로는 외세에 의한 간섭과 약탈이 극심했던 시기였고, 내부적으로는 1800년 순조 즉위와 함께 시작된 세도정치와 부정부패, 1821년과 1859년 두 차례나 이어진 콜레라 대창궐로 인한 사망, 1839년부터 1844년까지 이어진 폭우와 홍수로 인한 대기근과 1876년의 대흉년 등 이루 헤아릴 수 없이 큰 고통이 계속된 시기였습니다.

이런 시기에 대표적으로 1862년 임술농민봉기가 발생했습니다. 경상도 진주 외 70여 군현서 동시다발로 농민봉기가 발생했던 것입니다. 1869년에서 1871년에는 일명 이필제 변란이 일어나기도 합니다. 동학을 따르는 이필제가 중심이 되어 충청도 진천, 경상도 진주, 영해, 문경에서 항쟁을 일으킨 것인데, 영해의 경우는 해월 최시형 선생까지 직접 참여하게 됩니다. 또한 1876년에서 1893년 사이에는 전국적으로 51건의 농민봉기가 있었습니다.

이렇게 1894년 동학농민혁명이 있기 이전에도 이미 수많은 농민봉기가 있었지만 이를 혁명이 아닌 봉기로 표현하고 있습니다.

1894년 갑오년에 일어난 동학농민혁명을 단순한 봉기가 아닌 혁명으로 부르는 근본적 이유는 동학을 통해 생겨난 새로운 인간관이 일반 백성들의 마음에 널리 자리 잡아 가고 있는 상태에서 전봉준을 중심으로 일어난 고부농민봉기가 도화선이 되어 일어난 동학농민혁명이 전국적으로 동시에, 하나의 큰 힘으로 결집을 이룸으로써 우리나라 정치, 사회 전반에 큰 변혁을 이루는 계기를 마련했기 때문이다는 논거에 큰 공감이 갑니다.

일제의 침탈과 강점기, 그리고 광복을 거치며 이어져 온 독립운동과 민주화의 뿌리 역할을 한 동학농민혁명은 새로운 인간관을 통해 1923년 5월 어린이날을 만드는 데도 기여했습니다. 독립된 인격체로서의 어린이에 대한 존중을 부탁한 소파 방정환(1899~1931)은 동학 3대 지도자 의암 손병희(1861~1922)의 사위였던 것입니다.

도올 김용옥 선생은 수운 최제우가 한글로 지은 『용담유사』를 현재 우리가 쓰고 이해할 수 있는 한글로 옮겨 놓았습니다. 이 『용담유사』 중 「교훈가」를 보면 각자의 몸에 하느님을 모시고 있는데, 그토록 가까운 하느님을 버리고 먼 곳에서 찾으려 한다고 수운 최제우는 답답해합니다.

현대 우리말로 기술한
도올 김용옥의 『용담유사』

또 「도덕가」에서는 천지 만물에 대한 근원적인 경외의 마음을 강조하면서, 우리 삶의 도덕의 핵심은 천지 대자연의 성실(誠實)함과 그 성실함에 대한 공경한 마음의 자세를 지니는 경외지심(敬畏之心)에 있다고 재차 강조하고 있습니다.

동학농민혁명의 정신은 혁명을 넘어 개벽에 있다고 강조하는 의견도 있습니다. 2011년 전북역사학회에서 펴낸 『동학농민혁명의 기억과 역사적 의의』에서 박맹수 교수는 동학의 '다시개벽'을 강조하면서 다음과 같이 언급하고 있습니다.

'동학은 혁명을 넘어 개벽을 강조하였다. 개벽은 단기간에 물리적인 힘을 통하여 한 사회의 상층지배구조를 개혁하려는 혁명의 차원을 넘어선다. 개벽은 인류가 빚어낸 문명 자체의 근원적 변화를 꿈꾼다. 여기에 바로 동학의 원대한 비전이 담겨 있는 것이다.'

결국 동학농민혁명은 1894년 갑오년에 발생한 단순한 전국 단위의 사건이 아닌 것입니다. 모든 사람이 곧 하늘이라는 새로운 인간관이 한 세대를 넘는 긴 시간 동안 일반 민중의 의식 속에 두텁게 축적되었기에 가능했던 일입니다.

동학농민혁명을 계기로 우리 사회는 근본적으로 바뀌게 되고 결국 일제강점기를 이겨 내고, 지금의 자유 민주주의 국가를 이룰 수 있었다고 보여집니다.

하지만 동학농민혁명은 아직 미완성으로 보입니다. 법률상으로나 정부의 공식 용어로서 '동학농민혁명'이라 불리지만, 아직도 우리 학계에서는 보편적으로 사용되지 못하고 있습니다.

그런 연유로 특히나 중고등학교 역사 교과서에서는 애매하게 '동학농민운동'으로 기술하고 있습니다. 앞뒤의 길고 깊은 맥락이 빠지고 단순히 1894년이라는 일정 시점에 발생한 특별한 사건으로 폄하되고 있다는 우리 학계의 인식에 아쉬움이 큽니다.

이런 상황은 결국 '혁명'과 '운동'이라는 두 명칭이 전혀 다른 내용으로 이해되어 애꿎은 어린 학생들만 고생할까 우려도 됩니다.

명칭의 혼선 문제는 적극적이고 포용적인 논의의 장을 통해 정리될 필요가 있습니다. 이 문제의 해결은 국가적 사안인 만큼 이제라도 정부가 적극 나서는 것이 또한 마땅할 것입니다.

참고로 수운 최제우(1824~1864)는 1860년부터 1863년까지 그가 깨친 내용과 사상을 한글과 한문 문장으로 직접 적어 남겼습니다. 이렇게 남겨진 수운의 글은 해월 최시형(1827~1898)이 받아서 1880년에 『용담유사』와 『동경대전』으로 출간하였습니다. 『용담유사』에는 한글로 쓰인 8개의 글이, 『동경대전』에는 한자로 쓰인 7개의 글이 담겨 있는 것입니다.

수운은 1860년 4월, 경주 구미산 용담정에서 깨달음을 얻고 한글로 된 「용담가」를 쓰기 시작하여 마지막으로 1863년 11월 한문으로 된 「불연기연」까지 쓰게 됩니다.

그런데, 『용담유사』와 『동경대전』에 담긴 15개 글 중에서 「도수사」, 「권학가」, 「동학론」, 「수덕문」 등 손꼽히는 주요 6개의 글이 남원 교룡산성 은적암에 피신하여 머무는 동안(1861. 12.~1862. 6.)에 지어졌다는 점은 잘 알려져 있지 않습니다.

특히 지금 우리가 알고 있는 '동학'이라는 용어도, 동학 하면 떠올리는 오심즉여심(吾心卽汝心 : 내 마음이 곧 네 마음이다)이란 문구도 1862년 1월 한문으로 쓰인 「동학론」에 처음 사용됩니다.

깨달음은 경주에서 얻었지만, 깨달음 이후 집필된 동학의 주요 역작들은 남원에서 대부분 만들어졌다고도 볼 수 있겠습니다.

백범 김구와 정읍의 빚,
그리고 대흥리마을

우리 민족의 문화와 역사에서 정읍의 역할과 존재감은 남다릅니다. 예컨대 현존하는 유일한 백제가요 「정읍사(井邑詞)」의 반주 음악이었던 정읍(井邑)은 수제천(壽齊天)이란 별칭과 함께 지금도 널리 연주되고 있습니다.

근현대사에서도 정읍은 막연한 짐작 그 이상입니다. 1894년 부패한 나라를 바로잡고, 외세의 침탈을 물리치고자 일어난 동학농민혁명의 출발점이 정읍입니다. 일제의 폭력과 수탈에 맞서 치열하게 전개된 항일운동은 종교계와도 연계되었는데 이 역시 정읍과 관련이 깊습니다.

1920년부터 1940년까지 당시 국내 한 일간지에 보도된 항일기사에 대한 분석 자료를 보면 총 254건의 사건이 있었고, 이 중 60%인 147건이 '보천교'와 관련됩니다. 나머지는 천주교 2건, 불교 18건, 기독교 23건, 천도교 32건 등입니다.

또한 국가기록원이 보유한 일제강점기 독립운동 관련 판결문 중 '보천교' 관련 건수가 중복을 제외하면 총 321건이나 된다고 합니다. 됩니다. 도대체 보천교는 어떤 종교였을까요?

월곡 차경석이 출범시킨 보천교의 뿌리는 동학으로 보입니다. 1905년 손병희 선생에 의해 동학이 천도교로 재조직되고 두 해쯤 지날 무렵인 1907년에 월곡 차경석은 증산교를 창시(1901년)한 증산 강일순과 운명적 만남을 갖게 됩니다. 이후 1909년 증산교의 조직 운영의 책임을 맡게 된 월곡 차경석은 같은 해 증산 강일순이 사망하자 1911년에 정읍 입암면 대흥리 자신의 집에서 강증산(강일순)의 부인 고판례를 교주로 삼아 보천교(당시는 태을교로 불렸고, 1922년 일제의 강압으로 보천교로 등록)를 출범시킵니다.

1920년 당시 국내에 와 있던 미국 총영사관 밀러(Miller)가 본국에 보낸 보고서에 보천교 추종자가 6백만 명에 이르렀다는 내용이 있습니다. 참고로 당시 우리나라의 인구는 2천만 명 정도였습니다.

또한 보천교 본소는 2만 평 규모로 경복궁을 옮겨온 듯한 모습인데, 당시 쌀 30만 가마에 상당하는 엄청난 비용을 들여 건축했다고 합니다.

지금은 거의 흔적조차 없어졌고, 남아 있는 돌담을 통해 당시의 규모를 상상해 볼 뿐임

하지만 1936년 보천교 교주인 월곡 차경석이 죽자, 그 즉시 일제는 기다렸다는 듯이 보천교에 대한 해산 명령을 내리고, 주요 건물들을 철거하거나 공매 처분 했다고 합니다. 이때 보천교의 본당인 십일전은 서울 조계사의 대웅전이 되었고, 정문인 보화문은 2012년 화재로 소실된 내장사의 대웅전이 되었다고 합니다.

해방 후 정읍을 방문한 백범 김구 선생은 임시정부가 정읍에 빚을 많이 졌다는 말씀을 하셨다고 합니다. 여러 해석이 있겠지만 연구자들은 대체로 보천교와 관련이 깊은 것으로 여깁니다.

보천교의 흐름을 살펴보다 보면 고당 조만식 선생, 단재 신채호의 부인 박자혜 여사, 백야 김좌진 장군, 백범 김구 선생 등 우리 민족의 독립운동을 만나기도 하고, 정읍농악을 이해하게도 됩니다. 종교적 성격 논쟁과는 별개로 항일독립운동과 민족종교로서의 역할 관점에서 볼 때 보천교가 갖는 의미는 남다른 것입니다.

대흥리마을 안쪽에 남아 있는 보천교 중앙본소 안내 표지판

보천교 중앙본소는 정읍 시내에서 승용차로 10분 정도 떨어진 입암 면 대흥리마을에 있습니다. 현재의 건물은 월곡 차경석 선생이 주로 기거했던 가옥과 주변 건물이라고 합니다. 보천교 중앙본소 외곽 담장 에는 유약을 발라 구운 황색 기와도 어쩌다 눈에 띄는데 여러 가지 추 측과 상상을 하게 만듭니다.

대흥리마을은 농촌 마을인데도 고압 전선이 있고, 섬유공장 건물과 가정집이 혼재되어 있으며, 골목길 담장 중에는 성벽 같은 구조물이

어색하게 포함되어 있고, 큼직한 하수구가 마을 골목 구석구석에 있습니다.

옛날 공장으로 쓰였던 흔적이 역력히 남아 있는 건물이 마을에 아직도 많이 있음

일제 침략기 최대의 민족종교였던 보천교가 있던 대흥리마을은 둘러볼수록 흥미롭습니다. 뭔가 깊은 사연을 담고 있음이 분명한 것입니다.

정읍시에서는 작년에 대흥리마을의 문화를 기록한 마을지를 출간토록 지원했고, 올해 초에는 대흥리(大興里)라는 마을의 본명을 되찾아 드렸습니다.

참고로 보천교 중앙본소가 있는 대흥리마을에서 500미터쯤 떨어진 곳에 호남선 '천원역(川原驛)'이 있습니다. 지금은 기능을 상실해서 무정차하는 역이 되었습니다. 하지만 역명이 한자로 샘 천, 근원 원을 쓰고 있어, 이 대흥리마을의 지리적 중요성을 말하고 있어 보입니다.

마을 한쪽에는 마을 활성화를 위해 노력하고자 하는 모습도 눈에 띔

화호리 용서마을과
정읍근대역사관

신태인에 위치한 정읍근대역사관

정읍 신태인읍에서 6km 정도 떨어진 곳에 화호리 용서마을이 있습니다. 이 마을 일대는 일제강점기 농촌 수탈의 대표적 현장인데, 최근 여기에 '정읍근대역사관'이 새로 만들어져 운영 중입니다.

　화호리 정읍근대역사관은 일제강점기에 동양척식주식회사를 제외한 민간인 중 가장 많은 토지를 소유했던 '구마모토 리헤이'의 곡식 저장창고를 개조한 것입니다.

정읍근대역사관으로 탈바꿈하기 전의 곡식 저장창고 옛 모습(정읍근대역사관 전시)

　구마모토 리헤이가 소유했던 토지는 당시에 3,500정보라고 합니다. 이곳 정읍 화호리를 포함하여 군산, 김제 등 5개 시군에 걸쳐 있었습니다. 지금의 단위로 환산하면 1정보가 1헥타르, 즉 3천 평이니 1천만 평이 넘는 어마어마한 토지입니다. 그만큼 기존 농민들은 소작농으로 전락한 것이니, 일본인 대지주에 맡겨진 우리 농민들의 고통은 아주 극심했을 것입니다.

그 시절 구마모토 리헤이는 이곳 용서마을의 중심부에 유일하게 솟은 야산 전체, 즉 1만 7천 평 부지에 지금은 근대역사관으로 쓰이는 창고와 함께 농장사무실, 직원 사택 등을 짓고 일대의 농장을 관리했다고 합니다.

지금은 울타리가 없지만, 마을 초입에 농장 출입문 양쪽 지주대가 남아 있어 쓸쓸하기만 합니다. 여기 농장 출입문 지주대부터는 일반 마을 주민들의 출입이 제한되는 구역이었습니다.

지금은 어색하게 길 양쪽에 놓여 있는 당시 농장 출입문의 지주대

또 수탈의 죄책감과 두려움은 있었던지 농장 내에 '파출소'까지 두었다고 하니, 주변 소작농으로 전락한 우리 농민들은 억울함을 넘어 큰 두려움을 느껴야 했을 것입니다.

화호리 정읍근대역사관 마당에 주차하고, 마을 안내도를 핸드폰 사진으로 담아, 우선 마을 이곳저곳을 둘러보면 좋습니다.

하지만 안내도에 있는 경리과장 사택, 직원 합숙소, 화호자혜진료소, 일본인 직원 사택은 현재 주민들이 살고 계셔 담장 밖에서 볼 수밖에 없어 아쉬움이 있습니다.

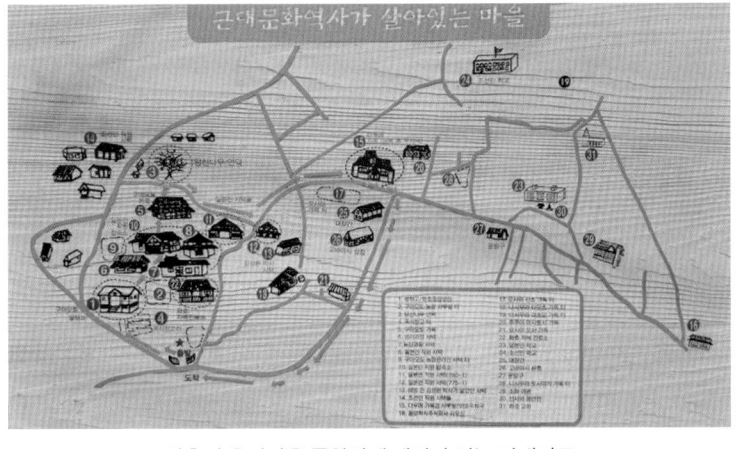

화호리 용서마을 주차장에 세워져 있는 안내지도

또 안내도에 있는 건물 번호와 달리 실제 현장의 주택이나 건물 밖에는 아무런 표시나, 설명판도 없어 지도만으로 현장을 찾고 인식해야 하는 어려움이 있는데 개선할 필요가 있어 보입니다.

마을을 둘러보고 정읍근대역사관에 꼭 들러 보면 좋습니다. 저는 마침 문화해설사님이 계셔 설명도 듣고, 현장에서 생겼던 궁금한 점을 여쭤보면서 여러 의문이 풀렸습니다.

이곳 용서마을을 중심으로 용교마을, 포룡마을을 예전에는 '숙구지'라고 불렀답니다. 한자로 잠잘 '숙(宿)', 개 '구(狗)', 땅 '지(地)'라고 쓰는데, 개가 편안하게 잠을 자고 있는 형상이니 사람들이 살기에도 좋은 곳이란 뜻이라고 합니다.

양곡 창고였던 정읍근대역사관은 해방 후 '화호중앙병원'으로도 쓰였는데, 그 당시에 쓰던 우물이 지금도 건물 안쪽에 고스란히 남아 있는 걸 문화해설사님 안내로 보기도 했습니다.

끝으로 이런 말씀을 해 주셨습니다!
"오늘은 8월 29일로서 일제가 우리나라를 강탈해 간 날, 나라의 독립을 완전히 잃게 된 치욕스런 바로 그날"이라고요. 매국노 이완용을 중심으로 '을사늑약'을 체결한 그날인 것입니다.

문화해설사님이 제게 물으셨습니다. 혹시 학교 다닐 때는 을사늑약을 무엇이라 배웠는지 기억하느냐고요.

생각해 보니 분명 그때는 '을사보호조약'이라고 배웠습니다. 옥박질러 나라를 강탈한 일제가 뻔뻔하게도 문서에 보호조약이라고 했던 것을 우리는 뜻도 모르고 그렇게 배우고 알았던 것입니다.

일제가 역사 날조를 위해 만든 '조선사편수회'에 참여해 큰 역할을 했던 당시의 학자들이 대부분 해방 후 그대로 대학으로 옮겨 가 주류 학자로서 대한민국의 역사학을 주도했던 것이고, 이들이 스승인 '요시다 도고, 이마니시 류'와 같은 일본 식민사학자로부터 배운 대로 가르쳤던 식민사관의 역사가 지금 우리의 역사서와 잠재의식에 알게 모르게 담겨 있다는 점은 참 통탄스럽고 가슴 아픈 일인 것입니다.

당시 구마모토가 농장을 방문할 때 머물던 농장주 주택

8월은 광복절과 국치일이 함께 있는 달입니다. 가족과 함께 한 번쯤 정읍 신태인읍 화호리 용서마을에 있는 '정읍근대역사관'에 가 보면 좋겠습니다.

백범 김구, 구파 백정기와 3의사(三義士)를 말하다

　북한 공산군의 불법 남침으로 시작된 민족의 비극 6·25전쟁은 1950년의 일입니다. 나라를 지키기 위해 목숨을 바친 이들의 애국충정을 기리는 6월 6일 현충일은 1956년부터 시작되었습니다. 그런 연유일까요? 통상 6월은 호국보은의 달이라고도 부릅니다.

　일제가 패망한 이듬해 1946년 6월 15일, 부산에서는 독립운동 3의사의 봉환(奉還 받들 봉, 돌아올 환 : 받들어 모시고 돌아옴) 행사가 열립니다. 이때 3의사(義士)란 일본 동경 우라와 묘지에 있던 '이봉창' 의사, 이시가와현 일본 육군묘지 아래 도로에 매장되어 있던 '윤봉길' 의사, 그리고 이시가와현 감옥 묘지에 있던 '백정기' 의사를 말합니다.

　일제가 패망한 이듬해 3의사라 불리는 이 세 분의 유해를 안고 마침내 그토록 그립던 조국에 첫발을 디딘 것입니다. 그리고 1946년 7월 6일, 온 국민이 애도하는 속에서 국민장으로 서울 효창공원에 3의사가 안장됩니다.

이 3의사의 봉환을 주도한 분은 바로 백범 김구 선생(1876~1949)입니다. 1919년 4월 11일 중국 상해에서 민주공화제를 뼈대로 하는 대한민국 임시헌장과 대한민국 임시정부가 수립된 이후, 한결같이 조국 독립을 위해 헌신해 왔던 민족의 지도자입니다.

서울 효창공원에 있는 삼의사 묘역

그리고 백범 김구는 1946년 그해 어느 날 정읍에 들러 구파 백정기

의사의 부인 조팔락 여사에게 겨울용 한복 옷감 한 벌을 선물했다고 합니다. 마음속 깊은 미안함을 그렇게라도 표현하고 싶었을 것입니다.

통상 독립운동 3의사라 불리는 이봉창 의사, 윤봉길 의사, 그리고 백정기 의사, 이 세 분에 대한 백범 김구의 생각은 각별했던 것 같습니다. 하지만 사람들은 백범 김구가 3의사를 모시는 데 왜 그토록 애통해하며 정성을 쏟는지가 궁금했던지, 유해를 모셔오던 기차 안에서 백범에게 묻게 됩니다.

백범은 이렇게 말합니다.

"그 세 사람을 죽으라고 보낸 것이 바로 나다. 그러나 세 사람을 보낸 나만이 살아 있으면서 아직 독립을 이룩하지 못하고 있으니, 3의사에 대하여 부끄럽기 한량없다는 회고를 금할 수 없다.
조국을 위하여 신명을 바치고 지하에 잠드신 선열과 충의지사가 어찌 3의사뿐이랴만, 대담무쌍 왜국의 심장을 향하여 화살을 던져 조선 민족의 불멸의 독립 혼을 중외(나라 안팎)에 떨친 것은 아마 이 세 분이 으뜸이리라."

독립운동 3의사에는 부끄럽게도 우리에겐 조금은 낯선 이름, 구파 백정기가 있습니다. 이봉창 의사, 윤봉길 의사와 함께 백범 김구가 그토록 애국충절을 높이 샀던 구파(鷗波) 백정기(白貞基)는 어떤 분이고, 또 어떤 일을 하셨는지 이쯤에서 정리해 볼 필요가 있습니다.

구파 백정기는 갑오농민혁명의 여운이 생생하게 남아 있던 1896년 지금의 부안읍 신운리에서 태어났습니다. 13살이던 1908년 결혼을 하게 되면서 처가가 있던 정읍 영원면 은선리로 오게 됩니다. 이후 1934년 39세의 나이로 일본 형무소에서 순국하기까지 그의 삶을 살피다 보면 역사적인 세 인물, 즉 간재 전우, 우당 이회영, 백범 김구와 인연을 맺고 있음을 알게 됩니다.

구파 백정기 의사가 공부했던 정읍 흑암동의 영주정사

먼저 본격적인 배움을 시작하는 십대에는 간재 전우(1841~1922)와 깊은 관련이 있습니다. 15살이 되는 1910년 정읍 흑암동 '영주정사'에 다니며 공부를 하게 됩니다. 이 영주정사는 1903년 세워지면서부터 간재 전우가 6년 정도 강학을 하던 곳입니다.

구파 백정기는 간재 전우로부터 직접 배우지는 못했지만, 영호남을 아우르며 3천여 명의 제자를 길러낸 간재 전우의 올곧으며 꼿꼿한 기상이 진하게 스며 있던 영주정사에서 본격적인 공부를 시작한 것입니다.

(사)구파백정기의사기념사업회에서 발간한 구파 백정기 책자

26살이 되던 1921년에는 일본으로 건너가 노동 현장에도 있게 되는데, 나라를 잃고 고통스럽게 살아가는 민족의 아픈 삶을 목격하면서 일체의 폭력적 권력을 부정하는 아나키즘(Anarchism, 무정부주의)에 관심이 깊어진 걸로 보입니다.

국내를 오가다가 28살이 되는 1923년에는 일본 왕을 제거하기 위해 가까운 동료들과 일본 동경에 사전답사를 가게 됩니다. 이들은 바로 영주정사에서 함께 공부했던 박승규(영주정사를 설립한 박만환의 아들), 최동규, 김기홍 등 3명입니다.

하지만 이 무렵 '관동대지진(1923. 9. 1.)'으로 6천 명이 넘는 조선인 대학살이 일어나며 일본에서 거사 실행이 어렵게 되자, 구파 백정기는 따로 중국 북경으로 건너갑니다.

1923년 이후 구파 백정기의 삶은 당시 중국에 와 있던 우당 이회영 (1867~1932)과의 밀접한 관계 속에서 이뤄집니다. 10년 가까이 중국 북쪽의 북경과 천진, 그리고 남쪽의 상해를 오가며 아나키스트 활동도, 생존을 위한 노동도, 거사에 필요한 폭탄제조기술도 배우게 됩니다.

1924년에는 북경에서 우당 이회영 등과 '재중국 무정부주의자 연맹' 을 결성하기도 하고, 1926년에는 북경 근처 천진에 있던 우당 이회영의 거처에서 1년 남짓 한방을 쓰면서 항일 활동을 위한 기회를 엿보기도 합니다.

참고로 우당 이회영은 조선시대 오성과 한음으로 잘 알려진 이항복 (1556~1618)의 10대손으로, 다른 6형제와 함께 이들 형제가 갖고 있던 전 재산을 팔아, 1911년 만주 서간도에 신흥무관학교(당시는 경학사, 신흥강습소)를 세우고 10년 동안 약 3천여 명의 독립군 양성을 주도한 분입니다.

36세가 되는 1931년 10월에 중국 내에서 활동하는 여러 국가 출신의 아나키스트들과 함께 '항일구국연맹'을 결성하고, 11월에는 항일구국연맹의 비밀 결사인 '흑색공포단(Black Terrorist Party)'을 조직합니다. 흑색공포단은 구파 백정기가 단장을 맡게 되는데 일제의 주요 시설 폭파, 요인 암살, 친일분자 숙청 등을 추진하게 됩니다.

이 당시 상황을 보면, 1931년 9월에 일제가 군대를 동원해 만주를 침략하는 '만주사변'이 일어나고, 이듬해인 1932년 1월에는 '상해사변', 1932년 3월에는 만주국이 설립되는 등 중국 내 반일 감정도 한층 고조되고 있었습니다.

1932년 1월, 일본 동경에서 일왕 히로히토를 향하여 폭탄을 투척한 이봉창 의사, 1932년 4월 상해사변을 일으킨 일제의 전승 축하식이 열리던 홍커우공원에서 폭탄을 던져 일본군 대장 등 요인 암살의 쾌거를 이룬 윤봉길 의사의 의거도 이런 시대적 상황 속에서 일어났던 것입니다.

1931년 만들어진 임시정부 '한인애국단' 소속의 윤봉길 의사가 홍커우공원 의거를 진행하던 시간에, 사실 '흑색공포단'을 이끌던 구파 백정기도 암살을 시도했지만, 입장권 확보에 실패하면서 행사장 밖에서 기회를 놓치고 말았습니다.

항일 활동의 기회를 엿보던 1933년 3월, 상해 육삼정이란 고급 음식점에서 주중 일본공사와 일본에 매수된 친일 중국 수뇌부 간의 비밀 회동이 있다는 정보를 듣게 됩니다. 구파 백정기는 이들을 몰살시키고자 의거를 일으켰는데, 그만 사전에 발각되어 체포된 사건이 바로 육삼정 의거입니다. 이때 구파 백정기의 손에 들려 있던 도시락 폭탄은 백범 김구로부터 받은 것으로, 앞서 윤봉길 의사가 던진 것과 똑같은 폭탄이 었습니다.

정읍 영원면에 있는 구파백정기기념관 내부에 전시된 당시 상황에 대한 설명 자료

구파 백정기는 1933년 7월 일본 나가사키로 압송되고, 이듬해인 1934년 6월 형무소에서 결국 순국하게 됩니다.

구파 백정기의 활동을 좀 더 이해하기 위해서는 그 앞뒤로 이어지는 독립운동의 맥락을 간략하게나마 살펴볼 필요가 있습니다.

우리의 무장독립운동은 1920년 6월 홍범도 장군과 최진동 장군 등이 중심이 된 '봉오동전투', 1920년 10월 김좌진 장군과 홍범도 장군 등이 중심이 된 '청산리전투'에서 일본 정규군을 몰살시키며 자신감을 되찾게 됩니다.

하지만, 일제가 이 일을 계기로 간도 지역 우리 동포를 무참하게 학살한 '간도참변(1920. 10.~1921. 4.)'이 있게 됩니다. 이후 간도 지역 독립군들은 힘을 모아 '대한독립군단'을 조직하고 극동 러시아의 자유시(스보보드니)로 옮겨 가지만, 극동 러시아 지역에서 활동하던 우리 동포들로 이뤄진 의병대들 간 주도권 다툼에 말려들어 속절없이 많은 사상자를 내게 되는 '자유시참변(1921. 6.)'을 겪으며 침체기를 맞게 됩니다.

이 무렵 국내에서는 단재 신채호가 '조선혁명선언'을 작성하여 독립투쟁의 노선과 행동강령을 제시한 '의열단'이 1919년 11월 약산 김원봉 (1898~1958) 주도로 만들어집니다. 이들은 1920년 부산 및 밀양경찰서 폭탄 투척부터 교과서에서 익히 배웠던 그 유명한 1926년 나석주의 동양척식회사 폭탄 투척까지 주로 국내에서 일제를 두려움에 떨게 하는 의거를 계속 이어 나갑니다.

이러한 맥락 속에서 1932년 1월 이봉창 의사의 의거, 1932년 4월 윤봉길 의사의 의거, 그리고 1933년 3월 구파 백정기 의사의 의거는 일제를 두려움에 떨게 할 뿐만 아니라, 중국 정부가 대한민국 임시정부와 독립운동 관계자를 적극적으로 돕게 되는 계기를 마련한 것입니다.

사실 구파 백정기 의사의 육삼정 의거와 흑색공포단의 다양한 항일 투쟁은 이봉창 의사나 윤봉길 의사의 의거에 비해 잘 알려져 있지 않습니다.

성공하지 못한 의거라는 폄하도 있고, 아나키스트 계열의 독립운동에 대한 오해도 있겠습니다. 또 정치 상황에 따라 좌우되는 역사 인식의 왜곡, 그리고 청산해야 할 일제 식민사관의 잔재로도 생각됩니다.

이런 까닭으로 정읍시와 도의 역할이 한층 더 중요하다는 생각이 듭니다. 의지만 있다면 구파 백정기의 삶과 행적을 치우침 없이 균형감각을 갖고 살필 수 있고, 그 역사적 의미를 널리 알릴 수 있는 재원 뒷받침이 가능하기 때문입니다.

어찌 되었든 독립을 되찾기 위해 헌신한 구파 백정기 의사의 삶과 행적을 결코 가벼이 여길 수 없습니다.

대한민국 임시정부를 묵묵히 지키며 독립을 위해 평생 헌신했던 백범 김구는 일반 사람들이 미처 알지 못하는 독립운동의 실상을 낱낱이 알고 있었을 것입니다. 그런 백범 김구가 '이봉창' 의사, '윤봉길' 의사, 그리고 '백정기' 의사 이렇게 세 분을 독립운동 '3의사'라 부르며, 이들의 나라를 위한 헌신을 최고로 인정했습니다. 그러할진대 더 이상 무슨 부연할 말이 필요할까요?

　1959년 정읍시 영원면에 도민 성금으로 구파 백정기 의사의 순국비가 건립되었고, 1963년에는 건국훈장 독립장이 추서되었습니다. 그리고 1996년 구파백정기의사기념사업회가 발족되어, 2004년에 '백정기의사기념관'을 개관했습니다.

구파백정기기념관 내 구파의 영정을 모신 사당

　2022년 올해도 6월 5일에, 구파 백정기 의사의 순국 제88주기 추모행사가 정읍시 영원면 '백정기의사기념관'에서 (사)구파백정기의사기념사업회 주최로 이뤄졌습니다.

이맘때가 되면 나라를 위해 헌신한 우리 지역 인물들의 행적과 의미를 다시 한번 돌이켜 보는 시간을 가져 보면 좋겠습니다. 자녀들과 함께 일제강점기 독립운동의 한 줄기를 이해하는 가족여행으로 제격입니다. 또 학교 현장학습으로도 강력히 추천드리는 곳이기도 합니다.

특히나 '백정기의사기념관'에 가면 초입에 안내센터가 있고, 풍부한 역사 지식과 해설 경험을 갖고 계신 문화관광해설사분들이 기다리고 있습니다. 단체든 개인이든 미안해하지 마시고 설명을 요청하시면 됩니다. 그냥 둘러보는 것과 달리, 설명을 들으며 살펴보면 아이들도, 어른들도 흥미를 갖게 됩니다.

구파 백정기 의사가 보여 준 애국애족의 정신을 하나라도 더 알리고자
쩌렁쩌렁한 목소리로 혼신의 힘을 쏟으시는 해설사님

생태관광의 즐거움,
내장산 솔티마을

백신과 함께 끝날 것만 같았던 코로나19 방역 상황이 여전히 계속되고 있습니다. 하지만 날씨도 가을 분위기를 물씬 풍기고 있으니 어디든 나가고 싶다는 생각이 드는 건 너무도 자연스러운 일일 것입니다.

그렇다 하더라도 마스크를 함부로 벗을 수도 없습니다. 최소한의 방역 수칙 준수는 앞으로도 계속 필요할 것이기 때문입니다. 또 백신에도 불구하고 사람이 너무 몰리는 곳은 영 마음이 편치 못한 듯합니다.

그래서 제안해 봅니다. 소소한 즐거움 속에 이 가을의 정취를 흠뻑 느껴볼 만한 곳을요!

가을은 역시 단풍이고, 단풍 하면 단연 내장산이 전국 최고입니다.

이 내장산국립공원 초입에 내장호가 자리 잡고 있고, 그 둘레길 한편에 전봉준공원과 내장산조각공원도 있습니다.

'전봉준공원에서 시작해서 솔티마을을 목적지로 걷는 길'은 참 흥미롭습니다!

먼저 출발점인 '전봉준공원' 초입에 숲 위를 날듯 서 있는 '데크길'은 공식적으론 '내장생태탐방마루길'입니다. 숲과 내장호 주변 경관을 둘러보며 추억의 사진을 담기에도 그만입니다.

내장생태탐방마루길 위에서 처음 시작된 곳을 바라본 사진

이 데크길은 정읍에서 '전라북도 1시군 1생태관광지' 공모사업을 통해 만든 시설이라고 합니다. 일종의 웰컴 센터와 같은 기능을 합니다.

목적지 '솔티마을'에 대한 궁금증을 자아낼 의도도 담겨 있다고 봅니다.

'내장생태탐방마루길'의 데크길이 끝나는 지점에 가면 '솔티마을'로 안내하는 이정표가 계속해서 서 있습니다. 왠지 정감이 가고, 색다른 느낌을 주는 호돌이 친구가 안내하는 이정표입니다. 앙증맞은 크기입니다.

이렇게 이정표를 따라가다 보면 조각공원 끝 편 울타리 중간에 새로운 세상으로 들어가는 것만 같은 작은 '대문(?)'이 나타나는데 망설임 없이 들어가면 됩니다.

작은 편백 숲도 지나고 개울도 지나게 되는데, 군데군데 원시림 같은 느낌의 이끼 낀 고사목도 볼 수 있습니다. 나무 이름도 붙여 놓았기에 아이들 학습에도 그만입니다.

작지만 원시림 같은 숲을 지나게 되면 솔티마을 가까이에 있는 아이들의 '생태놀이터'를 볼 수 있습니다. 평범하지 않은 숲속의 생태놀이터를 보면서 참 많은 고민이 담겼다는 걸 단번에 알 수 있습니다. 어른들이 놀아도 지루함을 모를 정도입니다.

드디어 작은 대나무 숲길과 개울을 빠져나가면 멋진 찻집이 눈에 들어옵니다. 솔티마을에 다다른 것입니다. 연인이든, 가족이든 누구든

한 번쯤 들러 보고 싶은 느낌을 자아냅니다. 어느새 솔티마을의 거점 시설이 된 것입니다.

솔티마을 옆에 있는 생태놀이터

참고로 솔티마을은 '우리나라 최초'로 '농촌마을 노령연금'을 시작한 마을로도 유명합니다. 모싯잎떡을 대표 식품으로 파는 솔티마을의 마을기업 '솔티애떡' 판매 수익을 활용해 2014년부터 최근까지도 마을 공동체에 기여한 80세 이상의 마을 어르신들께 매월 일정 금액을 드렸다고 합니다.

마을 초입을 지나는 도로 너머에는 솔티애떡을 파는 체험판매장이 있습니다. 그래도 솔티마을에 왔으니 떡 맛은 꼭 보고 돌아가야죠! 물론 커피 등 다양한 음료도 함께 먹을 수 있습니다.

이렇게 '내장생태탐방마루길'에서 출발해 솔티마을 체험판매장까지 오는 데 대략 한 시간 반 남짓 걸립니다. 물론 중간중간 쉬지 않고 땀 나게 뛸 정도로 걷는다면 30분(?)이면 족할 것입니다. 그렇지만 내장산의 생태자연을 즐기면서 걷고, 또 곳곳에 있는 볼거리와 체험거리를 눈여겨보시기를 권해드립니다. 참고로 신발은 등산화까지 신을 필요는 없어 보입니다. 어떤 학생은 슬리퍼를 신고 왔는데, 저는 평소 정읍천변을 걸을 때 신던 운동화를 신고 다녀왔습니다. 그만큼 길이 편하다는 의미입니다.

끝으로, 어떻게 돌아갈 것인지가 고민될 것입니다. 저처럼 자동차를 출발점에 두고 온 경우라면 다시 온 길로 돌아가는 동선을 선택해 보라 권하고 싶습니다. 전혀 지루하지 않습니다! 또 다른 느낌으로 새롭게 인식하게 되는 점도 많을 것입니다. 올 때 미처 보지 못했던 많은 것들을요.

이번 가을에는 정읍 내장산 생태관광지에 한번 들러 보시면 어떠실까요?

생태문명 시대를 대표하는 국가생태관광지, 월영습지

인간과 자연의 조화로운 공존이라는 생태문명이 화두가 되는 시기입니다. 우리 정읍에는 생태문명 시대를 대표하는 생태자원이 참 많습니다. 요즘 같은 단풍의 계절에는 국립공원 내장산도 빼놓을 수 없습니다.

국립공원 내장산 초입에 국가생태관광지로 지정된 '월영습지'가 있습니다. 2014년 7월 환경부에서 지정한 국가생태관광지 중의 하나입니다.

대부분의 습지가 저지대 평야 지역에 분포하는 데 반해 '월영습지'는 특이하게도 산 정상에 넓게 분포합니다. 오래전에 산비탈을 일궈 논밭으로 쓰였던 곳이 방치되면서 어느덧 습지로 전환된 것입니다. 자연의 위대한 복원력을 직접 느끼고 배울 수 있는 곳입니다.

높은 산 정상 부근에서 습지를 관찰해 볼 수 있는 월영습지의 모습

월영습지에 가는 길은 크게 2가지 방법이 있습니다.

첫 번째는 정읍 시내에 있는 '정읍사공원' 근처에서 출발하는 것입니다. 정읍사공원에서 전북과학대학 쪽으로 큰 길을 따라 걷다 보면 길 건너편에 '천년고개'를 알리는 안내판이 서 있습니다. 입구 마당에는 승용차를 주차할 수 있는 공터도 있습니다. 여기서 출발하여 산길을 타고 걷는 것입니다. 이 길이 바로 '정읍사 오솔길'입니다.

정읍사 오솔길은 말 그대로 '오솔길'로서 걷기에 참 좋습니다. 산책을 하는 동네 분들도 많이 계십니다. '정읍사 오솔길' 1코스에 해당하는 이

길은 2012년 행정안전부의 '우리 마을 녹색길 베스트10'에 선정되었고, 2014년에 한국관광공사가 선정한 '2월에 걷기 좋은 10곳'에 선정될 정도로 전국적으로도 유명한 곳이기도 합니다.

이 정읍사 오솔길을 따라 한 4km, 시간으로는 약 한 시간쯤 가다 보면 '월영습지 탐방안내소'에 도착합니다.

또 다른 방법은 요즘 캠핑을 즐기는 어른과 레포츠 성격의 놀이를 즐기는 아이들이 아주 좋아하는 내장산 문화광장의 '천사 히어로즈'에서 출발하는 것입니다.

천사 히어로즈 건물 바로 뒤편에 흐르는 정읍천의 월영교를 건너면 바로 '월영마을' 입구입니다. 그런데 바로 옆에 화강암으로 세워진 '세종대왕 스승 이수 추모비 입구'라는 안내 표시가 눈에 들어옵니다. 월영습지로 가는 월영마을 길 중간에 있으니 잠깐 들렀다 가도 좋습니다.

참고로 심은 이수 선생은 봉산 이씨의 시조인데, 후일 세종이 된 충녕대군의 스승으로 11년간 가르쳤다고 합니다.

월영마을 안쪽에 흐르는 계곡 물길을 따라 1.6km 산길을 오르다 보면 '월영습지 탐방안내소'에 이릅니다. 군데군데 이정표가 있으니 쉽게 찾아갈 수 있습니다. 차량이 지나갈 정도로 넓게 나 있는 임도를 따라

가는 길입니다. 낙엽이 진 늦가을이라 숲길에서 진한 숲의 향기를 맡을 수 있는데 저는 온몸을 건강하게 만들 욕심으로 몇 번이고 깊이 숨을 들이켜 봤습니다.

월영습지에 가까이 가면 도로 포장이 시멘트에서 자연 매트로 바뀌고, 차량 진입도 허용되지 않습니다. 이렇게 해서 맨 먼저 마주치는 곳이 '작은월영아래습지'입니다.

월영습지 안내 표지판

참고로 '월영습지 탐방안내소' 근처에 있는 습지가 '작은월영습지'인데 아래쪽의 '작은월영아래습지'와 그 위쪽의 '작은월영윗습지'로 구분됩니다.

탐방로를 따라 늪처럼 보이는 습지들을 쉽게 볼 수 있습니다. '월영습지 탐방안내소'에서 왼쪽 문화광장 방향으로 가다 보면 '작은월영윗습지'를 만나게 됩니다.

그쯤에 오솔길이 두 갈래로 갈라지는데 일명 '내장터널 갈림길'입니다. 갈림길에서 오른편은 2km 정도 떨어진 내장터널 방향으로 가는 길로 '큰월영아래습지'를 볼 수 있고, 왼편의 월영마을 방향으로 가면 '큰월영윗습지'를 볼 수 있습니다.

솔직히 저는 오른편 내장터널로 가다가 중간에 전라북도 대표 생태관광지인 솔티마을로 갔으면 했습니다. 하지만 우연하게 마주친 월영습지 탐방안내소를 지키시는 어르신께서 극구 말리셨습니다. 아직 제대로 길이 나 있지 않아 길을 잃을 위험이 너무 크고 위험하다고요. 몇 번의 망설임 끝에 어르신의 권고대로 월영마을 방향을 택했습니다.

'내장터널 갈림길'에서 몇백 미터쯤 가다가 잠깐 들른 '큰월영윗습지'는 정말 신비로웠습니다. 초입에 만들어진 작은 공터의 큰 나무 아래에는 많이 녹슨 무쇠솥이 놓여 있습니다. 아마도 오래전 이곳에 집이 있던 터이고, 그 집에서 밥을 지었던 그 솥일 것입니다. 또 그 옆에는 작은 옹달샘 모양의 우물도 보입니다. 오랜 세월의 흔적이 역력히 묻어납니다.

해질녘 바라본 월영습지의 모습

아래 방향으로 상당히 넓은 분지형 계곡이 있는데, 아직도 습지로의 전환이 진행되는 듯한 느낌입니다. 여기 안내판에 쓰여 있듯 말 그대로 이곳 월영습지는 '인간과 자연이 함께 숨 쉬는 곳'입니다! 시간상 내장터널 방향인 이 길을 끝까지 가 보지 못한 아쉬움이 들었습니다.

다시 원래의 오솔길로 서둘러 돌아와 걷기 시작합니다. 하지만 '내장터널 갈림길'에서 월영마을 쪽으로 내려가는 길은 생각보다 쉽지 않았습니다. 월영마을로부터 1km 정도 되는 길을 지나면서, 그동안 정말 편하게 걷던 오솔길이 겨우 한 사람이 지나갈 만큼 갑자기 좁아지고, 그조차 사람이 걷던 흔적이 거의 없어졌기 때문입니다. 얇은 여름 운동화를 신고 갔던 길이기에 더 힘들기도 했을 것입니다.

상당히 우거지고, 넓게 분포한 '시누대숲(가늘게 자라는 대나무 숲)' 을 뚫고 드디어 월영마을에 도착했습니다. 그리고 처음 출발지인 '천사 히어로즈'까지 와서 걸린 시간을 계산해 보니 모두 1시간 30분 정도 걸렸습니다.

오늘 걸은 길은 정읍사 오솔길 제1코스에 해당하는 '월영습지 길'입니다. 아쉽게도 월영습지에서 월영마을까지는 아직 길이 다 만들어지지 않았습니다. 앞으로 대략 1km 남짓한 마지막 부분의 오솔길이 만들어지면 정말 최고의 오솔길이 될 것이라고 기대가 됩니다. 가까운 시기에 한 번 더 가고 싶은 길입니다!

정읍천과 샘고을시장, 정읍 일상으로의 여행

인구 10만이 넘는 결코 작지 않은 정읍시의 한가운데를 흐르는 정읍천을 걷다 보면 징검다리에 옹기종기 앉아 발을 담그며 더위를 식히는 아이들과 어른들의 모습을 쉽게 볼 수 있는데 참 이채롭기만 합니다. 노래 가사나 소설 속에서 떠올렸던 아늑한 모습입니다. 그만큼 정읍천은 맑고 깨끗한 것입니다. 늘상 정읍천 곁에서 지내 온 주민분들에겐 너무도 당연한 일상이겠지만 결코 흔치 않은 일입니다.

지하수를 억지로 퍼 올려 물을 흘려보내는 서울 청계천과는 차원이 다릅니다. 전국 각지에 으리으리한 워터파크야 많이 있지만 이렇게 도심을 가로지르는 시냇물 자체가 자연스레 워터파크가 되는 곳이 또 어디 있을까 싶습니다!

여름이면 조금이라도 더 깨끗하고 편하게 쉴 수 있는 산과 계곡의 물가를 찾아 몇 시간을 차로 헤매 본 경험이 다들 있을 것인데 이런 사실을 알면 너무 허탈하지 않을까요? 정읍 도심 한가운데에서 즐기는 정읍천의 즐거움과 행복은 싱상 그 이상인 것입니다.

정읍천의 천변은 한여름이지만 여러 가지 꽃과 허브 식물이 풍성하게 가꿔지고 있습니다. 공터의 잔디나 화단이 산뜻하게 정돈되어 휴지조각 하나 버리기도 쉽지 않을 지경입니다. 품격 있는 공간에 서게 되면 그 사람의 품격도 높아지는 법입니다.

해질녘 달하다리 모습

특히나 해질녘 천변을 걷다가 마주치는 달하다리는 가족이든 연인이든 사진으로 추억을 남겨볼 만한 곳입니다. 최근 새로 다리를 놓으면서 곁에 작은 광장을 함께 만든 것인데 그 디자인이 독특하고 참 매력적입니다.

참고로 달하다리라는 명칭은 현존하는 유일한 백제가사 「정읍사」와 연관이 깊습니다. '돌하 노피곰 도ᄃ샤 / 어긔야 머리곰 비춰오시라 / 어긔야 어강됴리 아으 다롱디리'로 시작되는 「정읍사」를 떠올리며 달하다리에서 바라보는 달은 더욱 각별하게 느껴집니다.

이런 정읍천 바로 옆에는 상당히 큰 전통시장이 있습니다. 이름하여 샘고을시장! 팥칼국수, 족발, 튀김 등 다양한 먹거리를 푸짐하게 맛볼 수 있고, 신선한 과일과 야채, 생선을 저렴하게 살 수도 있습니다. 아이들과 함께 가는 전통시장은 교육적 측면에서도 좋습니다.

샘고을시장 내부는 깔끔하게 정비가 잘되어 있고, 특히나 주차하기도 편리합니다. 또 도시재생 사업이 시행되면서 시장 주변 정비도 많이 진행되고 있습니다.

참고로 1914년에 만들어진 샘고을시장은 100년이 훨씬 넘은 시장인데, 전라북도 내 전통시장 중에서 가장 클 뿐만 아니라, 전국적으로도 다섯 손가락 안에 드는 곳입니다. 정읍의 과거 위상이 어느 정도였는지 느껴지는 규모입니다.

천변에 있는 샘고을시장 주차 빌딩에서 시장으로 이어지는 통로

단순 인구로만 봐도 정읍은 전라도의 중심지였습니다. 일제강점기가 끝난 뒤인 1946년경 서울의 인구가 채 30만 명도 안 되던 시절에 정읍의 인구는 거의 30만 명에 육박했고, 인구가 폭발적으로 늘어나던 1968년 인구통계를 봐도 정읍은 서울, 부산, 대구, 인천, 광주, 대전에 이어 7번째였습니다. 그러니 샘고을시장이 이렇게 크게 형성되었던 것입니다.

정읍은 정읍천을 따라 도시가 발달되어 왔습니다. 그러니 세련된 공간 속에서 다양한 음식을 맛보길 원한다면 정읍천에서 2~3분 거리에 있는 내장상동 미소 거리나 중앙로 구도심 상가거리에 가도 좋습니다.

물론 정읍의 명물 쌍화차거리도 걸어서 5분이면 갈 수 있겠습니다. 쌍화차는 흔히 추운 계절에 마시는 걸로 알고 있지만, 최근에는 시원하게 마실 수 있는 쌍화차도 개발되었습니다. 더위에 지쳤을 때 쌍화차를 마시면 든든함을 넘어 몸속 깊은 곳에서 원기까지 느껴지니 커피에 비할 바가 아닌 것입니다.

정읍에 사는 사람이 잘 알려 주지 않는 정읍천의 멋진 체험 여행을 소개해 봤습니다. 안전하고 편리한 가족 단위의 여행지를 찾는 분들에게 작은 도움이 되었으면 좋겠습니다.

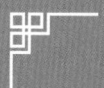
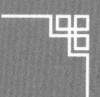

참고자료

글을 쓰기 위한 배경지식으로 주제와 관련된
책자, 인터넷 검색 등을 통해 얻은 내용을
나름대로 정리해 본 것입니다.
출처를 일일이 밝히지 못한 점 양해 부탁드립니다.

고운 최치원

- 고운 최치원 태산선비의 길을 열다 / 정읍시, 2016년
- 외로운 구름, 태산에 깃들다 / 정읍시립박물관, 2013년

□ 고운 최치원의 일생

○ 857년(1세) : 전북 옥구에서 태어남(서유구 /『계원필경』서문).

- (1설) 이재운 교수는 최치원의 출생지에 대해, 대체로 그의 집안인
  최씨의 관향과 최치원의 출생지 및 거주지를 굳이 일치시켜 보려는
  데에서 혼선이 생기며, 일단 가장 오래된 기록인『삼국사기』와『삼
  국유사』에서도 왕경 즉 서라벌 사람이라고 한 것을 볼 때 그의 거주
  지가 서라벌이었음은 분명. 나머지 후보군은 그가 관직 생활을 했
  거나 관직을 버리고 산천을 따라 독서했던 땅일 것으로 보았음.
- (2설) 오윤희 교수는 최치원이 옥구 출신이라는 쪽으로 무게를 두
  면서 그가 6두품의 신분을 얻게 된 것이 당의 관직을 가지고 귀국
  했기에 가능하였을 것으로 봄.

- (3설) 이상배 교수는 1983년에『문리연구』창간호에 발표한「문창
  후 최치원의 출생지 소고」에서 최치원의 출생지는 지금의 내초도
  를 포함한 고군산 열도의 어느 섬일 가능성이 많다고 주장하였고,
  다시 2000년에 열린 태산 선비문화 조명 학술대회에서 발표한「최
  치원의 출생지에 관한 재고」에서 최치원이 태어난 곳은 고군산 열
  도의 선유도로서 아주 한미한 가계의 소생인 그가 독학으로 자라
  다 당의 상인에게 발견되어 당의 배를 타고 입당하여 과거에 급제
  하는 경로로 28세에 환국하였으며, 환국 후에 경주에서 살았다는
  결론을 내리고,
  고군산은 이능화가 최치원의 또 다른 출생지 후보로서 지적한 두
  주(杜州)와『최고운전』의 문창에 속한 섬이기에, 최치원의 출생지
  를 고군산으로 볼 경우 이들 기록의 내용과도 무리가 없게 된다고
  보았음.

○ 868년(12세) : 당나라로 유학.

○ 874년(18세) : 당에 온 지 6년 만에 빈공진사과에 최연소로 급제.
  - 당시 관례에 따라 정식 임명 전까지 2년 정도 수선기간(일종의 임
    명유예기간)을 가짐.

○ 876년(20세) : 강남 선주 율수현 현위로 부임.
  - 율수현은 현재 중국 장쑤성 금릉도 율양현.

- 당나라는 지방고을을 350개 주, 1,550개 현으로 나눴음.
- 현에는 영, 승, 주부, 위 등의 관원을 두었는데 현위는 두 번째 자리
  이며 도적을 단속하는 치안과 형옥 사무를 담당하던 판관이었음.

○ 879년(23세) : 황제의 조칙을 작성하는 일종의 발탁시험인 박학굉사
  과에 응시하기 위해 현위직에서 물러나, 은거하며 학문에 몰두.

○ 880년(24세) : 황소의 난이 일어나자 당 희종의 명에 따라 고변에게
  반란군 진압 임무를 맡김. 이 무렵 최치원이 고변의 막료로 발탁되
  어 군사령관을 대신하여 황제나 중앙에 올릴 장계를 짓는 역할을
  맡음.

○ 881년(25세) : 881년 7월 「토황소격문」으로 유명해졌으며, 이 공으로
  황제로부터 자금어대를 하사받음.

○ 882년(26세) : 고변이 군사령관에서 물러남. 이해 10월 당을 떠나기
  로 하고 귀국원을 제출함.

○ 884년(28세) : 당 황제로부터 '회남입신라겸송국신등사'라는 직함을
  받아 귀국길에 오름.

○ 885년(29세) : 봄에 신라에 귀국.

○ 886년(30세) : 『중산복궤집』과 『계원필경』을 편집하여 헌강왕께 올림.

헌강왕(875~886) 이후 정강왕(886~887), 진성여왕(887~897) 시기가 되면서 나라가 극도의 혼란기에 접어들기 시작함. 888년 왕거인이 시국을 비판하며 사회적 동요가 시작됨. 889년은 조정의 조세 독촉에 항의하는 농민반란이 전국적으로 번지는 시기였음.

○ 890년(34세) : 태산군(지금의 정읍)태수.
  - (이설) 정강왕 2년(887년) 11월에 지은 「왕비김씨봉위선고급망형추도시곡원문」에서 자신을 부성태수라고 하고 있어, 이듬해에 태산군에서 다시 부성군으로 부임지가 옮겨진 것을 알 수 있음. / 위키백과

○ 893년(37세) : 부성군(지금의 서산)태수.
  - 진성여왕 7년(893년) 납정절사로 임명되어 당나라로 파견되었던 병부시랑 김처회가 그만 바다에서 풍랑을 만나 익사하자, 조정은 다시 혜성군태수 김준을 고주사로 삼고 부성군태수로 있던 최치원을 하정사로서 당에 보냈지만, 당시 흉년이 들고 도처에 도적들이 들끓어 길이 막히는 바람에 갈 수 없었음. / 위키백과

○ 894년(38세) : 천령군(지금의 함양)태수, 2월 왕께 시무책 건의. 육두품 최고 관직인 아찬에 보임.

○ 898년(42세) : 중앙 보직에서 면직됨.

　- 진성여왕이 897년 6월 북궁에 들어가 그해 12월 별세함.

　- 최치원은 가족을 데리고 해인사에 은거.

○ 904년(48세) : 김제 모악산 근처 국신사(지금의 귀신사)에서 『법장화상전』을 집필.

　- 최치원은 재당 시절 장안 법문사에서 70일 동안 머물면서 의상대사와 동문수학한 법장스님의 전기를 쓴 적이 있는데, 904년 국신사에 은거하며 집필.

　- 국신사는 676년 의상대사가 창건한 절임.

○ 908년(52세) :

　- 만년에는 모형(母兄)인 승 현준(賢俊) 및 정현사(定玄師)와 도우(道友)를 맺고 가야산 해인사에 들어가 머물렀음. 해인사에서 언제 세상을 떠났는지 알 길이 없으나, 그가 지은 「신라수창군호국성팔각등루기(新羅壽昌郡護國城八角燈樓記)」에 의하면 908년(효공왕 12년) 말까지 생존했던 것은 분명함. / 한국민족문화대백과

□ 고운 최치원의 작품

① 중산복궤집(中山覆櫃集) * 뒤집을 복 / 궤짝 궤

　- 진사에 급제한 뒤에 낙양을 유랑하며 글 짓는 일로 먹고살 때 지은

글과 율수현위 시절 지은 글을 책으로 엮음.

- 저작 동기는 '녹봉은 후하고 벼슬자리는 한가로워 하루 종일 배불리 먹으면서, 공사 간에 지은 것'을 5권으로 모으게 되었다고『계원필경』에서 밝히고 있음.

-『중산복궤집』의 명칭에서 '중산'은 예로부터 명필이 많이 나왔다고 하는 선주에 있는 지명임. '복궤'라는 말은『논어』자한(子罕) 편에서 공자가 성과를 이루려면 자신의 노력이 필요하다는 비유로 평지에 한 삼태기의 흙을 덮는 것과 같은 미미한 것도 자신이 노력해야만 가능하다는 것을 말한 내용을 따다 붙인 것임.

- 현재 내용은 전해지지 않고 있음.

② 계원필경(桂苑筆耕) * 계수나무 계 / 나라, 동산 원

- 고변의 막부에서 지낸 4년 동안 지은 1만여 수의 시와 문장 중에서 골라 20권으로 압축하여 문집을 만듦.

- 계원은 문장가들이 모인 곳이며, 필경은 막부에 거주하며 문필로 먹고살았다고 해서 붙인 이름임.

-『계원필경』중 1권에서 16권까지는 고변을 대신하여 쓴 공식적인 글이나, 17권부터 20권까지는 자신의 신변이나 감정을 표현한 글임.

- 신라의 문집으로 현재까지 전해 오는 최고의 책임.

③ 사산비명

- 쌍계사 진감선사비명, 봉암사 지증대사비명, 성주사 낭혜화상비

명, 대숭복사비명을 가리킴.

- 조선시대 서산대사(1520~1604)는 고운 최치원의 4개의 비문을 모아 법첩을 만들어, 사문(수도승)들에게 암송시키며 가르침을 폄.
- 서산대사의 제자 가운데 철면노인 해안이 이 법첩에 '사산비명'이라는 이름을 붙이고 난해한 구절마다 세심하게 주를 닮.

④ 난랑비서
- 난랑비는 오래전에 소실되었고, 76자의 내용이 『삼국사기』의 진흥왕 본기 중 화랑의 업적을 소개하는 대목에서 짤막하게 구절만 전해짐.
- 진성여왕이 다음 왕인 효공왕의 화랑으로서의 업적과 정통성을 높이기 위해 선대의 비슷한 사례인 경문왕의 화랑으로서의 삶과 정치적 공적을 기리는 난랑비문을 찬술하도록 최치원에게 명을 내렸음.
- 나라에 현묘한 도가 있으니 이를 풍류라 한다. 이 도를 세운 역사는 선사(仙史)에 자세히 나와 있다. 그 실체는 유불선 삼교를 아우르고 백성을 가르쳐 사람답게 살도록 하는 데 있다. 이 깊고 오묘한 도에는 '들어와서는 집에서 효도를 다하고, 나가서는 나라에 충성을 다하라'는 노사구(공자)의 가르침, '무슨 일을 하든 인위적으로 하지 말고 어떤 일을 할 때는 말없이 하라'는 주주사(노자)의 가르침, '모든 악을 짓지 말고 모든 선을 받들어 행하라'는 축건태자(석가모니)의 가르침이 이미 들어 있다.

사우와 서원

□ 사우(祠宇)의 뜻 : 조상의 신주(神主)를 모셔 놓은 집.

○ 제사 지낼 祠, 집 宇.

○ 신주(神主)를 두기 위해 따로 지은 집.

○ 선조 혹은 선현의 신주(神主)나 영정(影幀)을 모셔 두고 매년 여러 차례에 걸쳐 제향을 행하는 장소.

□ 사우(祠宇)의 기원 및 발전 과정

○ 우리나라에서 사우가 광범위하게 확산된 것은 여말에 전래된『주자

가례(朱子家禮)』에서 비롯됨. 즉 여말 주자학을 수용한 정몽주 등의
제창으로 인하여 가묘(家廟 : 한 집안의 사당)의 제도가 성립하게
되었으며, 기타 생사영당(生祠影堂 : 영정을 모셔 둔 사당)과 일반
사우 등 여러 가지 사묘(祠廟)가 발생하였던 것임.

○ 물론 삼국시대에 있어서도 유교적 색채를 농후하게 지닌 선조봉사
(先祖奉祀)의 관습이 있었음. 즉 삼국시대부터 이미 왕실에서는 선
왕의 유령(遺靈)을 봉사하는 종묘(宗廟) 제도가 있었고, 신라시대부
터 이미 국가적 영웅은 신적 존재로서 일반에게 숭배되어 사우 내에
서 봉사하게 하는 풍습이 있었던 것임.

○ 조선시대 사회에 유교이념이 점차 정착함에 따라 조정에서는 국가
에 공헌이 있으며 충의를 다한 공신 명현들에 대하여 추존 운동이 적
극 전개되었고, 이러한 분위기가 민간에 의한 사우 건립의 커다란 촉
매제로 작용.

○ 사우 설립의 경향은 조선 중기 이후 서원의 발흥과 더불어 그 양과
질에 있어서 커다란 변모를 보이면서 확산되기 시작.

□ 사우(祠宇)의 건립 주체

○ 사우의 건립은 대체로 후손에 의한 경우, 문인에 의한 경우, 마을 사

람에 의한 경우로 나눌 수 있으며, 각기 나름대로의 특색을 지니고
있음.

○ 후손이 그 선조를 모시는 사우를 건립하는 이유는 문벌과 가문의 위
세가 사회적 활동에 커다란 영향력을 행사하는 양반 사회에 있어서
후손들의 사회적·정치적인 활동에 이용되는 현실적인 이해관계에
서 비롯됨.
 - 또한 신분제의 급격한 변동이 나타났던 이 시기에 양반 신분의 지
   속적인 유지를 위해서는 동족 간의 상호 보호가 긴요한 것이었고,
   사우는 이러한 요구를 충족시킬 수 있는 구심체 역할을 함.

○ 다음은 문인에 의한 사우 건립인데, 문인들은 사우를 건립함으로써
스승에 대한 예를 다하고 스승의 말씀을 지지하며 학문적 정통성을
보장받는 기회를 얻게 됨.

○ 향인(鄕人)들에 의한 사우 건립도 있음. 이 경우에는 선정을 베푼
수령이나 유배되어 온 이름난 선비들의 덕망을 기리며 마을의 부호
와 유림들이 중심이 되어 건립하는 경우가 다수를 차지함.
 - 또한 주자(朱子)·정자(程子) 등 중국 유현을 모시는 경우도 다수
   발견됨. 이것은 부진한 향촌 사회의 문풍을 진작시키고 유생의 권
   위를 높이고자 한 의도에서 비롯되었으나, 간혹 양민을 침탈하는
   악폐로도 등장함.

□ 서원(書院)의 유래

○ 조선시대 서원의 시원은 중종 38년(1543) 풍기군수 주세붕과 그 지방의 사림이 주동이 되어 안향을 제향하는 백운동서원(白雲洞書院)을 건립한 것에서 비롯됨. * 후에 사액서원이 되면서 소수서원으로 변경됨.

○ 1483년 지금의 무성서원 부지에 불우헌 정극인이 '향학당'을 세웠고, 이듬해 1484년 유상대 위에서 최치원의 제사를 지내던 '선현사(先賢祠)'를 옮겨 오면서 '태산사(泰山祠)'로 불렀는데, 1696년 사액서원으로 지정받으며 무성서원으로 불림. 태산사는 '서원'이라는 명칭을 쓰지 않았을 뿐이지 사실상 같은 기능을 하는 서원이었으니, 최초의 서원은 백운동서원(소수서원)이 아닌 태산사(무성서원)로 보는 것이 합리적임.

○ 백운동서원의 설립에서 이미 표방되었던 바와 같이 조선시대의 서원은 선현, 선사(先師)를 봉사하는 사(祠)와 자제를 교육하는 재(齋)가 결합되어 이루어진 것임. 따라서 서원의 태동단계에서는 서원과 사우의 존립 목적과 기능이 크게 구별되는 것임.
　　* 재(齋) : '공경하다, 엄숙하다, 삼가다'의 뜻.
　　* 제(濟) : '건너다'의 뜻.

o 한편 서원 설립의 일차적 목적은 인재 양성과 강학(講學) 기능에 있었음. 서원이 선현과 선사에 대한 제향의식을 담당하는 것은 이차적이며 부수적인 것임을 말하는 것임.

□ 사우(祠宇)와 서원(書院)의 차이점

o 일반적으로 사우에 제향되는 인물은 행의(行誼 : 의리 있는 행동)와 충절, 효열(孝烈 : 효자와 열녀)이 대상이었던 것에 반하여,
  - 서원에 향사(享祀 : 누릴 향, 제사 사)되는 인물은 우선 도덕과 학문이 백대의 사표가 되어야 할 것을 요구하고 있었음.

o 그러나 서원이 남설되던 17, 18세기에 들어서는 이상과 같은 양자의 차이점도 점차 모호해짐.
  - 이렇게 양자 간에 구별이 점차 없어진 이유의 하나는 시기가 경과할수록 서원과 사우에 모시는 인물에 구별이 없어졌다는 점임. 혈연과 지연 등을 중심으로 한 무원칙한 인물 선정으로 향사자의 자격과 질이 떨어졌음.
  - 다음으로 양자의 구별이 없어지게 된 또 다른 이유는 17, 18세기에 있어서 서원의 기능 변화가 지적됨. 즉 인재 양성과 강학 기능이 일차적이었던 서원이 선현에 제사 지내는 사현(祀賢) 위주로 전환되었다는 점임.

□ 서원의 개괄

① 서원의 기원

- 중국 송나라 시대, 특히 주자의 백록동서원을 기점으로 남송, 원, 명을 거치며 성행.
- 우리나라 서원의 성립 배경은 조선 초 사림의 향촌 활동에서 찾고 있는데, 16세기 중종 말기에 조광조로 대표되던 사림의 정계 진출과 이들의 '문묘종사운동'이 서원 활성화의 토대로 해석됨.

  * 문묘종사운동 : 사람마다 도학의 중요성을 깨치게 하고, 이를 숭상하도록 하기 위하여 도학에 뛰어난 학자를 문묘에 제향하여야 한다는 명분에 근거하여 사림계 유학자인 김굉필, 정여창 등의 종사를 추진.

- 특히 퇴계 이황은 풍기군수로 임명되면서 1543년 당시 풍기군수 주세붕이 건립한 백운동서원에 대한 사액과 국가의 지원을 요구 (1550년). 또한 강당과 사묘를 구비한 서원 체계를 정식화하고 원규(院規)를 지어 운영 방안을 규정함.

② 서원의 운영 조직

- 원규 : 이황의 '이산서원 원규(伊山書院 院規)'가 기준이 되어 서원별로 작성됨.
- 서원 임원 : 원장(院長), 강장(講長), 훈장 등을 둠.
- 서원 관리자 : 재장(齋長), 집강(執綱), 도유사(都有司), 부유사(副

有司), 직월(直月), 직일(直日), 장의(掌議), 색장(色掌).
  * 참고로 갑오동학혁명 당시 동학농민군이 전라도 지방에 설치한
    자치적 개혁 기구의 명칭이 집강소(執綱所)였음.
- 학생 정원 : 처음에는 별다른 규제가 없었으나, 서원 남설이 사회
  문제화된 1710년(숙종 36년)에 원생 수를 확정하여 사액서원은
  20인, 미사액서원은 15인, 문묘종사유현서원은 30인으로 정함.
- 강(講) : 강을 받는 데는 강의(講義)라고 하는 일정한 절차를 두어,
  학습에 대한 진지성과 예의를 갖추도록 함.
- 서원의 구성(3가지) : 선현의 제사를 지내는 사당, 교육을 실시하
  는 강당, 원생들의 숙소(동재와 서재).

③ 서원의 설립
- 중종 대에 전국의 서원은 4개소, 사우는 12개소였는데, 명종 시대
  를 거치면서 서원 건립이 활성화되기 시작하여 조선 말에 서원
  417개소(사액서원 200개소), 사우 492개소(사액사우 70개소)가
  건립됨.

서원 및 사우의 시기별 신규 설립 동향

명종(서원 18, 사우 1) ⇒ 선조(서원 63, 사우 22) ⇒ …… ⇒ 현종(서원 46,
사우 23) ⇒ 숙종(서원 166, 사우 174) ⇒ 경종(서원 8, 사우 20) ⇒ 영조
(서원 18, 사우 145) ⇒ 정조(서원 2, 사우 6) ……

④ 서원의 폐해와 관리

- 서원은 초기 사림의 육성뿐만 아니라, 향촌에서 발생하는 문제를 논의하고 해결하는 향촌운영기구로서도 기능함. 또한 임진왜란과 병자호란 때 의병 활동을 주도한 인물들을 키워내기도 함.
- 서원의 폐단으로 결국 1703년(숙종 29년) 조정에 알리지 않고 사사로이 서원을 세우는 경우 지방관을 문책하겠다는 서원금령이 내려짐.
- 서원 폐단에 대한 조야의 인식이 깊어지자, 1741년(영조 17년) 서원 철폐를 단행. 1714년 이후 건립된 서원은 물론 사우, 영당 등의 모든 제향기구를 일체 훼철하게 됨.
- 서원 폐단을 막기 위한 강경 조치는 지방관의 서원에 대한 물질적 보조를 거의 단절케 해서 서원 재정을 악화시켰고, 이를 메우기 위한 서원의 폐단은 더욱 심해지게 되고 또 재정 지원을 후손들이 담당하게 되면서 후손들의 서원 관여도 심화됨.
- 흥선대원군은 1871년(고종 8년) 학문과 충절이 뛰어난 인물에 대하여 1인(人) 1원(院) 이외의 모든 중첩된 서원을 일시에 훼철하여 결국 서원 27개소와 사우 20개소만 남게 됨.

47개 서원과 사우 : 경기도 12, 충청도 5, 전라도 3, 경상도 14, 강원도 3, 황해도 4, 함경도 1, 평안도 5
* 이 중 전라도 3개소는 태인 무성서원, 장성 필암서원, 광주 포충사.

- 홍선대원군 서원 철폐 때 남은 47개소 중 현재 북한에 소재하여 근황을 알 수 없는 11개소와 6·25전쟁으로 소실된 강원도 김화의 충렬서원과 철원의 포충사 2개소를 제외한 34개소가 현재 존속되고 있음.

□ 정읍의 서원(9개소)

○ 읍면별 분포 : 칠보면 2 / 소성면 1 / 이평 1 / 덕천면 2 / 북면 1 / 정읍 시내 2

○ 사액 여부 : 사액서원 4 / 일반 서원 5

○ 소유 주체의 형태 : 공유 7 / 사유(문중) 2

① 무성(武城)서원 : 정읍시 칠보면 무성리

- 원래 최치원(崔致遠)을 제향하기 위한 태산사(泰山祠)였으나, 1696년(숙종 22년) 사액(賜額)을 받아 사액서원인 무성서원이 되었음.
- 사우도 '무성서원'으로 현판이 되어 있어 무성서원 사당으로 흔히 불림.
- 태산사는 1484년(성종 15년)에 최치원(857~미상)을 제사 지낸 유상대 위의 선현사(先賢祠)를 지금의 무성서원 부지로 이건.

- 1544년(중종 39년) 신잠(申潛, 1491~1554)을 같이 모셨고, 이어서
정극인(丁克仁, 1401~1481) · 송세림(宋世琳, 1479~미상) · 정언충
(鄭彦忠, 1491~1557 / 무관직) · 김약묵(金若默, 1500~1558) · 김관
(金灌, 1575~1635 / 무관직) 등을 함께 모심.

② 남고(南皐)서원 : 정읍시 북면 보림리
- 문경사(文敬祠)로 불리는 사우가 있음. 조선 선조 10년(1577)에
창건하고, 숙종 11년(1685)에 사액됨.
- 일재(一齋) 이항(李恒, 1499~1576)과 그의 제자 건재(健齋) 김천일
(金千鎰, 1537~1593)을 배향하였던 서원임. 그 후 고종 5년(1868)
에 서원철폐령으로 철거되었던 것을 후손들이 광무 3년(1899)에
재건하여 오늘에 이름.
- 1899년, 중건할 때 매당(梅堂) 김점(金坫, 일재 이항의 제자) · 율
정(栗亭) 김복억(金福億, 1524~1600 / 김약묵의 아들, 일재 이항의
제자) · 용암(龍岩) 김승적(金承績, 1549~1588 / 무관직, 일재 이항
의 제자)이 추배되었으며, 1913년에는 다시 매헌(梅軒) 소산복(蘇
山福, 1556~1620 / 일재 이항의 제자)이 배향됨.

일재 이항

* 1499년인 연산 5년에 서울 신혼동에서 출생.
* 어려서 용력(勇力)이 아주 좋아서 말타기와 활쏘기를 잘했고, 장차 무관

으로 출세하려고 했으나, 30여 세 때 큰아버지 판서공(判書公)의 훈계를 듣고 송당(松堂) 박영(朴英)의 문하에서 『대학』 등 사서(四書)를 공부하고 「주자십훈(朱子十訓)」과 「백록동규(白鹿洞規)」를 벽에 써 붙이고 무섭게 정진.

* 41세에 어머니와 남하(南下)하여, 태인 분동으로 와서 보림사 아래에 정사(精舍)를 짓고 일재(一齋)라 이름하고 학문을 연구하면서 많은 제자를 길러냄.

* 김인후, 기대승, 허엽, 노수신과 도의(道義)로 사귀며, 관찰사 송린수, 현감 신잠이 찾아와 문학론치(問學論治) 하였음.

* 1566년인 명종 21년에 학행(學行)으로 천거되어 의영고령(義盈庫令)이 되고, 임천군수(林川郡守)로 임명되었으나, 오래 머물지 않았음.

* 선조 초에 의빈경력 선공감부정(義賓經歷 膳工監副正) 등을 역임하고 장령(掌令) 장악원정(掌樂院正)에 올랐으나 병으로 나가지 않았음.

* 그의 학문은 넓어서 모든 경서를 관통함. 또한 이기(理氣)의 철학에도 독보적인 체계를 이루어 이기일원론(理氣一元論)을 주장함.

③ 정충(旌忠)서원 : 정읍시 상교동 흑암마을

- 임진왜란 때 동래성전투에서 분투하다가 전사한 부사 송상현(1551~1592), 정유재란 때 남원성전투에서 순절한 무장공(武壯公) 신호(1539~1597), 그리고 정묘호란 때 안주목사로 성을 지키다 성이 적에게 함락되자 가족과 함께 분사(焚死)한 장무공(壯武公) 김준(1582~1627)을 모시기 위해 1632년(인조 10년)에 건립

- 사우명은 정충사(旌忠祠)임. * 천자가 사기를 고무할 때 쓰던 기를

뜻하는 정(旌).

- 1657년(효종 8년) 정충(旌忠)이란 사액이 내려졌으나 1868년(고종 5년) 서원철폐령으로 훼철되었다가 1927년 복설되었고, 1964년 이 지역 유림들이 중건하여 오늘에 이름.

④ 고암(考巖)서원 : 정읍시 농소동

- 1694년(숙종 20년)에 창건하고 같은 해에 사액을 받음. 1868년 서원철폐령에 따라 헐어 없앴으며 1991년부터 다시 복원되어 현재에 이름.

  * 사우(祠宇) : 별도 이름 없음.

- 우암(尤庵) 송시열(1607~1689)이 배향되어 있는데, 송시열이 제주도에 유배되었다가 국문을 받기 위해 1689년 6월 상경 도중 정읍에서 사약을 받고 죽었는데, 그 후 죄 없음이 밝혀져 그를 기리기 위해 세움. 1785년에 송시열의 수제자인 권상하(1641~1721)의 위패를 추가로 모심.

⑤ 도계(道溪)서원 : 정읍시 덕천면 도계리

- 1673년(현종 14년)에 세워진 서원으로, 1868년(고종 5년) 철거되었다가 1962년 중건됨. 현재 의성 김씨 종중의 소유임.

  * 사우(祠宇) : 별도 이름 없음.

- 익재 이희맹(1475~1516), 오봉 김제민(1527~1599), 모암 최안(1545~1615 / 무관직), 태천 김지수(1585~1639) 등을 향사하다가, 김제

안(1530~1594), 김흔(1558~1629), 김섬, 김습 등을 배향함.

- 유물각에 오봉의 문집목판 13매가 소장되어 있고, 『오봉집』은 1684년 도계서원에서 간행.

- 이희맹(1475~1516)은 조선 전기 문신이며, 김종직의 제자로 성균관 재학 시절부터 문장과 인품으로 인정을 받았음. 성종 23년 (1492)에 장원 급제하여 등용, 관찰사와 도승지를 지냈는데, 무오사화 때는 김일손을 구하려 함.

- 오봉(鰲峯 : 자라 오, 봉우리 봉) 김제민(1527~1599)은 이항의 제자로, 과거에 급제하여 벼슬길에 올랐으며 임진왜란 때에는 의병을 모아 왜군과 싸웠고, 특히 웅치전투에서 공을 세움.

- 김제안은 오봉 김제민의 동생이며 하서 김인후의 문하생, 김흔과 김섬은 오봉 김제민의 아들들, 김습은 오봉 김제민의 조카, 김지수(1581~1639)는 김제민의 손자임.

⑥ 용계(龍溪)서원 : 정읍시 칠보면 무성리

- 1701년(숙종 27년) 향현사(鄕賢祠)의 서원으로 창건되어 관곡 최서림(1632~1698)을 향사하였음. 최서림은 조선 중기의 문신이자 학자인 김집(1574~1656)의 문인으로 1662년 진사시에 합격하였고, 1694년 공능참봉에 제수되었으나 벼슬에 나가지 않고 후진 교육에 힘쓴 선비임.

김집(1574~1656) : 이이(1536~1584)의 학문과 송익필(1534~1599)의 예학(禮學), 그리고 아버지 김장생(1548~1631)의 학문을 이어받았으며, 그 학문을 송시열에게 전해 주어 기호학파를 형성하는 데 중요한 역할을 함.

- 1750년(영조 26년) 최서림의 문인인 동곡 김정호(1673~1742)와 백계 은정화(1650~1724)를 모셨으며, 1757년 외종조부(외할아버지의 형이나 아우)인 최서림으로부터 배운 오천 한백유(1675~1742)와 최서림의 제자인 월곡 유종홍, 안식과 김습(?~1638)을 추배함.
- 용계서원에 향사되어 있는 인물들은 거의 벼슬에 나가지 않고 학문을 닦으며 후학을 양성하였던 이들임. 1868년(고종 5년) 서원철폐령으로 헐렸다가 1910년 다시 세움.

⑦ 옥산(玉山)서원 : 정읍시 소성면

- 1786년 개축되었으나 신축 연도는 불확실, 사우는 옥산사(玉山祠)로 시작되었음.
- 옥산서원은 의촌 김남식과 아들 시은 김이성, 증손 인일정 김성은의 학문과 덕행을 추모하고 이를 계승하고자 세운 서원으로 광산 김씨 이조참의공파 종중의 소유임.
- 김남식(1617~1681)은 신독재 김집(金集)의 문하생으로 1636년인 인조 14년에 일어난 병자호란 때 의병을 일으켜 청주에서 적병을 격파하고, 삼전도(三田渡)의 비보를 듣고 통곡하며 집으로 돌아

와 학문에 정진하였음.

- 김성은(1765~1830)은 황윤석, 이직보 등의 문하에서 공부했고, 『동국문헌록(東國文獻錄)』,『임진창의록(壬辰倡義錄)』,『성리변론(性理辯論)』,『태극선설(太極鮮設)』등을 저술.

- 옥산서원은 전라도 유생의 상소문 원본, 간잘, 영정, 1800년대에 만든 조선지도 및 세계지도 등 다수의 고서(古書)가 소장되어 있음.

⑧ 동죽(東竹)서원 : 정읍시 덕천면 상학리

- 1959년에 지방 유림(儒林)이 발의하여 1960년에 창건하고, 같은 해에 사우를 건립하고 제사를 모셨고, 1961년에 강수재를 세웠으며, 1972년에 외신문(外神門)을, 추가로 홍살문은 1977년에 세웠음.

 *사우(祠宇) : 동죽서원

- 정암 조광조(1482~1519 / 김굉필의 문인으로 기묘사화로 죽음)와 정암의 문하에서 수업한 덕촌 최희정(1484~1529) 두 분을 봉안(奉安)하고 있음.

김굉필(1454~1504) : 김종직(1431~1492)의 제자. 정몽주·길재·김숙자·김종직으로 이어지는 우리나라 유학사의 정통을 계승하였다고 여겨지나, 김종직을 사사(師事)한 기간이 짧아 스승의 후광보다는 자신의 학문적 성과와 교육적 공적이 더 크게 평가되는 경향이 있음.

⑨ 창동(滄東)서원 : 정읍시 이평면 창동리

- 1965년 이곳 유림들의 발의로 창건, 본원이 건립되기 이전에 후창 김택술이 후학 교육을 위해 세운 불망실(不忘室)과 낙요당이라는 2개의 건물이 이미 있었음. 『후창집(後滄集)』을 비롯한 많은 책이 보관되어 있음.
  * 사우(祠宇) : 창동서원(滄東書院)
- 후창 김택술(1884~1954)을 배향하는데, 김택술은 17세 때 천안 금곡에 있는 간재 전우(1841~1922)를 찾아가 수학하여 후창이란 호를 받았음. 1906년 면암 최익현 선생이 주도한 태인 창의(倡義)에 참가.

간재 전우 : 전우는 의리 정신을 숭상하고자 조선조의 조광조·이황·이이·김장생·송시열을 동방의 오현(五賢)이라고 칭하고, 이들의 문집 가운데서 좋은 말을 뽑아 『오현수언(五賢粹言)』 편찬에 참여. 전우는 오직 이이와 송시열의 사상을 계승하는 데 힘썼음.

정읍 서원의 배향 인물

구분	배향 인물	사우
무성서원	최치원(857~미상), 신잠(1491~1554), 정극인(1401~1481), 송세림(1479~미상), 정언충(1491~1557 / 무관직), 김약묵(1500~1558), 김관(1575~1635 / 무관직)	武城書院 (1484)
남고서원	일재 이항(1499~1576), 김천일(1537~1593, 일재 이항의 제자), 김점(일재 이항의 제자), 김복억(1524~1600 / 김약묵의 아들, 일재 이항의 제자), 김승적(1549~1588 / 무관직, 일재 이항의 제자), 소산복(1556~1620 / 일재 이항의 제자)	文敬祠 (1577)
정충서원	임진왜란 시의 동래부사 송상현(1551~1592), 정유재란 시의 신호(1539~1597), 병자호란 시의 김준(1582~1627)	旌忠祠 (1632)
고암서원	우암 송시열(1607~1689), 송시열의 수제자인 권상하(1641~1721)	- (1695)
도계서원	익재 이희맹(1475~1516), 일재 이항의 제자인 오봉 김제민(1527~1599), 모암 최안(1545~1615 / 무관직), 김제민의 손자 김지수(1585~1639), 김제민의 동생 김제안(1530~1594), 김제민의 아들 김흔(1558~1629)과 김섬, 김제민의 조카 김습	- (1673)
용계서원	김집의 제자인 관곡 최서림(1632~1698), 최서림의 제자인 김정호(1673~1742)와 은정화(1650~1724), 유종흥 이외에 그의 외종 한백유(1675~1742), 안식, 김습(?~1638)	龍溪書院 (1701)
옥산서원	김집(1574~1656)의 제자인 의촌 김남식(1617~1681)과 아들 김이성, 증손 김성은(1765~1830)	玉山祠 (1786)
동죽서원	김굉필의 제자인 정암(靜庵) 조광조(1482~1519), 정암의 제자인 최희정(1484~1529)	東竹書院 (1960)
창동서원	이이와 송시열의 학맥을 따라간 간재 전우의 제자인 후창 김택술(1884~1954)	滄東書院 (1965)

남고서원 전경

태인고현동향약

- 국역 고현향약 / 정읍문화원, 2011년
- 샘고을 공동체 / 정읍문화원, 2021년
- 샘고을 원촌마을 호남 제일의 선비마을 / 허정주·김익두, 2019년

□ 태인고현동향약의 의미

○ 1076년 송나라 여대림의 여씨향약 / 섬서성 남전현(藍田縣)
   ⇔ 1475년 조선 정극인 태인고현동향약 / 태인 고현내 남전(藍田)마을

○ 1475년 향약 서문에 담긴 정극인의 태인고현동중향음서(泰仁古縣
   洞中鄕飮序)의 의미 : 지역 교육(향학당)과 풍속 교화(향음주례와
   향약)를 통한 주(周)나라의 이상사회 실현.
   - 당시 30여 가구가 있었다고 태인고현동중향음서에 적혀 있음.
   - 가숙은 본래 주대(周代)의 교육제도의 하나로, 스물다섯 집인 여(閭
     / 동네)의 문 양쪽에 짓고 마을의 자제들을 교육하였음.
     * 주(周)나라 : 고대 중국의 왕조(기원전 11세기경~기원전 256년)

○ 1510년 송세림의 발문 발동중향음서(跋洞中鄉飮序) : 역사적 오명에 대한 부끄러움을 통해 향약의 약속 이행을 독려.

○ 정극인의 태인고현동중향음서와 송세림의 발동중향음서는 이후 태인고현동향약 맨 앞쪽에 계속 필사되어, 그 출발점의 의미를 되새기게 하고 있음.

○ 1683년 고현동약좌목부터는 공식적 참여 범위가 중인과 서얼까지 넓어지고, 미풍양속을 지키지 못한 경우 마을에서 각 사안별로 어떻게 벌을 주는지에 대한 내용이 상세해지고 있음.

○ 앞선 고현동약좌목(1683년)에 비해 동계좌목(1698년)에 이르면 참여 숫자가 대폭 늘었음(155명 → 234명).

○ 태산향약안(1704년)에서는 그동안의 향약에 비해 향약의 4대 항목으로 불리는 덕업상권, 과실상규, 예속상교, 환난상휼에 대한 구분과 그 세부 내용이 좀 더 명확히 적혀 있으며, 벌칙 부분이 상세해졌음.

○ 향약을 통해 마을의 인재를 길러내고, 길흉사 시에 서로 돕고, 예의 범절을 철저히 지켜 나가고자 했던 정신이 시대마다의 향약에 계속 담겨 있음. 특히 이러한 정신은 정극인의 '태인고현동중향음서(泰仁古縣洞中鄉飮序)'에 잘 나타나고 있는데, 시간이 흐르면서 지켜지

지 않음을 많이 안타까워하고 이를 개선하기 위한 노력이 계속 이뤄
지고 있음.

- 1741년 동안에는 학문을 일으키기 위해 마을 자체적인 경제적 지원
을 명문화하고 있음.

□ 여씨향약 = 남전여씨향약

o 1076년 중국 송나라 여대충 / 대방 / 대균 / 대림 4형제에 의해 섬서성
남전현(藍田縣)에서 시행. 특히 막냇동생 여대림(1046~1092)은 형 대
균과 함께 향리에서 여씨향약을 조직.

o 남송의 주희(1130~1200)가 남강(南岡)고을 수령으로 있을 때 여씨
향약을 수정하여 주자증손(朱子增損)여씨향약을 완성.

- 고을에 향약정(鄕約正) 1명, 부약정(副約正) 2명, 직월(直月) 1명을
두고,

- 덕업상권, 과실상규, 예속상교, 환난상휼의 실천 덕목을 강조.

주자는 1178년에 남강군(南康軍)의 지사(知事)에 임명되었고, 그곳에 백
록동서원(白鹿洞書院)을 다시 세우고, 명사들을 초빙하여 강학을 실시. 풍
기군수 주세붕이 세운 우리나라 백운동서원은 주자의 백록동서원을 벤치
마킹한 것으로 여겨짐.

주자의 「백록동서원 중수기」에 의하면 백록동은 당나라 이발(李渤, 773

~831)이 은거하던 곳으로, 당시에는 여산으로 부르던 이곳에 은거하면서 사슴 100마리를 길러 길들였더니 항상 따라다녀 백록선생이라 불렀으며, 그곳을 백록동이라 부르게 되었다고 함. 5대 10국(당 멸망 후, 907~979) 때는 그곳에 학교를 설립하여 여산국학(廬山國學)이라 했으며, 송대에는 서원이 건립되어 지방 자제를 교육했음.

주자는 그곳을 재흥시켜 스스로 백록동서원 원장이 되어, 삼강오륜(三綱五倫)과 『중용(中庸)』을 강의하는 동시에 학자들을 초청하는 등 유교의 이상 실현에 힘썼음. 당시 서원은 사립학교 같은 개념으로 관립학교가 과거시험을 보기 위한 예비학교였던 것에 비해 진정한 학문 연구를 목적으로 설립된 곳이었음.

□ 향약의 우리나라 전래

O 1517년 『중종실록』 28권 : 함양의 포의 김인범이 소를 올려 남전 여씨의 향약으로 백성을 교화시켜 풍속을 바르게 할 것을 청하니, 각 도의 감사로 하여금 여씨향약의 내용이 담긴 소학을 널리 반포하게 함.

O 1518년 경상도관찰사 김안국(1478~1543)이 『여씨향약언해』를 간행했고, 충청감사로 옮겨서도 여씨향약을 간인(刊印 : 출판물을 인쇄 발간함)해서 읽힘.

  - 경상도관찰사로 있을 때 각 향교에 소학을 권함.

  - 고을에서 추앙받는 노숙(老宿 : 학식이 높고 견문이 넓은 사람)을

뽑아 도약정(都約正), 부약정을 삼고 그 고을을 교화하고, 풍속을
바로잡는 데 여씨향약언해본을 인출해 사용.

○ 1519년 중종 14년 조광조(1482~1519)는 임금께 아뢰기를 "향약의 본
의는 그렇지 않은데 지금의 향약은 대단히 촉박한 듯하니, 왕도(王
道)에 매우 어그러지는 일입니다. 그 까닭은 감사(監司)가 구박해서
행하게 하기 때문입니다. 경중(京中)도 그러하므로 신이 오부(五部)
를 불러서 말하였습니다. 치도(治道)는 급박해서는 안 되고, 덕으로
여유를 두고서 백성을 교화시켜야 올바른 정치라고 말할 수 있습니
다."라는 내용이 있음.

○ 퇴계 이황(1501~1570)이 만든 예안향약과 율곡 이이(1536~1584)가
만든 서원향약 및 해주향약이 있고, 특히 유형원(1622~1673)과 안
정복(1712~1791)은 향약을 경제적인 문제를 해결하는 하나의 방편
으로 생각함.

○ 1797년 정조(1777~1800) 21년에 천주교의 유행 등 기존의 사회질서
가 무너지는 것을 우려하여 향약 등을 통해 기존 질서를 일신하려
함에 따라 국가적 차원에서 향약이 다시 관심을 끌게 되면서, 『향례
합편(鄕禮合編)』을 간행함.
  - 권1은 향음주례(鄕飮酒禮), 권2는 향사례(鄕射禮)와 향약(鄕約),
    권3은 사관례(士冠禮)와 사혼례(士婚禮)를 각각 논하고 있는데,

각 예에 관해서는『의례(儀禮)』·『예기(禮記)』·『가례(家禮)』등 중국의 여러 예서와『국조오례의(國朝五禮儀)』등 우리나라 예서의 원문과 주(注)·소(疏)를 함께 싣고, 백성이 보고 실행하기에 편하도록 쉽게 풀이하고 있음.

○ 1894년 동학농민혁명으로 흐트러진 사회질서를 안정시키기 위해 다시 향약을 시행했지만 큰 효과가 없게 됨.

□ 태인고현동향약의 배경

○ 고현동(古縣洞)은 1409년 태종 9년에 태산군과 인의현이 합하여 태인현이 되기 전까지 태산군의 치소가 있던 마을이 일반 마을이 되면서 고현동이란 지명으로 부르게 됨.
  - 참고로, 원래 현아(懸衙 : 군 소재지 아)의 소재지를 현내면(縣內面)이라고 하는데 태종 9년에 태산군과 인의현(仁義縣)이 합하여지고, 태종 16년에 고을터가 현 태인면으로 옮겨지면서 태인은 현내면(縣內面)이 되고, 시산리는 고현내면(古縣內面)이 되었음.

○ 고현동은 정읍시 칠보면 시산리와 무성리 일대로, 지금의 원촌마을, 남전마을(향약 문서를 보관했던 동각이 소재한 마을), 동편마을, 송산마을(유상대, 감운정이 있는 마을) 정도로 여겨짐.

□ 태인고현동향약의 역사

○ 태인고현동향약은 시간에 따라 다양한 이름으로 불리고 있는데 1993
년 국가보물 제1181호로 지정됨. 향약 문헌들은 원촌마을 옆 마을인
남전마을 동각(洞閣)에 보관되어 오다가 현재는 정읍시립박물관에
보존, 관리되고 있음.

- 정극인이 사간원 정언을 사임하고 고현동(지금의 원촌마을)에 옮
겨 살면서 주민의 도의(道義) 선양과 상호 친목, 미풍양속을 교도
해 나갈 목적으로 1475년 고현동에서 동회(洞會)를 조직. 동회의
활동을 규정하는 동약(洞約)을 작성하고, 향음주례를 처음 시작
한 것이 고현동향약의 출발.

- 향음주례는 고을 선비 및 주민들이 모여 예의 절차를 지키어 술을
마시고 잔치를 하던 공동체 행사를 말함. 나이가 많고 덕이 있는
노인들을 술과 음식으로 받들어 모시는 것을 통해 유교 윤리를 보
급하고자 했던 것. 단순히 예의를 갖춘 술잔치에 그치는 것이 아
니라, 공경과 화목, 예절을 통해 효도, 우애, 공손, 겸손의 덕의 모
범을 보여 주기 위한 것.

- 정극인은 학당을 만들어 마을 자제들을 교육하고, 향음주례를
시행하여 마을 사람들 간의 화목을 도모하고자 했고, 더 나아가
화목을 넘어 풍속을 바꿈으로써 이상적인 유교사회를 구현하고
자 함.

- 정극인의 문집인 『불우헌집』에는 동약을 제정하여 시행한 내용을

담은 「태인향약계축」과 「태인고현동중향음서」 등의 글이 남겨져 있음.

① 태인고현동중향음서(1475년)

- 1475년 10월에 정극인(1401~1481)이 처음 작성한 향약의 원본은 사라져 전해지지 않고 있고, 다만 향약의 서문에 해당하는 '태인고현동중향음서(泰仁古縣洞中鄕飮序)'만이 이후 이어지는 고현향약 맨 앞의 내용에 계속 필사되어 전해지고 있음.
- 향음주례의 예가 시행된 지 이미 오래되었다는 점으로 미루어 1475년 향약을 시행하기에 앞서 현실적 노력이 있었음을 알게 됨.
- 또한 이미 가숙(家塾)을 세워 어리석음을 깨치는 법을 엄히 하고, 향음례를 베풀어 이웃이 화목하는 규칙을 세웠다고 말하고 있음.
- 공경, 화합, 순결, 효도, 우애, 겸손을 준수하여 잃지 않게 하고, 사치와 탐욕, 음탕함을 경계하고 삼간다면 마을이 친목하고, 충신과 효자가 넘쳐나는 이상적 사회[주(周)나라의 풍화(風化)]가 된다 함.

* 동중(洞中) : 한 동네 전부 / 향음(鄕飮) : 향음주례를 뜻함 / 가숙(家塾) : 개인이 설립한 글방 / 풍화(風化) : 교육이나 정치의 힘으로 풍습을 잘 교화시키는 일.
* 『불우헌집』: 1786년(정조 10년) 후손인 효목이 편집, 간행한 것을 1969년 정씨서륜당에서 중간함.

② 발동중향음서(1510년)

- 1510년 8월 송세림(1479~미상)이 정극인 선생의 뒤를 이어 향약을 작성하는데 이 향약의 원본 또한 현재 전해지지 않고 있고, 다만 향약에 붙였던 발문[발동중향음서(跋洞中鄉飲序)]만이 정극인 신생의 '태인고현동중향음서(泰仁古縣洞中鄉飲序)'와 함께 이후 이어지는 고현향약 맨 앞의 내용에 계속 필사되어 전해지고 있음.

발문(跋文) : 책 끝에 발간 경위나 내용을 간략히 적은 글.

- 발동중향음서(跋洞中鄉飲序) 내용 일부 : 부끄러움, 역사에 이름을 남긴다는 의미.

"새 좌목을 만드는데 (구 좌목의 인물 중에) 사망자의 이름을 제거하려는 이도 있었지만, 굳이 만류하고 말한다. 크게는 나라의 역사가 있고, 작게는 야사가 있는데 중요한 것은 모두 후세에 사람의 행동이 어떠하였는지를 알게 할 뿐이다. 이 한 좌목에 비록 행동한 바를 기록하지는 않았다 하더라도, 혹시라도 이것이 후세에 전해지게 되면 후세의 사람들이 손가락으로 가리키며 낱낱이 따지기를 '아무개는 정직하고 아무개는 사특하며 아무개는 착하고 아무개는 악하다'고 하면 그의 후손 된 자가 더러는 득의한 낯빛을 짓기도 하고, 더러는 부끄러운 얼굴빛을 나타내기도 하면서 장차 그 사특하고 악한 것을 제거하고 그 정직하고 착한 자와 같이 나아가려고 도모할 것이니 어찌 하나의 귀감이 되지 않겠는가?"

- 이후 향약이 다시 일시 중단되었다가 임진왜란(1592~1598) 전후에 다시 속행되는데, 이것이 1612년 만들어진 현존하는 제1책의 향약, 동안(洞案)이며 이후 1974년까지 약 400년 동안이나 이어짐.

③ 동중좌목(1666년)

- 근래 동강(洞綱)이 해이되어 공회(公會)가 이미 없어졌으니, 진실로 한심한 것이 한두 일로 그치지 않는다면서 동안을 중수한다는 내용이 있음.
- 회의 불참에 대한 벌과 함께 장례 시 인력지원 규모를 정하고 있음.

④ 동안(1677년)

- 이 동안에 '동안중수입의(洞案重修立議)'를 적었는데, 근래 동강(洞綱)이 해이되고 공회(公會)가 이미 폐지되어 진실로 한심스러운 것이 한두 일로 그치지 않아 이에 감히 중수하니 한결같이 고례(古禮)를 준수하기로 마음을 고치고 생각을 고쳐 삼가 태만하지 말기를 천만 바란다고 적고 있음.

⑤ 고현동약좌목(1683년)

- 참여자의 호와 출생년도를 함께 기록하기 시작함.

- 마을의 기강이 날로 퇴폐한다는 언급과 함께 그런 연유로 동안을 중수(重修)하게 되었다는 배경과 함께, 여러 가지 지켜야 할 일을 지키지 않는 경우 벌을 시행한다는 별도의 규정을 새로 두게 됨.

 *중수(重修) : 낡고 헌 것을 다시 손을 대어 고침.

- 중인과 서얼이 송전에 동안에 기록되지 않았으나, 이번에 기록하게 되었다는 내용이 있음.

- 호와 출생 연도가 병기된 이름(66명)과 함께, 단순히 이름(89명)만 있는 경우로 나눠 적혀 있는 걸로 보아 이들이 중인과 서얼로 여겨짐.

- 각 마을 양인, 중인에서 각각 잘못을 기록할 사람을 정하여 만약 불효, 부제(不悌), 불목(不睦)하고 술을 먹고 서로 싸우는 자는 일일이 와서 동임(洞任)에게 고함. 만일 죄가 크면 제회(齊會 : 모두 모이는 회의)에서 논하고 죄가 작으면 동장(洞長) 댁에 모여야 함. 허물을 기록하되 만약 사사로움을 따라 고하지 않으면 죄를 엄하게 논의할 것임.

 *동임(洞任) : 동네의 일을 맡아 보는 사람 / 동장(洞長) : 동네의 우두머리

⑥ 동계좌목(1698년)

 - 호와 출생 연도가 병기된 이름(108명)과 함께, 단순히 이름(126명)만 있는 경우로 나눠 적혀 있고, 앞선 고현동약좌목(1683년)에 비해 참여 숫자가 대폭 늘었음.

* 155명(66 + 89) → 234명(108 + 126)

⑦ 태산향약안(1704년)

- 참여자 : 227명(105명 + 122명)
- 태인현 현감 김시보가 쓴 서문이 추가되는데, 세상 풍속이 퇴폐해
  짐은 교육의 부족임을 언급하며 『소학』과 4서(書)를 어릴 때부터
  가르칠 것과 함께 향약을 잘 유지하여 풍속을 바로잡을 것을 권함.
- 그동안의 향약에 비해 향약의 4대 항목으로 불리는 덕업상권, 과
  실상규, 예속상교, 환난상휼에 대한 구분과 그 세부 내용이 좀 더
  명확해지며, 벌칙 부분이 상세해졌음.
- 길사(吉事)인 혼인과 흉사(凶事)인 장례 시의 지원 내용을 적고
  있음.
- 상하 계원으로 70세 이상은 강신(講信, 3월과 9월 2회)할 때 치하
  례(致賀禮)할 것을 명시.
- 또한 어른과 윗사람을 잘 섬기는 일 등 덕업상권에 대한 내용을 나
  열하면서 향약 회의가 있는 날 잘한 자는 책에 기록함으로써 잘하
  지 못한 자들이 경계하게 한다는 내용이 있음.
- 수재나 화재, 도둑, 질병, 고아, 가난과 궁핍 등의 경우에 서로 어
  찌 해야 할지를 적은 환난상휼이 있음.
- 예컨대 홀로 남아 의탁할 데가 없는 자는 향약 중에서 협력하여 이
  를 구제하고 가르쳐 오로지 잃음이 없도록 하자는 내용도 있음.
- 도덕적 규율과 예에 따르지 못한 경우, 향약 자체적으로 극벌, 중

벌, 하벌로 구분하여 조치하도록 하는 내용이 담겨 있음.

- 특이한 점으로는 '유사는 언문으로 그 약조령을 써서 각 리의 기선과 기과 자의 모두에게 보내어 남녀 하나하나 다 알도록 하여 선을 권하고 악을 경계함을 생각하게 할 일'임을 적고 있음.

⑧ 동안(1713년)

- 1683년 향약에서 중인과 서얼이 처음 포함되어 1704년 향약까지 유지되다가, 1713년 동안부터는 참여자 숫자가 급격히 줄면서 없어지기도 함.

향약 참여자(1618년~1755년) 변화

· 127명 / 1618년

· 43명 / 1666년

· 155명(66 + 89) / 1683년

· 234명(108 + 126) / 1698년

· 227명(105 + 122) / 1704년

· 106명(101 + 5) / 1713년

· 84명(84 + 0) / 1720년

· 78명(78 + 0) / 1737년

· 121명(107 + 14) / 1741년

· 132명(113 + 19) / 1755년

- 정극인과 송세림의 서문과 발문을 포함하여 태인현감 김시보의 발문이 함께 포함됨.
- 전체 14항목의 규정 중에 관대와 상여 등 집물(什物)의 불출과 회수에 대한 규정이 8개 항목일 정도로 눈에 띄게 많은 점에서 관혼상제 중심으로 공동 지원이 있음을 알 수 있음.
  * 집물(什物) : 집이나 사무실에서 쓰는 온갖 기구.
- 향약 내 징벌에 관한 규정 항목은 전체 14건 중 2건임.
- 젊은이가 어른을 능멸하고 얼자로서 적자를 능멸한 자는 경중에 따라 처벌.
- 마을에서 보관 중인 곡식 관리는 공정해야 하는데 그렇지 못한 경우 벌줌.

⑨ 동안(1720년) / 동안(1737년) / 동안(1741년) / 동안(1747년) / 동중좌목안(1755년) / 동계안(1758년) / 동안(1762년)
- 이 시기의 동안은 대체로 앞선 1713년의 동안과 거의 내용이 동일함.
- 1720년 동안의 경우부터 마을 대소사 참여 소홀함에 대한 엄중한 경고가 담긴 규약이 담기기 시작함.
- 1741년 동안에는 배움을 게을리한다는 탄식과 함께 경제적 지원을 담은 규약이 처음 포함됨.
- "우리 마을은 본디 문헌(文憲)으로 칭하였다. 근래에 면학하지 않고 교양이 없으니 개탄스럽고 애석하다. 이에 배움을 일으킬 계획이다. 전에 매입한 수 두락 답(畓)이 적으므로 봉정자 길 위의 비

자답 6두 답을 추가하니, 유사를 정하여 매년 농사지어 선비를 기르며 학문을 일으킬 것이다."

- 1762년 동안에는 특이하게 마을이 소유한 시장 미곡전의 이익을 역참의 관리에게 빼앗겼다가 다시 되찾았음(동약 장시 완복 기사적)을 적고 있음.

⑩ 남학당(南學堂)기(1774년)

- 신잠 선생이 현감 시절에 현내에 4학을 두었음에도 이곳에만 따로 세우지 않은 것은 이 마을이 그 이전부터 사재(私齋)에 약간의 동재(洞財)를 지원하고, 스스로 학문을 닦고 노력했기 때문이라고 적고 있음. 하지만 이제 이 집을 남학(南學)으로 이름 붙여 관봉(官俸)으로 보조한다는 내용을 적고 있음.

- 또한 고현은 문헌의 지방이나 근래 인재가 없다고 하며 가르침이 해이해진 탓이라고 적고 있으면서, 예전 마을 어르신들이 어렵게 약간의 전토를 마련하고, 몇 칸의 허름한 집을 지어 양사재(養士齋)라 불렀다고 함. 다행히 고을 현감 조공이 마을 상황을 이해하고 양사재를 남학으로 포함하여 토지를 주었다고 함. 최근에는 예전 현감 조공의 종손이 다시 고을 현감으로 온바, 세금 등을 면제한 절목을 친히 적어 내려 주었다고 적고 있음.

- 입약(立約)이라는 제목으로 9가지 항목을 적고 있는데, 남학당 운영과 지원에 대한 내용이 8가지를 차지하고 있음.

⑪ 고현향약안(1801년)

- 그동안의 향약안과 달리 체계가 법규처럼 형식화되고 해야 할 일
  들이 구체적으로 언급되고 있음.
- 정조 21년인 1797년에 나라에서 『향례합편』을 펴내며, 향음주례,
  향약에 대한 중국과 우리나라의 여러 기록을 종합 정리하여 백성
  들이 쉽게 읽고 행할 수 있도록 반포했음. 고현향약 서문에 정조
  의 이 업적을 기록하고 있는 걸로 봐서, 이 시기 고현향약은 정부
  가 표준으로 정한 향약안을 많이 인용한 것으로 보임.

『향례합편』(1797년, 정조 21년) 권1은 향음주례(鄕飮酒禮), 권2는 향사례
(鄕射禮)와 향약(鄕約), 권3은 사관례(士冠禮)와 사혼례(士婚禮)를 각각 논
하고 있는데, 각 예에 관해서는 『의례(儀禮)』·『예기(禮記)』·『가례(家禮)』
등 중국의 여러 예서와 『국조오례의(國朝五禮儀)』 등 우리나라 예서의 원
문과 주(注)·소(疏)를 함께 싣고, 백성이 보고 실행하기에 편하도록 쉽게
풀이하고 있음.
이 책은 결국 중국과 우리나라의 여러 가지 예에 관한 기록을 모아서 자세
한 주석을 곁들여 백성이 쉽게 읽고 행할 수 있도록 전국에 반포하였던 책
으로서, 유교적인 예속(禮俗)을 연구하는 데 있어서 귀중한 자료임. 규장각
도서에 있음. [출처 : 한국민족문화대백과사전(향례합편(鄕禮合編)]

- 향약의 4대 항목인 덕업상권, 과실상규, 예속상교, 환난상휼, 그리
  고 벌칙의 순으로 그 각각의 지켜야 할 내용을 상세하게 적시하고
  있음.

- (덕업상권) 이상 말한 덕업을 우리 약회(約會)의 사람들은 각자 힘써 닦고 서로 권면할 것이며, 회집하는 날에 서로서로 들어 추천해서 그 능한 자는 문적에 기록함으로써 잘하지 못한 자들에게 경계와 장려가 되게 함.

- (과실상규) 위에 열거한 과실에 대하여 우리 약회(約會)를 같이 하는 사람들은 각자 성찰하고 서로 규계하되, 작은 것은 은밀히 충고해 주고 큰 것은 여러 사람들이 경계해 주며, 듣지 않으면 회집하는 날에 직월(直月)이 이를 약정(約正)에게 고하고 약정이 의리로써 훈계한다. 그리하여 사과하고 고치겠다고 하면 이를 문적에 기록하고 기다릴 일이며, 항의하고 불복하거나 끝내 고치지 못한 자는 모두 약중(約中)에서 내침.

- (환난상휼) 이상 환난은 서로 구제해 주는 일들임. 구제해 주어야 할 사람이 있으면 그 집은 약정(約正)에게 알리되, 급할 경우에는 가까이 있는 자가 대신 약정에게 알려 줌. 그러면 약정은 직월(直月)에게 명하여 두루 알리며, 또 그를 돕기 위해 사람들을 모으고 계책을 의논하여 확정하면 바르게 시행함.

- (벌칙) 극벌에 해당하는 죄악은 먼저 약중으로부터 경중에 따라 징계하고, 고치지 아니한즉 관에 고발할 것. 중벌의 경우는 초범인즉 약중에서 경중에 따라서 매를 맞고 재범한즉 관에 고발함. 하벌의 경우 약중에서 경중에 따라 볼기를 칠 일임.

- 사계절의 첫 번째 달 초하룻날에 동각에 모여 유사로 하여금 향약을 끝까지 읽도록 함. 그 뜻을 자세히 밝히어 논하여도 한도에 이

르지 못한 자는 질문을 허용함. 약중에 선한 자가 있으면 여러 사람들이 이를 천거함. 잘못이 있는 자는 유사가 이를 규명하고, 또 유사로 하여금 기선적(記善籍)을 끝까지 읽도록 함. 기과적(記過籍)을 죽 돌려가며 앉아서 각각 묵묵히 끝까지 읽음.

- 1704년 태인현감 김시보가 서문을 쓴 '태산향약안'보다도 훨씬 형식적 체계를 갖추고 있으나, 어느 시기 향약보다 복잡하여 오히려 지켜지기 더 어렵게 보임.

⑫ 수정동안(1829년)

- 한 세대가 지나도록 동안이 새롭게 다듬어지지 않았다는 탄식이 담긴 서문이 붙게 되는데, 서두에 동안의 뜻을 이해하는 데 도움이 되는 문장이 있음.

- 계(稧)는 반드시 안(案)이 있어야 하며, 안(案)은 반드시 이름을 쓰는데, 오직 이 동안(洞案)은 풍속을 후하게 하며, 선악을 기록하는 까닭에 다른 계안(稧案)보다 숭상함이 옳음.

- 옛적에 불우헌 정극인 선생은 퇴직하고 마을의 동지들과 함께 동계(洞稧)를 다듬어 정리하고 다시 동안(洞案)을 설치함. 그것은 덕업을 권장하고 환난을 구원하는 뜻으로 모든 향약의 규범을 취함.

- 또한 옛 동안은 생원, 진사, 문과, 무과에 오른 자가 많이 실려 있었으나, 지금의 동안은 몇 명에 불과하다는 탄식도 있음.

- 정극인의 서문과 송세림의 발문과 유사한 배치로, 서문(序文)과 함께 발문(跋文)이 새롭게 쓰였음.

⑬ 동학당(洞學堂)수계안(1854년)

- 불행하게 제사(齊舍)가 퇴폐하게 되어 교육하던 장소가 빈터가 되었다는 내용이 있음. 본 동학당(洞學堂)을 신잠 현감(1491~1554) 시절에 남학당으로 삼았다고 함.

- 동각(洞閣)은 옛 남학당의 한 이름이라고 하면서, 7~8년 동안 재원을 늘려 약간의 농토를 구입하여 다시 세우게 됨.

- 좌목에 338명의 명단이 있음 : 10년 전 반복된 대홍수에서 마을을 다시 회복시키면서 의외로 사람들의 참여가 가장 많아지는 결과를 얻게 된 거로 보임.

⑭ 동학당전답안(1859년)

- '옛적에 신잠 현감 시절에 4학(學)이 있었으니, 이곳 동학당(洞學堂)이 4학 중 남학이다.'는 언급이 있음.

- 기갑(己甲)의 대침(大浸)으로부터 당우(堂宇)는 퇴패하고, 재력은 쇠잔하여 강석(講席)은 문득 채소밭이 되고, 고례(古禮)는 쓸모없는 물건처럼 보게 되었다는 내용이 있음.

- 여기서 기갑(己甲)의 대침(大浸)이란 1839~1844년 기해년부터 갑진년까지 연이어 대홍수가 있었다는 뜻임. 이때 남학당이 훼손되었고 20년이 지나서야 중수하였으니 실로 엄청난 홍수였음을 짐작할 수 있는데, 학교가 무너졌는데 20년이 지나서 복구하였다는 뜻임.

- 동학당이 대침으로 크게 훼손되어 1844년에 가서야 복구를 논의

하고 그로부터 10년이 지난 1854년에 가서야 중수되었다는 내용이 있음.

- 많은 선비를 길러낼 동학당 운영의 근간이 되는 토지에 대한 정보를 오래도록 전하기 위해 그 목록을 정리하여 기록함.

⑮ 완문(完文)(1860년)

- 완문 : 조선시대 관아에서 부동산 등의 처분에 관하여 발급하는 증명서.
- 동각(洞閣)의 사환에게 특별히 명하여 미전을 설치하여 말질을 하도록 허가한다는 내용이 핵심임.
- 동각의 사환(使喚, 회사나 관청의 심부름꾼)이 동각의 일을 담당하여 면내 장시(場市) 미전(米廛)의 되질, 말질의 책임을 맡아 쌀장사에게서 약간의 혜택을 받게 해 줬는데 어떤 사유로 갑자기 못하게 됨을 기록.

⑯ 고현동각수계안(古縣洞閣修契案, 1901)

- 마을 내 경사를 서로 축하함에 있어 동각에서 지원하고 있는데 사사롭게 이뤄지고 있음. 금후에는 노직(老職) 축하는 2냥, 처음 벼슬한 사람에 대한 축하금은 3냥으로 정한다는 것이 주된 내용임.
- 모두 417명이 좌목에 적혀 있어 가장 많은 인원이 참여하고 있음.

⑰ 동각계안(洞閣稧案, 1928)

- 예부터 내려오는 정극인 선생의 서문과 송세림 선생의 발문 이외에 원모당 김후진의 10대손 김택이 서문을 쓰고, 불우헌 정극인의 13대손 정진철과 눌암 송세림의 13대손 송이호가 발문을 각각 썼다는 점이 특이함.

- 원모당 김후진(1540~1620)은 개국공신 회련(懷鍊)의 후손이며, 일재 이항의 문인임. 임진왜란 때는 군량을 모아 의병의 군진에 보냈고, 의주에 몽진한 선조의 행재소에 수백 섬의 곡식을 바쳤음.

- 정극인 선생이 내려오셨고, 송연손과 정진, 김화우가 함께 현의 옛 터에서 멀지 않은 곳에 한 채의 각(閣)을 창립하고 동각(洞閣)이라 이름하였고, 동계(洞稧)를 만듦. 그리고 신잠 현감 시절에 5학당 중 남학당이 됨. 하지만 임진 병란 후로 동각과 동계가 유명무실해졌다가, 다행히 원모당 김후진의 노력으로 다시 활성화되었음. 하지만 원모당 김후진 선생 전후의 문적이 중간에 모두 분실되었음을 안타까워하면서도 이제야 새롭게 하게 되었다는 소회를 적고 있음.

- 향약안에 임원진의 직책과 이름이 우선 적혀 있는 점과 타 지역에서 온 경우는 어디 출신인지를 명시하였다는 점이 특이한 점임. 이 시기가 되면 전국 각 지역 간 이동이 많아졌다는 걸 간접적으로 알 수 있음.

- 계장(稧長), 약장(約長), 교정(校正), 직월(直月), 직일(直日), 사서(司書), 유사(有司)

⑱ 고현향약규례(古縣鄕約規例, 1928)

- 같은 해 쓰인 동각계안(洞閣禊案)의 교정(校正)을 맡고 있던 김환 풍이 고현향약증보규례서 서문을 쓰고 있음.

- 통상 알고 있는 향약의 4대 덕목을 전체적으로 간략히 언급한 1704년 태산향약안, 그동안의 향약안과 달리 체계가 법규처럼 형 식화되고 해야 할 일들이 구체적으로 언급되고 있는 1801년 고현 향약안과 유사하게 1928년 고현향약규례는 부세칙(附細則)이라 고 하여 4대 덕목을 상세히 적고 있음.

- 계(禊)의 명칭을 고현동각향약계로 정하면서 정극인과 송세림 선 생, 원모당 김후진 선생으로 이어지는 고규(古規)를 준수한다는 점을 명시함.

- 계의 계원과 임원의 자격을 적고 있음.

  * 계원 : 원래의 고현면 구역에 거주하는 사람 중에 동약을 같이 한 사람. 단, 지원하여 입약할 자는 반드시 먼저 단자를 갖추고 참여의 뜻을 약장에게 드리고, 약장은 의견을 물어 허락함.

  * 계장 : 동약을 같이 한 사람 중 연장자.

  * 약장 : 동약 원성(原姓) 가운데 덕망이 있고, 작위가 있고, 문학 이 있는 자로 50세 이상으로 대소사 관장, 약장은 이정과 직월을 통해 전달받은 선악의 행위를 강신하는 날 중의에 따라 판단 / 임기 5년, 단 사람이 없을 때는 3번 맡는 것도 무방.

  * 직월 : 공정근간(公定勤幹, 공정하게 부지런함)한 자로 40세 이 상이되, 대중의 공의(公議, 공평한 의논)에 따라 뽑을 일 / 한 동

네의 선악을 관장, 임기 5년.

* 이정(里正) : 각 구역 안마다 선악의 행실을 탐지하도록 한 사람을 배치하되, 동약인으로 강신하는 날 공의를 따라 추천할 것.

* 계유사(禊有司) : 공정하고 성실 근면한 자 2인을 가려 공의를 따라 추천 / 계중 전곡의 출입을 관리, 1년으로 한정하여 교체하되 연임 가능.

⑲ 동각복구안(洞閣復舊案, 1928)

- 글의 제목은 '동각 복구 후 중수 청부문(請扶文)'이며, 특히 다섯 성씨가 동각을 창시하였는데, 각 성씨의 여러 지원을 통해 중수가 이뤄졌음을 언급함.

⑳ 고현동약안(古縣洞約案, 1954)

- 기존 정극인 선생과 송세림 선생의 글과 함께, 27년 만에 고현동약을 새롭게 고치면서 김균이 서문을, 정병규, 송기현, 김환상이 각 발문을 씀.

- 임원의 직책을 보면 계장, 약장, 직월, 교정, 재부, 유사, 직일, 사서가 있는데 재무라는 직책이 새롭게 만들어짐.

- 좌목에 모두 689명의 참여자가 기록됨.

㉑ 태산고현동약비원문(泰山古縣洞約碑原文, 1955)

- 최초 다섯 성씨(정, 정, 송, 김2)임을 적고 있음.

- 불우헌 정극인 선생으로 인해 백성들이 거의 부끄러운 마음이 있게 되어, 드디어 선에 이르게 되었다고 적고 있음.
- 대부분 고현동의 역사적 인물들과 업적, 그리고 자랑거리를 하나하나 열거하고 있음.
- 한 마을에 칠원사(七院祠)가 있음 : 무성서원, 도봉사, 남천사, 송산사, 용계사, 태산사, 필양사.
- 끝으로, 도덕 질서를 바로잡기 위해 함께할 사람이 적음을 안타까워하지만 "끝인즉 시작이 있음은 하늘의 운행이요, 혼란이 극에 이르면 다시 다스려짐은 세상의 도리이다. 잘 다스릴 수 있는 사람이 그렇게 된 까닭과 장차 그러할 까닭을 궁구하여 폐단을 없애고 오래오래 지탱할 수 있는 도리를 도모한다면 그 일을 새롭게 할 수 있으며, 틀림없이 이르게 함이라. 지금 번화한 거리에 이 비를 세워 읽는 자로 하여금 지나간 일을 슬피 여기고 예전의 잘못과 악행이 없도록 바로잡기를 바람이다"라고 적고 있음.
- 직책에 약장, 총무, 장재(掌財, 금전의 출납을 맡아 보는 사람), 유사, 감동(監董, 감독)이 나와 있는데, 총무와 감동은 새롭게 언급되는 직책명임.

㉒ 상선록(賞善錄, 1962년)
  - 고현동각계에서 효자 효부에 대해 표상장 / 표창장을 준 내용을 기록하고 있음.

㉓ 고현동약안(古縣洞約案, 1974년)
- 마을 기풍을 새롭게 일신한다는 취지로 서문과 발문을 적고 참여
  자들을 기록에 남김.
- 참여자 명단은 916명으로 가장 많음.

고현동향약 참여자(座目)의 성씨별 분포

	1612년	1666년	1698년	1713년	1829년	1854년	1901년
소계	72	43	108/126	101/5	200	338	417
金	27	22	61/34	61	105		225
李	3	3	2/24	2/5	16		44
朴	1	-	-/14		1		3
丁	5	-	2/1	1	11		9
鄭	10	2	13/13	11	5		17
宋	17	11	20/2	19	16		55
安	4	2	3/1	3	14		16
許	1	-	-				
白	3	1	1/0		1		1
孫	1	1	-				
羅		1	3/0	2			
文			-/2				
吳			-/1	1			
具			1/0	1			
趙			1/2		1		5
韓			1/4		3		5
洪			-/1				
張			-/5		1		
崔			-/4		3		3
仇			-/1				
曹			-/1		4		1
高			-/2				
姜			-/2		2		
徐			-/1				
襄			-/1				
王			-/2				
權			-/1		6		13
申			-/1				
梁			-/1				3
田			-/1				
周			-/1		1		
陳					1		
申					4		8
柳					1		
尹					1		
殷					1		
任					1		
昌					1		
黃							2
禹							5
林							2

※ '/' 오른편 숫자는 단순히 이름만 적힌 명단

□ 고현동향약의 주요 참여자

○ 현감을 지낸 구고 임씨 임은의 큰사위 정극인(1401~1481)과 작은사위 정진이 고현동에 머물게 됨.

○ 정극인과 동서지간인 정진은 경주 정씨로 병조참판을 지내고 처의 고향인 이곳으로 내려옴. 정진의 아들 정계안은 이조판서를 지냈고, 그의 5세손이 정언충(1491~1557)임.

○ 도강 김씨를 대표하며 조선 개국공신인 김회련의 증손자이며 불우헌 정극인의 사위인 김윤손과 그 후손이 있음.
　- 김윤손의 손자인 김약회와 김약묵(하서 김인후와 동서지간)이 유명하고, 증손자인 김후진(일재 이항의 제자), 5세손인 김대립과 김응빈, 그리고 6세손인 김관이 있음.
　- 김약회가 지은 정자인 '한정(閒亭)'이 무성서원 뒤편 언덕에 있음.

○ 여산 송씨인 송계성의 손자인 송연손(1460~1508)은 불우헌 정극인의 제자인데, 중종의 대군 시절 스승이 되었음. 그의 아들 송세림(1479~미상)은 『어면순』(잠을 깨우는 방패라는 뜻)이라는 패관문학(설화 같은 소설류)을 남김.

○ 광산 김씨 태인 입향조이며 병조판서를 지낸 김계지, 그의 아들 호

조판서를 지낸 김심 등이 있음.

○ 청도 김씨이며 불우헌 정극인의 사위인 김화우가 이곳에 오게 되어,
  고현 입향조가 되었음.

□ 고현동향약의 운영체계

○ 계조직의 대표인 계장, 향약의 대표인 약장, 선악을 기록하는 행정
  업무직인 직월, 공동재산을 관리하는 계유사 등의 조직체계를 갖춤.

○ 회의를 통해 모든 것을 만장일치제로 결정.

○ 상대방의 의견을 존중하고 목소리가 높아지거나 공격적인 언사가
  나올 경우를 대비해 이를 자제하는 조항도 있었음.
  - 또한 결정된 사항에 대해 불복할 경우 제재 조항도 있었음.

○ 회의는 봄과 가을에 정기적으로 열리고, 3년에 한 번씩 총회.

○ 향약 운영에 필요한 재원은 공동물건과 공동토지를 이용한 운영수
  입으로 마련.

○ 덕업상권 : 가족, 친지, 부부, 마을 주민들 간의 덕과 업을 권장하는

사항으로 규정됨.

○ 예속상교 : 매년 추수하고 날을 정해 마을 주민들의 화합과 노인들
에 대한 공경을 표시. 3년에 한 번씩 강약을 크게 열어 향약의 덕업
상권이 잘 지켜지고 있는지 공식적으로 확인하는 행사도 가짐.

○ 환난상휼 : 수재나 화재, 도적, 질병, 상을 당한 자, 한부모 가정, 독
거노인, 실업자, 억울한 누명을 쓴 자, 가난한 자, 토지가 없는 자 등
어려운 상황을 구체적으로 나열하고 상황에 맞는 지원 방식을 열거.
회원이 아니어도 가난, 위급할 때 공동재산으로 경제적 지원을 함.

○ 과실상규 : 각 행위에 대한 벌을 하벌, 중벌, 극벌로 정함.
  - 하벌은 견책, 10대 미만의 태형.
    * 모임에 늦은 자, 관혼상제 때 술에 취한 자 등 공동체 내 화합과
      평화를 저해하는 행동.
  - 중벌은 마을 추방, 계원 자격 박탈, 30대 미만의 태형.
    * 이웃 간 불화한 자, 환난상휼에 힘쓰지 않는 자 등 윤리적 책임
      을 물음.
  - 극벌은 관에 고소해 행정적 처벌을 받음.
    * 불효한 자, 품행이 좋지 못한 자 등 유교사회의 행정처벌 대상이
      된 사항들로 관에 넘겨져 행정처벌을 받거나 마을에서 추방당함.

태인방각본

- 태인방각본 / 정읍시립박물관, 2016년

□ 태인

○ 1913년 : 강점기에 일제에 의해 태인현은 폐현되고, 면 단위 태인면
　(泰仁面)으로 개편.

○ 1409년 : 조선 태종 9년에 태인군(泰山郡)과 인의현(仁義縣)을 합치
　고, 두 고을의 앞 글자를 따서 태인(泰仁)이라고 명명.

○ 1354년 : 고려 공민왕 3년에 이곳 출신 원나라 사신 임몽고불화의 공
　적으로 이 지역이 승격하여 태산군(泰山郡 혹은 太山郡)으로 바뀜.

○ 757년 : 통일신라 경덕왕 16년에 지역 명칭을 고쳐 대산군(大山郡)

으로 함.

O 백제시대 : 지금의 태인과 칠보를 중심으로 한 주변 지역을 대시산
(大尸山)으로 부름.

□ 방각본의 의미

O 어디에서 만들었는가에 따라 구분.
  - 관판본 : 관청에서 만든 책.
  - 감영본 : 지방감영에서 만든 책.
  - 사찰본 : 절에서 만든 책.
    * 불교 서적이 도내에서 가장 많이 출판된 사찰은 태인현 산내면
      매죽리 운주산(절안마을) 용장사. 폐사지에 집이 들어앉은 터가
      6,300평. 금산사나 내장사보다도 그 규모가 큼.
    * 용장사는 1635년(인조 13년) 한 해에만 무려 14권의 불경을 간
      행한 절. 용장사의 인쇄문화는 태인의 인쇄문화에 영향을 주었
      을 것으로 추측됨. 이 사업에 투입된 인쇄기술자들은 태인 선비
      문화권에서 인쇄를 담당했을 것으로 추정. 용장사 인근은 한지
      의 대량 생산지로서도 당시 유명.
  - 사간본 : 개인의 주문을 받아 생산한 책.
  - 방각본(坊刻本) : 판매를 위해 만든 책.
    * 坊 : 동네, 저잣거리 / 刻 : 새기다 / 本 : 서적

* (표준국어대사전) 조선 후기에 민간의 출판업자가 출판한 책. 주로 목판으로 만듦.

* (한국민족문화대백과사전) 민간인이 영리를 목적으로 간행한 책.

□ 방각본 종류와 역사

o 한국에서 방각본을 출판한 지역은 서울, 완산, 태인, 나주, 대구, 안성 등으로 한정됨.

　- 경판방각본, 완판방각본, 태인방각본, 금성판본, 달성판본, 안성방각본 등으로 불리고 있음.

o 경판방각본은 서울에서 1576년(선조 9년)에 간행된 『고사촬요(攷事撮要)』의 간기를 통하여 지금까지 발견된 가장 이른 시기의 방각본으로 추정.

　- 간기 내용 : '만력 4년 7월 수표교 아래 북변 제2리문의 입구에 있는 하한수 가의 각판이니 살 사람은 찾아오라.'

o 1637년의 간기가 있는 『맹자언해』(태인 추정)는 이때 간행된 사서언해 총 5책 중의 1책으로, 개인이 간행한 것으로 보이며 판매용으로 간행되었을 가능성이 있다고 보고 있음.

　- 간기 내용 : '지금 쓰이는 『맹자언해』는 청탁이 매우 잘 갖추어져 있다. 그러나 곤궁하고 한미한 선비들은 그 값이 비싼 것을 안타깝

게 여긴다. 그래서 이같이 간략히 써서 『맹자언해』를 만든 것이다. 숭정 10년(1637년) 정축년에 간행하였다.'

○ 일반적으로 완판방각본의 시작은 『동몽선습』으로 보고, 그 발간연도를 1714년으로 보고 있음. 일반적으로 완판방각본은 1803년 한문 고전소설 「구운몽」이 발간되면서 1800년대 초부터 활발하게 책방을 중심으로 판매되었다고 보고 있음.

□ 태인방각본의 종류 및 특징

○ 태인방각본의 종류.
 - 상업적 출판이 비교적 확실한 태인방각본으로 알려진 책은 13권으로, 이 중 2권을 제외하고는 전이채와 박치유가 함께 간행.
   * (공자 생애와 업적) 『공자가어』 / 1804, 『공자통기』 / 1803, 『신간소왕사기』 / 1804
   * (유교적 교양) 『명심보감초』 / 1844 / 손기조, 『효경대의』 / 1803, 『동자습』 / -
   * (실용서적) 『농가집성』 / 1806, 『신간구황촬요』 / 1806, 『사문유취』 / 1799, 『상설고문진보대전』 / 1803
   * (시문집) 『대명률시』 / 1800, 『증산염락풍아』 / 1796
   * (중국 역사서) 『사요취선』 / 1799

○ 태인방각본은 몇 가지 특징을 보임.

　- 다른 지역의 초기 방각본 서적과 달리 간기에 '출판업자'가 명시되고 있다는 점에서 방각본의 체계를 잘 갖춘 초기 방각본의 위치를 차지.

　　* 출판업자 : 전이채, 손기조.

　　* 태인방각본은 방각본의 효시로 알려진 『고사촬요』(1576), 『맹자언해』(1637)와는 다르게 방각본의 조건을 잘 갖추고 있음.

　- 대도시가 아닌 중소도시에서 규모 있는 책이 간행되었음.

　- 비용을 낮추기 위해 대문의 내용을 줄이고, 빈 여백이 없이 내용을 채우고 간행(다른 방각본과 유사).

　- 당시 문인사회에서 인기가 있었던 실용적인 책들로, 수요자인 문인들의 요구에 따라 출판한 것.

　- 전주와 대구에서 방각본으로 재발행되어 많이 판매됨.

○ 박치유와 전이채가 태인본을 간행하기 시작한 1799년, 그해 박치유의 나이 37세였음.

　- 전이채는 출판업자였고, 박치유는 인쇄업자로 추정하고 있음.

　- 대체로 태인본이 1806년까지 발행되는데, 이후 말년에 박치유는 친교가 있던 장성 백양사의 암자인 운문암에서 서적을 간행.

　- 추정컨대 1827년 박치유가 불서 간행에 깊이 관여하게 된 이후로 태인본 판본은 전주로 이관되게 된 것으로 보임. 이후 서계서포와 칠서방 등에서 이 책을 거듭 간행하게 되어 전주방각본이 활성화

되었음.

- 일반적으로 태인방각본의 출판은 1796년부터 1806년까지로 끝이 남.
- 18세기 말에 발행된 태인방각본은 중간에 휴지기간을 두고, 대부분 책판은 전주와 대구로 옮겨 와서 1916년까지 계속 출판되었음.
  * 『공자가어』, 『증산염락풍아』, 『상설고문진보대전』, 『신간구황촬요』, 『대명률시』, 『효경대의』 등

□ 태인방각본의 역사적 배경

○ 고운 최치원과 태인 : 857년에 태어나, 12세에 당나라에서 유학하여 18세에 빈공과 합격. 29세에 귀국하여 886년에 태인 군수로 부임.

○ 불우헌 정극인(1401~1481) : 1437년 세종의 흥천사 중건에 관한 상소를 올리다 귀양. 이후 낙향하여 태인에 불우헌을 짓고 「상춘곡」을 지음. 태인의 고현향약을 창시.

○ 태인고현동향약 : 결성 후, 임진왜란 전후부터 1977년까지의 향약 자료 필사본 29책이 남아 있음.

○ 무성서원 : 최치원을 기리기 위해 유상대 위에 생사당인 '선현사'를 지음. 조선 성종 15년(1484년)에 선현사를 지금의 자리로 옮겨 '태산사'로 지칭. 후에 무성서원이 되었는데 1696년에 사액서원이 됨.

충무공 이순신 장군과 정읍

□ 선대 조상

ㅇ 고려 때 중랑장을 지낸 이돈수(李敦守)로부터 내려오는 문반(文班)의 가문.

ㅇ 5대조인 이변(李邊, 세종~세조)은 영중추부사(領中樞府事)와 홍문관 대제학을 지냄.

ㅇ 증조부 이거(李琚)는 병조참의에 이름.

ㅇ 할아버지 이백록(李百祿)이 조광조(趙光祖) 등 지치주의(至治主義)를 주장하던 소장파 사림(少壯派 士林)들과 뜻을 같이하다가 기묘

사화의 참화를 당함.

o 아버지 이정도 관직에 뜻을 두지 않았던 만큼 이순신이 태어날 즈음
  에 가세는 이미 기울어 있었음.

□ 일대기 : 1545년(명종 즉위년)~1598년(선조 31년)

o 28세 / 1572년 : 무인 선발시험의 일종인 훈련원별과(訓鍊院別科)에
  응시하였으나 불운하게도 시험장에서 달리던 말이 거꾸러지는 바
  람에 말에서 떨어져서 왼발을 다치고 실격.

o 32세 / 1576년(선조 9년) : 식년무과에 병과로 급제하여 권지훈련원
  봉사(權知訓鍊院奉事)로 처음 관직에 나감.

o 이어 함경도의 동구비보권관(董仇非堡權管)에 보직되고, 이듬해에
  발포수군만호(鉢浦水軍萬戶)를 역임.

o 39세 / 1583년 : 건원보권관(乾原堡權管)·훈련원참군(訓鍊院參軍)
  을 역임.

o 42세 / 1586년 : 사복시주부가 되었음. 이어 조산보만호 겸 녹도둔
  전사의(造山堡萬戶兼鹿島屯田事宜)가 되었음.

- 이때 국방의 강화를 위하여 군사를 더 보내줄 것을 중앙에 요청하였으나 들어주지 않던 차에 호인(胡人 : 북방의 외인들)의 침입을 받고 적은 군사로 막아낼 수 없어 부득이 피하게 되었음.
- 그런데 조정에서는 그것이 오로지 이순신의 죄라 하여 문책함. 그러나 처형당할 것을 두려워하지 않고 주장(主將)의 판결에 불복하면서 첨병(添兵)을 들어주지 않고, 정죄(定罪)한다는 것은 옳지 않다 하여 끝내 자기의 정당성을 주장함.
- 이 사실이 조정에 알려져서 중형을 면하기는 하였으나, 첫 번째로 백의종군(白衣從軍)이라는 억울한 길을 걷게 되었음.

○ 45세 / 1589년 : 정읍현감(1589. 12. 1.~1591. 2. / 1년 4개월)으로 있을 때 유성룡에게 추천되어 고사리첨사(高沙里僉使)로 승진, 이어 절충장군(折衝將軍)으로 만포첨사(滿浦僉使)·진도군수 등을 지냄.
- 정읍현감으로 제수된 이순신은 이후 진도군수로 보임되는데, 1591년 2월 13일 아직 임지로 가지도 않은 이순신을 전라좌수사로 초수하게 됨. 당시 이순신의 품계가 종6품인 것을 감안하면 7단계를 뛰어넘은 파격적인 승진이었음.

정읍에 있는 이순신 장군 관련 문화재

① 정읍관아 : 당시 이순신 장군이 근무했을 정읍현 관아는 지금의 장명동 주민센터와 정읍경찰서 일대로, 현재 주민센터에는 관아의 표석이 남아 있음.

② 정읍 유애사 : 유애사는 1681년 숙종 7년 유림이 충무공의 유덕을 추모하여 창건. 영조 때 유애사라는 사액이 내려졌고, 1798년 정조 22년 집의(執儀) 유희진을, 1854년 철종 5년 주부(主簿) 유춘필도 함께 제사를 지내게 됨. 1868년(고종 5년) 서원철폐령으로 헐렸다가 다시 지었음. 한때 충렬사로도 불렸으나 다시 유애사로 고쳐 현재에 이르고 있음.

③ 정읍 충렬사 : 광복 이후 창건기성회를 조직하였고 도내 학생들 및 각계의 성금을 모아 1949년 8월에 공사를 시작하였으나 6·25전쟁으로 중단되었다가 14년 뒤인 1963년 4월에 준공됨. 충무공 탄신일인 4월 28일에 영정을 봉안하고 충렬사라 이름하였고, 매년 탄신일에 탄신제전을 봉행. 애초 정읍 진산동 유애사에 충무공의 위패를 모셨으나 흥선대원군의 서원철폐령 때 유애사가 헐리고 해방 후 1949년 일본 신사가 있던 현 위치에 충렬사를 세움.

공원 입구에는 홍살문과 애향모충비가 세워져 있고, 홍살문을 지나자마자 충무공원의 문루인 선양루가 나오는데 선양루는 1985년에 건립된 건물임. 선양루를 거쳐 계단을 오르면 역시 1985년에 건립된 효충문이 나옴. 외삼문을 통과하면 정면에 이순신의 영정과 위패를 모신 정면 3칸, 측면 2칸 규모의 사우(충렬사)가 있음.

정읍 충렬사는 이순신과 정읍의 인연이라는 한 측면과 이후 이순신의 파격적인 승진 속에 전라좌수사로 보임하는 과정을 생각해 볼 수 있는 의미 있는 장소.

* 이순신 장군 관련 사당 : 전국적으로 18곳. 이 중 9곳은 1781년 이전에 건립되었고, 나머지는 1932년 이후에 건립.

○ 47세 / 1591년 : 전라좌도수군절도사가 되었음.

- 1592년 4월 13일 : 일본의 침입으로 임진왜란이 발발.

- 1592년 5월 7일 : 옥포해전.

- 1592년 5월 29일 : 사천해전 / 왜선 12척 유인하여 섬멸.

  * 이 싸움에서 군관(軍官) 나대용(羅大用) 등이 부상하였고, 이순신도 적의 조총탄에 맞아 왼쪽 어깨가 뚫리는 부상을 입었음. 이 싸움에서 최초로 출동한 거북선의 위력은 확고한 인정을 받았음.

- 1592년 6월 2일 : 당포해전 / 왜선 21척 섬멸.

- 1592년 7월 8일 : 한산도대첩 / 견내량 → 한산도로 유인 / 왜선 층각선 7척, 대선 28척, 중선 17척, 소선 7척을 격파 → 안골포(창원군 웅천면) 전투.

- 1592년 9월 1일 : 부산포해전 / 전라좌·우도의 전선 74척, 협선 92척은 8월 24일 좌수영을 떠나, 9월 1일 절영도와 부산포에서 왜선 500여 척 중 100여 척을 격파.

  * 아군도 이 해전에서 30여 명의 사망자를 냈으며 특히 녹도만호(鹿島萬戶)정운이 전사.

- 1593년 다시 부산과 웅천의 적 수군을 궤멸, 남해안 일대의 적군을 완전히 소탕하고 한산도로 진을 옮겨 본영으로 삼고, 그 뒤 최초로 삼도수군통제사(三道水軍統制使)가 되었음.

  * 1597년 명·일 사이의 강화회담이 결렬되자, 본국으로 건너갔

던 왜군이 다시 침입하여 정유재란이 일어남. 그러자 이순신은 적을 격멸할 기회가 다시 왔음을 기뻐하고 싸움에 만전을 기함. 그러나 원균의 모함과 왜군의 모략으로 옥에 갇히는 몸이 되었음(1597. 2. 26.).

* 고니시(小西行長)의 부하이며 이중간첩인 요시라(要時羅)라는 자가 경상우병사 김응서(金應瑞)에게 가토(加藤淸正)가 어느 날 바다를 건너올 것이니 수군을 시켜 이를 사로잡을 것을 은밀히 알려오자, 조정에서는 통제사 이순신에게 이를 실행하라는 명령을 내림.

* 이순신은 이것이 적의 흉계인 줄 알면서도 부득이 출동하였으나, 가토는 이미 수일 전에 서생포(西生浦)에 들어온 뒤였음.

- 1597년 9월 16일 : 명량대첩 / 통제사에 재임용(1597. 8. 3.)되어 8월 15일 13척(일설에 12척)의 전선과 빈약한 병력을 거느리고 명량에서 9월 16일에 133척의 적군과 대결하여 31척을 부수는 큰 전과를 올렸음.

* 이 싸움은 재차 통제사로 부임한 뒤 최초의 대첩이며 수군을 재기시키는 데 결정적인 구실을 한 싸움이었음.

□ 충무공 이순신 장군이 고군산진에 머문
1597년 9월, 12일간의 난중일기

○ 이순신 장군은 정유재란 때 13척의 전함으로 133척을 상대, 31척을

격파한 '명량해전' 승리 이후 곧바로 서해로 이동해 고군산도(선유
도진말 고군산진)에 머물며 전열을 재정비하였음.

○ 난중일기(1597년 9월)

- 21일 맑다. 일찍 떠나서 고군산군도에 이르렀다. 호남순찰사(박홍
  로)는 내가 왔다는 말을 듣고 배를 타고 급히 옥구로 갔다고 한다.
  늦게 바람이 미친 듯이 불었다.

- 22일 맑다. 북풍이 크게 불어서 그대로 머물렀다. 나주 목사 배응
  경, 무장 현감 이람이 보러 왔다.

- 23일 맑다. 싸움을 이겼다는 장계 초본을 수정하였다. 정희열이
  보러 왔다.

- 24일 맑다. 몸이 좋지 못하여 끙끙 앓았다. 김홍원이 보러 왔다.

- 25일 맑다. 밤에 몸이 몹시 좋지 않고 식은땀이 온몸을 적셨다.

- 26일 맑다. 몸이 좋지 않아 하루 내내 나가지 않았다.

- 27일 맑다. 송한, 김국, 배세춘 등이 싸움에 이긴 장계를 가지고 뱃
  길로 올라갔다. 정제도 같이 나갔는데, 그는 충청수사 처소로 부
  찰사에게 보내는 공문을 가지고 가는 길이었다.

- 28일 맑다. 송한과 정제가 바람에 막혀 돌아왔다.

- 29일 맑다. 장계와 정 판관이 도로 올라갔다.

○ 1597년 10월 :

- 초1일 맑다. 아들 회를 보내서 저의 어머니도 보고 집안 여러 사람

의 생사도 알아오게 했다. 마음이 몹시 어지러워 편지를 쓸 수 없었다. 병조의 역졸이 공문을 가지고 내려왔다. 아산 집이 적에게 분탕질을 당해 잿더미가 되고 남은 것이 없다고 전해 왔다.

- 초2일 맑다. 아들 회가 배를 타고 올라갔는데 잘 갔는지 모르겠다. 이 마음을 어찌 다 말로 할 수 있으랴!

- 초3일 맑다. 새벽에 배를 띄워 변산을 거쳐 곧바로 법성포로 내려가는데 바람이 부드러워 따뜻하기가 봄날 같았다. 저물어서 법성포 선창 앞에 이르렀다.

○ 1597년 말 : 명량대첩으로 제해권을 다시 찾고 보화도[寶花島 : 목포의 고하도(高下島)]를 본거로 삼음.

○ 1598년 2월 : 다음 해 2월에 고금도(古今島)로 영(營)을 옮긴 다음, 군사를 옮겨 진(鎭)을 설치하고 백성들을 모집하여 널리 둔전을 경작시키고 어염(魚鹽)도 판매하였음.

- 이로 인하여 장병들이 다시 모여들고 난민(難民)들도 줄을 이어 돌아와서 수만 가를 이루게 되었으며, 군진(軍鎭)의 위용도 예전 한산도 시절에 비하여 10배를 능가할 수 있게 되었음.

○ 조선 침략의 원흉 도요토미 히데요시가 1598년 8월 18일 죽자 일본은 조선으로부터의 철군을 결정.

○ 1598년 11월 19일 : 노량해전 / 노량에서 퇴각하기 위하여 집결한 500척의 적선을 발견하고, 싸움을 기피하려는 명나라 수군제독 진린(陳璘)을 설득하여 공격에 나섬. 함대를 이끌고 물러가는 적선을 향하여 맹공을 가하였고, 이것을 감당할 수 없었던 일본군은 많은 사상자를 내고 선척을 잃었음. 그러나 이순신 장군은 선두(船頭)에 나서서 공격을 지휘하다가 애통하게도 적의 유탄에 맞았음. 죽는 순간까지 "싸움이 바야흐로 급하니 내가 죽었다는 말을 삼가라." 하고 조용히 눈을 감았음.

- 이순신이 전사했다는 소식이 조정에 전해지자, 선조는 관원을 보내 조상하고 우의정에 추증. 1604년 선무공신(宣武功臣) 1등에 녹훈되고 덕풍부원군(德豊府院君)에 추봉되었으며, 좌의정에 추증, 1793년(정조 17년) 다시 영의정이 더해졌음.

- 묘는 충청남도 아산시 음봉면 어라산(於羅山)에 있으며, 왕이 친히 지은 비문과 충신문(忠臣門)이 건립되었음. 충무의 충렬사(忠烈祠), 여수의 충민사(忠愍祠), 아산의 현충사(顯忠祠) 등에 제향하였는데, 이 중에 현충사의 규모가 가장 큼.

- 현충사는 조선 숙종 연간에 이 고장의 유생들이 이순신의 사당을 세울 것을 상소하여 1707년(숙종 33년)에 사액(賜額), 입사(立祠)되었음.

- 그 뒤 일제강점기 때에 동아일보사가 주관하여 전 국민의 성금을 모아 현충사를 보수하였고, 제3공화국 때 대통령 박정희의 특별 지시에 의하여 현충사의 경역을 확대, 성역화하고, 새로이 전시관

을 설치하여 종가에 보존되어 오던『난중일기』와 이순신의 유품 등을 전시함. 그리고 이순신의 일생과 중요 해전을 그린 십경도 (十景圖)가 전시되어 있음.

동학농민혁명

- 정읍동학농민혁명사 / (사)동학농민혁명계승사업회, 2020년

- 동학농민혁명의 기억과 역사적 의의 / 전북사학회, 2011년

- 용담유사 / 도올 김용옥, 2022년

- 동경대전1 · 2 / 도올 김용옥, 2021년

□ 관련 서적과 글

○『동학사』, 1940년 출간 / 오지영(1868년생)

○『갑오동학혁명사』, 1980년 출간 / 최현식

○『동학농민혁명사』, 1998년 출간 / 신순철, 이진영

○ 채만식의 소설 :「제향날」,「어머니」,「옥랑사」

○ 신동엽의 시 :「금강」

□ 시대적 흐름

1603. 마테오 리치 『천주실의』 간행.

1783. 9. 3.(양) 미국 독립전쟁 승리.

1784. 3. 24. 다산 정약용의 매부인 이승훈 영세받고 귀국.

1789. 5. 5.(양) 프랑스 대혁명 발발.

1790. 유교와 친화적이고 공자와 조상숭배를 인정한 예수회의 그동안
　　　 의 입장과 달리, 로마교황청에서 조상숭배 엄금.

1800. 6. 28. 정조 붕어, 순조 즉위.

1801. 1. 10. 수렴청정하던 정순왕후 천주교 엄금.

1801. 9. 22. 정약용의 조카사위 황사영(26세)의 백서 사건.

1802. 10. 순조 안동 김씨 김조순의 딸과 결혼 / 60년 세도정치 시작.

1811~1812 홍경래의 병란.

1821. 8. 콜레라 창궐.

1824. 10. 28. 수운 최제우 탄생.

1827. 3. 21. 해월 최시형 탄생.

1839~1844 기갑 대침, 큰 폭우와 홍수로 대기근 발생.

1840~1842 제1차 중영전쟁(아편전쟁).

1851~1864 태평천국의 난.

1856~1860 제2차 중영전쟁(애로우호 전쟁).

1855. 수운, 을묘천서 경험.

1856. 수운, 내원암 47일 기도 후 작은아버지 상.

1857. 수운, 철점 빚 독촉 사건, 적멸굴 49일 기도.

1857. 본 이름 제선, 복술을 '제우'로 바꿈.

1859. 10. 수운, 경주 구미산 용담정에서 수련.

1860. 4. 5. 수운, 신비로운 체험 통해 깨달음 얻음.

1860. 4. 「용담가」 / 한글 : 수운의 종교 체험.

1861. 7. 「포덕문」 / 한문 : 도를 전하는 이유.

1861. 8. 「안심가」 / 한글 : '서학과는 다른 것이니 안심하라, 다시개벽, 개 같은 외적 놈아' 등 최초 언급.

1861. 11. 수운, 경주 용담에서 전라도 구례로 이동.

1861. 12. 「교훈가」 / 한글 : 왜곡과 음해에도 제자들에게 주고 싶은 참된 교훈 / '나는 도시 믿지 말고 하느님만 믿었어라.'

1861. 12. 수운, 남원 도착 / 약종상 서형칠의 집.

1861. 12. 「도수사」 / 한글 : 중견지도자들이 깨치고, 도를 제대로 닦아야 함을 당부함.

1862. 1. 수운, 전해 말에 남원 교룡산성 은적암으로 이동.

1862. 1. 「권학가」 / 한글 : 기독교를 비판하며 동학을 권함.

1862. 1. 「동학론」 / 한문 : 동학의 개념 확립 / '동학'이란 용어 첫 사용 / '오심즉여심'이 언급됨.

1862. 5. 「통유」 / 한문 : 고향과 제자들에게 안부 편지.

1862. 6. 「수덕문」 / 한문 : 어떻게 덕을 올바르게 닦을 수 있는가. / 수심정기, 성·경·신을 정확히 논의.

1862. 6. 「몽중노소문답가」 / 한글 : 꿈속 비유를 통해 방황하는 민중에

게 다시개벽을 얘기.

1862. 7. 수운, 남원 은적암에서 경주 지역으로 이동. 이 기간 백사길과 박대여의 집, 동해안 흥해 매곡에 머묾.

1862. 10. 「통문」/ 한문 : 도유들에게 공연히 오해받을 짓을 하지 말라 당부.

1863. 3. 9. 수운, 용담으로 복귀.

1863. 7. 「도덕가」/ 한글 : 도인들의 수행자세 강조.

1863. 8. 「홍비가」/ 한글 : 모기떼와 같은 도인들의 경계를 바람.

1863. 8. 「탄도유심급」/ 한문 : 급박한 상황일수록 급한 마음 먹지 말길 당부.

1863. 11. 「불연기연」/ 한문 : 서학의 허구성 논의.

1862. 임술농민봉기 / 경상도 진주 외 70여 군현서 동시다발 발생.

1859~1862 제2차 콜레라(괴질) 대유행.

1863. 고종 즉위, 흥선대원군 섭정.

1863. 2대 교주 해월 최시형 시작.

1863. 12. 10. 수운, 용담에서 체포됨.

1864. 3. 수운, 대구에서 처형.

1866. 프랑스 병인양요.

1869~1871 이필제 변란.

 - 진천, 진주, 영해, 문경 네 곳에서 변란을 연속적으로 기도. 그중 1871년 경상도 영해 항쟁은 성공하기도 함.

 - 1870년 경남 진주에서 거사를 꾀하다 실패하여 영해로 피신. 2대

교주 최시형과 500여 명의 동학교도와 함께 영해부를 습격(영해 교조신원운동). 그 뒤 8월 2일 문경에서 봉기하다가 체포됨.

'최초의 동학혁명'이라고 말할 수 있는 영해부교조신원운동이 1871년에 일어나 500여 명이 위세를 떨친 것만 보아도 동학의 저항정신은 살아 있었다. … 이 사건은 해월을 고비원주하게 만들었고, 보다 전문적인 혁명가로서의 텐션을 갖게 만들었다. … 더 이상 안일한 종교운동이 아니라, 그들이 처한 사회의 변혁이 없이는 개벽의 가르침이 큰 의미를 지니지 못한다는 느낌을 강화시켰고, 그것은 동학의 모든 모임 그 자체에 혁명의 서기가 서리게 하였다.(『동경대전1』, 48쪽, 50쪽, 도올)

1871. 미국 신미양요 / 상선 제너럴셔먼호.

1873. 흥선대원군 섭정 중단.

1875. 일본 운요호 사건 / 강화도 조약과 문호 개방.

1876. 대흉년.

1880. 6. 『동경대전』 인제경진초판본 발간.

1882. 임오군란.

1882. 조청 상민수륙무역장정 / '조선은 청의 속방'임을 명시.

1883. 2. 『동경대전』 목천계미중춘판 간행.

1883. 5. 『동경대전』 경주계미중하판 간행.

1884. 갑신정변.

 - 갑신정변 이후 일제가 값싼 영국산 면제품 등을 통해 쌀 수입을 늘리

자, 국내 쌀값이 폭등하는 등 경제적 침탈이 강해짐.

1885. 영국 거문도 무단 점령.

1888. 3.『동경대전』인제무자계춘판 간행

1888. 7. 함경도 영흥에서 농민항쟁.

1889. 강원도 정선, 인제 등지의 농민항쟁.

□ 동학농민혁명의 배경

○ 배들평야는 한자로 이평. 태인천과 정읍천이 만나 동진강 본류를 이룬 곳.
  - 태인현, 정읍현, 고부군 3군의 물이 모이는 평야이며, 만석보를 새로 쌓은 곳.

○ 조선왕조 500년 동안 근 300명 가까이가 고부군수를 역임. 그중 삼분의 일 가량이 부정부패로 삭탈관직 처분을 받음.

○ "1876~1893년간에만도 전국적으로 51건의 농민봉기가 있었을 정도. 농민들은 그들을 이끌 지도자와 이념만 만나면 엄청난 사회변혁의 힘을 분출시킬 준비가 되어 있다 보는데, 이것이 구체화된 것이 '동학'이요, 동학 지도자들이다."(『동학농민혁명의 기억과 역사적 의의』, 32쪽)

○ "수운은 사람이면 그 누구나 자신이 가르친 방법대로 '수심정기(마음을 닦고 기운을 바르게 함)' 수련을 하면 '시천주'가 가능함으로써 하늘님과 일체화할 수 있고, 자기 안에 모셔진 하늘님을 체험할 수 있다고 여김. 수심정기를 구체적으로 실행해 가는 길로서 '지기금지 원위대강 시천주조화정 영세불망만사지'라는 21자의 주문 수행과 성·경·신의 수행법을 제시."(『동학농민혁명의 기억과 역사적 의의』, 54쪽, 박맹수)

○ 동학은 1860년 창도되었으나, 조정으로부터 극심한 탄압을 받았기 때문에 1880년대 중반까지는 주로 강원도와 경상도의 산간 지역을 중심으로 은밀히 포교되어 왔음. 그러나 1880년 중반 무렵부터 충청도와 전라도의 평야 지역으로까지 교세가 확장되기 시작했고, 교세는 1890년을 전후해 더욱 급격히 성장하였음.

○ 고부농민봉기 이전의 주요 흐름.
1892. 4. 28. 조병갑 고부군수 부임.
　　*겨울, 만석보 쌓음.
1892. 10. 공주집회, 충청감사 교조신원은 어려우나, 탐학 금지 약속.
1892. 11. 삼례집회, 전라감사 동학 빌미 수탈 금지 약속.
　　*전봉준이 전라감사에 요구서 전달.
　　*교조신원이라는 본 목적은 달성 못 했지만, 결집의 힘을 민중들 스스로 깨달음. 또한 요구서에 "서양 오랑캐의 학(서학)과 왜놈

우두머리의 독(일제)이 다시 외진에 들어앉아 제멋대로 행하고 있다."라 적혀 있듯, 당시 백성들의 척양척왜 정신의 한 단면을 볼 수 있음.

1893. 2. '광화문 복합상소' 이후 오히려 체포와 탄압.

* 조정의 기만적 태도를 보며 하소연하는 방법으론 달성하기 어렵다는 현실적 한계를 느낌. 궁궐을 습격하여 중앙고관을 제거하고 조정을 개혁하고자 하는 혁명적 성격의 보다 강경한 방식이 논의되기 시작.

1893. 3. 보은집회가 열림. 주도자 서병학은 고종의 선무사와 만나 3일 안에 집회 해산을 약속. 금구집회를 주도 세력으로 언급.

* 교조신원을 통한 포교의 자유를 뛰어넘어 '척양척왜'가 전면에 등장.

1893. 3. '금구(원평)집회', 서장옥(서인주), 전봉준, 손화중 등 남접 계열의 지도자들이 주도. 보은집회 해산 후 후일 기약하며 금구집회도 해산.

* 보은집회에서 드러난 동학 상층 지도부의 한계를 깨닫고, 그와는 다른 독자적 노선 추진 필요성 인식.

1893. 여름(?) 전봉준 장군 부친이 조병갑에 소청 후 사망.

* 부친 전승록(1827~1893)은 고부향교 장의를 지냄.

* 조병갑 모친 부의금 이천 냥을 전현직 장의에게 요구했지만 거부하자 곤장. 장독으로 두 달 뒤에 사망.

1893. 11. 만석보의 보세 감면을 진정했으나 구금.

1893. 11. 사발통문 작성 / 송두호 집(죽산마을 = 주산마을 = 대뫼마을).

　　* 고부성을 격파하고 군수 조병갑을 효수할 것.

　　* 군기창과 화약고를 점령할 것.

　　* 군수에게 아첨하여 인민을 침탈한 탐리를 격징할 것.

　　* 전주영을 함락하고 서울로 직향할 것.

1893. 11. 30. 조병갑이 익산군수로 전임 발령.

1893. 12. 전봉준, 수세 감면을 전주감영에 호소.

1894. 1. 9. 조병갑 고부군수 재유임 결정.

　　* 이후 6명이나 되는 관리가 신병을 핑계로 고부군수를 사임. 이
　　　조에서 전라감사가 조병갑이 오랫동안 관청의 물건을 사사로이
　　　쓴 것이 많아 정리하고 있지만 조세 징수가 본격적으로 이뤄지
　　　는 시기인지라 그냥 그대로 유임시키자 건의하니 고종이 허락.

□ **동학농민혁명**

○ 고부농민 봉기(1894. 1. 10.)

1. 14. 이날까지 1만여 명 봉기, 향촌 주민을 민군으로 조직.

1. 17. 고부민군 말목장터로 이동하여 진영 설치.

1. 25. 말목장터에 설치한 장두청을 1월 25일에 '백산'으로 이동 후, 전
　　봉준 지도부에서는 함열 조창으로 가 전운영을 격파하고자 했으
　　나, 다른 고을로 월경하면 반란으로 받아들일 수 있다는 의견에
　　따라 단념.

2. 15. 조병갑 체포, 고금도로 유배.

2. 15. 용안현감 박원명을 새로 고부군수에 임명.

2. 16. 장흥부사 이용태 고부군 안핵사로 임명.

2. 19. 전라감사 감영 병정 50인을 변장시켜 고부민군내 전봉준 등 장
　　　두 체포를 시도했으나 실패.

2. 20. 전라도 각지에 창의격문을 보냄.

2. 25. 고부농민군 고부관아 다시 점령 후 무장을 강화하여 백산으로
　　　복귀.

3. 1. 신임 박원명 군수 죄 용서하겠다고 설득.

3. 2. 장흥부사 이용태가 안핵사로 고부 도착.

3. 3. 고부농민군 해산 시작.

　　　* 3월 초순. 안핵사가 조사를 개시하고, 주모자 체포 시작.

3. 13. 전봉준 등 지도부, 무장현 손화중한테로 이동.

　　　* 곧바로 부임 않던 이용태도 금산으로 유배(4. 12.).

역사적 평가

- "2월 25일, 백산으로 이동한 후 전봉준은 함열 조창으로 가서 전운영을
  격파할 것을 촉구했으나, 농민들은 꺼려함. 이는 월경을 하면 반란이 된다
  는 인식이 강했기 때문임."(『동학농민혁명의 기억과 역사적 의의』, 209쪽,
  배항섭 교수)
- "정부의 선처를 기대했다가 안핵사 이용태의 가혹한 농민 처벌로, 무력
  봉기로의 전환과 3월 무장기포와 백산결진으로 연결. 전봉준은 송두호,

송대화와 더불어 조병갑을 징치하기 위해 기병할 것을 도모. 이어서 기병하는 이유를 송주성을 통해 해월 최시형에게 알림, 또한 태인 최경선, 금구 김덕명, 남원 김개남, 무장 손화중, 부안 김낙철 등 각 지역 동학 접에 '격문'을 띄움. 그리고 '통문'을 작성하여 각 면과 각 리 집강에 포고함. 전봉준은 과거 민란이 가진 폭발적인 힘과 아울러 그것이 갖는 취약점(국지성, 고립성)을 알고 있었기 때문에 동학 조직을 통해 그러한 취약점을 극복할 수 있을 것이라 보고 동학에 들어갔던 것임."(『동학농민혁명의 기억과 역사적 의의』, 184쪽, 김인걸 교수)

- "사발통문 거사계획에는 보은·금구집회에 비추어 볼 때 몇 가지 특징이 있음. 우선 보은·금구집회에서 전면에 제기되었던 척왜양 구호가 사라지고, 반봉건적 성격의 구호가 전면에 등장. 둘째, 동학교단의 움직임에 편승하여 목적을 달성하려던 모습이 사라지고 전라도 일대를 중심으로 형성된 지역적 조직을 기반으로 교단 지도부와 관계없이 추진됨. 이는 지역을 중심으로 독자적으로 활동할 수 있는 조직적 기반이 마련되어 간다는 것이고, 동학 지도부가 내건 구호와 민중 내면의 요구가 일치해 나가는 과정이기도 함. 2월 19일, 전봉준은 잠시 무장군 동음면 신촌리 김흥섭(추후 전봉준의 수행비서 임무 수행)의 집에 와서 손화중, 김성칠, 정백현, 송문수, 김개남, 서인주, 임천서, 김덕명, 강경중, 김영달, 고영숙, 최재형 등 각 읍의 접주들과 회의를 했다고 하는데, 이는 적어도 이 시기까지는 전봉준과 주변 읍·면의 손화중, 김개남 등 지도자급 인사들 사이에 거사에 대한 합의가 이루어지지 않았음을 시사함. 전봉준이 각지에 격문을 보낸 지 열흘 뒤인 2월 말부터 인근 읍에서 움직임이 시작됨."(『동학농민혁명의 기억과 역사적 의의』, 201쪽, 203쪽, 211쪽, 215쪽, 배항섭 교수)

○ 무장기포

3. 12. 동학농민군 3천여 명이 금구에서 태인을 거쳐 부안으로 이동(주한일본공사관 기록).

3. 16. 무장현 동음치면 당산에 농민군 집결 시작.

3. 21. 무장 '포고문' 발표.

3. 23. 1진은 무장에서 정읍, 고부읍 점령, 2진은 무장에서 흥덕, 줄포를 거쳐 '고부'에서 합류. 3월 25일까지 머묾.

　　 * 농민봉기에서 전투조직화 / 8천여 명.

무장기포의 1차 목적은 고부농민봉기를 진압하기 위해 출전한 안핵사 이용태와 역졸 800여 명이 고부 농민과 동학도를 탄압하고 있는 고부읍을 탈환하고, 백산으로 이동하여 백산에서 전라도 동학농민군 연합부대를 조직함으로써 본격적인 동학농민혁명을 전개하는 출정식의 의미.

○ 백산봉기

3. 26. 고부에서 '백산(금만경평야와 배들평야의 중심)'으로 본진을 옮김.

　　 * 총대장 : 전봉준 / 총관령 : 손화중, 김개남 / 총참모 : 김덕명, 오시영 / 영솔장 : 최경선

　　 * 백산에 '호남창의대장소' 설치, 대장기에 '보국안민'.

　　 * '격문'을 발표해 민중의 봉기와 호응을 촉구.

　　 * 백산에 집결한 동학농민군은 34개 지역, 접주 177명이었음.

　　 * 4대 명의(강령)와 12개조 기율(군율) 제정.

* 김덕명(금산면 쌍용리 용계마을)은 근거지가 금구의 원평 도소로, 소위 남접계의 거두인 전봉준, 김개남, 손화중, 최경선 등은 모두 원평 도소와 밀접한 관련이 있거나 김덕명 포를 기반으로 활동하던 인물들로 해석됨. 최경선의 큰형님인 최영대는 갑오년 진사에 합격, 무성서원에 토지를 기증할 정도로 재력이 있었는데, 현재 무성서원 내에 '진사최영대영세불망비'와 비각이 있음.

역사적 평가

- "'호남창의대장소'에서 보듯, 어느 한 지역의 농민봉기가 아닌 호남이라는 큰 지역으로 확대됨."(『동학농민혁명의 기억과 역사적 의의』, 239쪽, 조광환)
- "백산봉기(대회)는 무장에서 출발한 농민군뿐 아니라 그 배 이상 되는 농민들이 참가하는 농민군 연합부대를 확대 재편하고, 조직체계를 갖추어 본격적인 농민전쟁의 전열을 갖추었다는 의의가 있음."(『동학농민혁명의 기억과 역사적 의의』, 232쪽, 박준성 박사)
- 백산은 고부성 점령 후 말목장터를 거쳐 백산성으로 진을 옮겨 전주성을 공략하는 2단계 작전에 돌입하는 총집결지.
- 무장기포 당시 보다 조직이 강화되었고, 호남뿐만 아니라 그 밖의 지역까지 연합전선을 구축하기 위한 격문을 각지로 발송.
- 4대 명의(강령) 중 세 번째가 일본 오랑캐를 없애고 성스러운 도를 맑고 깨끗하게 한다는 조항이 있어, 제폭구민뿐 아니라 척왜도 표방하고 있음.

3. 29. 태인관아 점령.

4. 1. 금구현 원평을 거쳐 금구읍으로 진격하였으나, 관군 1만여 명이 치러 온다는 소식에 부대를 3대로 나누어 남하(부안현과 태인현 으로 이동, 원평에 잔류).

4. 4. 부안현 점령.

4. 6. 고부 도교산(황토현에서 서쪽으로 1km 떨어진 구릉지대, 오봉 김 제민 선생이 배향된 도계서원 근처)에 집결.

O 황토현전투

4. 6. 농민군은 사시봉(두승산에서 동북으로 뻗어 내린 고지, 현재의 덕천면 우덕리 용전마을 뒷산인 매봉에 딸린 서쪽 낮은 봉우리), 관군은 황토현(덕천면 도계리, 옛날 전주감영에서 태인을 거쳐 고부로 통하는 길)에 위치.

4. 7. (양력 5월 11일) 관군과의 전투에서 첫 승리.

역사적 평가

- "현재 상태대로 계속될 수 없다는 감정이 행동으로 폭발한 황토현전투는 동학농민군과 전제왕권의 상징인 관군이 최초로 물리적으로 격돌했다는 상징적 의미가 큼. 사람 사는 세상을 만들겠다는 동학농민군들의 이상과 꿈을 행동으로 실천하여 돌이킬 수 없는 선을 넘어선 것임."

- "황토현전투의 승리는 호남 일대는 물론 충청 일대의 농민군들의 사기 진작과 더불어 본격적 행동으로 돌입하는 계기가 됨."
- "이렇듯 황토현전투 이후 동학농민군의 사기는 크게 올랐으며 이 소식을 들은 각지의 농민들은 스스로의 힘으로 새로운 세상을 건설할 수 있겠다는 희망을 가지고 앞을 다투어 남진하는 동학농민군 대열에 속속 모여들었음."
- "일반 대중이 용기를 내어 항쟁의 대열에 직접 동참할 수 있는 계기를 마련."
- "황토현은 1963년 10월 3일, 전국 최초 동학 관련 조형물인 '갑오동학혁명 기념탑'을 건립한 곳. 이후 황토현 전승지에 10만 평 규모의 부지를 확보하여 1983년 12월부터 건립되기 시작하여 황토현기념관이 준공되었으며, 2004년 5월에 230억 원을 들여 현재의 전시관과 교육관을 개관함. 또한 1968년부터 황토현전승일에 맞춰 동학농민혁명기념제를 치러옴."(『동학농민혁명의 기억과 역사적 의의』, 252쪽, 254쪽, 265쪽, 267쪽, 조광환)
- 자신감으로 동학농민운동이 전국 단위로 확대되는 계기.

○ 남도 진격 : 장성 황룡촌전투

4. 7. 황토현 승리 후 정읍 연지원으로 진출, 다시 흥덕현으로 진군.

4. 8. 흥덕읍 점령 후 고창으로 진격.

4. 9. 무장현으로 진출.

4. 12. 무장에서 영광으로 진격.

4. 16. 영광에서 함평, 무안으로 진출.

4. 21. 장성 황룡촌 도착.

4. 23. 황룡촌전투 / '장태' 사용.

　　　　* 대포 3문과 양총 100정을 노획.

역사적 평가

　- 처음으로 경군(홍계훈)을 이긴 전투.

4. 24. 갈재를 넘어 전주로 진격.

　　　* 정부는 3월 29일 장위영 정령관 홍계훈을 전라병사로 임명하였
　　　　다가 동학의 세가 더해지자 4월 2일 홍계훈을 양호초토사로 임
　　　　명하여 '경군'을 출동시킴.

　　　* 경군은 모두 5개 부대 8백여 명으로 편성. 4월 7일 황토현전투
　　　　가 있던 날 전주에 도착.

○ 전주성전투와 전주화약

4. 27. 전주성전투 승리.

4. 28. 경군, 전주 용머리고개에 도착.

5. 1. 4월 28일과 이날 두 차례의 접전 후 대치.

5. 5.~5. 6. 화약에 따라 동학군 철병.

청·일본군 개입 및 청일전쟁

- 1885. 4월 : 임오군란(1882년)과 갑신정변(1884년) 후 상호 조선 출병
  관련 조항을 담은 텐진조약 체결.
- 1894. 5. 5. : 청군 개입.
- 1894. 5. 6. : 일본군 개입.
- 1894. 6. 21. : 한성 장악.
- 1894. 7. 1. : 전면전 선포.
- 1895. 2. 16. : 일 승리.

6. 3. 군현단위 집강소 설치 시달(전라감사).

7. 6. 제2차 전주화약(농민군과 양반관료 간 대립 중재).

　　* 전봉준은 '금구 원평'에서 전라우도를, 김개남은 남원에서 전라
　　　좌도를 통솔하며 둔거.

역사적 평가

- 주민자치의 세계적 첫 사례.

○ 삼례봉기

9. 10. 전봉준, 재봉기 결정.

　　* 처음엔 반대하던 최시형도 동참 결정.

9. 12. 삼례에서 논산으로 출발, 논산 도착(9. 14.).

9. 18. 손병희 이끄는 북접군 보은에서 논산에 도착.

역사적 평가

- 전라, 충청 등 전국화, 폐정개혁에서 외세 일본 제거로 전환.

○ 우금치전투

11. 9. 동학군 패배.

○ 청주성전투

9. 24.~28. 손천민 계열의 북접농민군 공격.

10. 26.~29. 일본군도 합세되어 전투.

11. 13. 김개남이 이끄는 중군이 합세하여 공격, 실패.

　　* 김개남은 10월 14일, 8천을 끌고 남원에서 출발.

○ 논산, 태인전투

11. 14. 김개남과 전봉준, 논산에서 합류.

　　* 전주에서 부대를 나누어 전봉준과 손병희는 고부 방향으로, 김
　　　개남은 남원으로 분산 이동.

11. 25. 원평 구미란마을 전투.

- 우금치전투 패배 후 전봉준 동학군 재건.

11. 27. 태인전투 / 성황산(동학 8천, 관군 230명, 일군 40명).

12. 1. 김개남 태인에서 체포.

12. 2. 전봉준 순창 피노마을에서 체포.

12. 3. 최경선 체포.

12. 11. 고창에서 손화중 체포.

1. 1. 원평에서 김덕명 체포.

ㅇ 대둔산 최후 전투

1895. 1. 27. 마지막 동학군 전투(충남 금산군 진산면).

ㅇ 기해농민봉기

1898년경 동학 남접세력(최익서, 손병규, 홍계관)은 예수교를 뜻하는
    영학계를 조직, 영국인 목사의 설교를 듣는다는 명목으로 조직
    을 결성.

　* 영학계는 정읍, 홍덕, 고창, 무장, 영광, 장성, 함평 7개 고을 사
    람들로 구성.

1898. 홍덕 봉기.

동학혁명 후 살아남은 잔여 농민들은 일부는 명성황후시해사건을 계기로 '유생들이 주도하는 의병운동'이 일어나자 가담. 이후 제2 동학농민혁명을 꿈꾸며 '기해농민봉기(일명 영학당 운동)'를 일으킴.

1899. 말목장터를 중심으로 영학당의 봉기.

1900. 남학당, 영학당, 동학당, 북대, 남대 등의 이름으로 활약한 농민들이 '활빈당'으로 개편, 이걸 하나로 묶어 '광무농민운동'이라 함.

1904년부터는 의병운동으로 전환.

□ 동학농민혁명 후 일제강점기 참고사항

○ 동학과 천도교

1897. 12. 24. 손병희에게 도통 이양.

1898. 4. 5. 최시형 체포되어 교수형(6월 2일).

1901. 손병희, 손병흠 / 이용구와 함께 일본으로 망명.

1904. 근대화 노선을 택하고, 진보회 조직.

1904. 러일전쟁, 제1차 한일협약 외교고문 설치.

1904. 10. 13. 국내로 들어간 이용구가 독립협회 잔여세력 등이 조직한 일진회와 진보회를 통합시킴(이용구는 이후 시천교라는 친일종단을 만듦).

1905. 2. 10. 3대 교조 손병희, 동학을 천도교로 개명(일진회라는 사이비 동학이 동학운동의 정맥을 이은 진보회를 통합함에 맞서 개명).

1905. 7월 가쓰라·태프트 밀약.

1905. 8월 2차 영일동맹.

1905. 11월 외교권 박탈한 을사늑약 체결.

1906. 손병희 귀국.

○ 동학농민군에서 호남 최초의 기독교 목사가 된 최중진.

1870. 고부 출생.

1894. 동생 최광진, 최대진과 동학농민혁명 참여.

　　*구사일생으로 살아남은 최중진은 미국 남장로교 선교사인 테이
　　트(Tate)와 만남.

1900. 정읍 첫 교회인 '매계교회(태인면 매계리)'를 설립.

1904. 평양신학교 입학.

1909. 목사 안수 받아 호남 최초의 목사가 됨.

○ 동학농민군에서 3·1 민족대표가 된 박준승.

1866. 11. 24. 임실 청웅면 출생.

1894. 동학농민혁명 참여.

1912. 정읍으로 이사.

1919. 민족대표로 참여.

　　*박준승의 스승은 김영원(임실 운암면)으로, 1878년 무성서원 장
　　의였음. 이 무렵 과거가 매관매직이 되자 포기하고 고향에 삼락
　　정을 짓고 후진 양성(이때 문하생 박준승과 양한묵은 3·1운동

민족대표).

1927. 산외면 정량리 안계마을에서 운명.

1963. 구미동 성황산으로 이장, 33인의 한 사람인 이갑성이 묘비문을 씀.

2013. 임실 청웅면에 생가 복원.

2019. 산외면에 박준승기념관 개관.

□ 광복 이후 동학농민혁명 관련 참고사항

1967. 12. '갑오동학혁명기념사업회' 창립. (사단법인 동학농민혁명계
　　　승사업회의 전신)

1980. 『갑오동학혁명사』 최현식 선생 출간.

2004. '동학농민혁명참여자 등의 명예회복에 관한 특별법' 제정.

2019. 동학농민혁명 법정 국가기념일(5월 11일) 지정.

동학농민혁명의 역사적 의미 / 정읍동학농민혁명사,
(사)동학농민혁명계승사업회, 조광환 동학역사문화연구소 소장

① 1894년 동학농민혁명은 수십만의 희생자를 낸 채 비록 좌절되었지만,
　조선 후기 농민항쟁을 통해 성장한 백성이 스스로 나라의 진정한 주인
　임을 자각하여, 낡은 봉건적 사회질서를 타파하고 제국주의 열강의 침
　략을 물리치기 위해 반봉건, 반외세의 기치를 높이 든 우리 역사상 최대
　규모의 민중항쟁임.

② 신분 차별을 중심으로 한 신분제도 폐지로 인간 평등의 새 세상을 여는 데 결정적 역할. 결국 1894년 갑오개혁을 통한 사회신분제의 폐지.

③ 1894년 5월부터 11월까지 전라도 지역을 중심으로 우리 역사 처음으로 민중의 뜻에 따라 민중에 의한 근대 개혁의 지방 통치 모형을 제시.

④ 민족자존을 위해 일제 침략에 맞서 일어섬으로써 근대 민족운동의 효시가 되었으며, 반봉건의 민주화와 반외세의 자주독립이라는 올바른 역사 발전의 방향을 제시.

⑤ 의병항쟁, 3·1만세운동, 항일 투쟁, 4·19 등 조국의 민주화와 자주 독립정신의 진원지.

⑥ 서구 열강의 침략에 맞선 아시아 민중의 반제국주의 투쟁의 선구적 역할.

□ 혁명의 사전적 의미

O 천명(天命)이 바뀐다는 뜻으로,

- 기존 헌법의 범위를 벗어나서 국가의 기초, 사회의 제도, 경제의 조직 따위를 급격하게 근본적으로 고치는 일.

- 어떤 사회적 분야에서, 기존의 관습·양식·이념 따위를 근본적으로 바꾸는 일.

- 예전의 왕통을 뒤집고 다른 왕통이 통치자가 되는 일.

- 피지배 계급이 지배 계급으로부터 정치권력을 빼앗아 사회 조직을 급격히 바꾸는 일.

※ 동학농민혁명의 명칭 변경 과정 / 동학농민혁명기념재단 공식 홈페이지

출판년도	교과서명	명칭
1949년판	중등 사회과 『우리나라 역사』	동학란
1956년판	고등학교 사회과 『국사』	동학란
1965년판	중학교 사회생활과 『중등국사』	동학란
1970년판	인문계 고등학교 『국사』	동학혁명
1974년판	고등학교 국사교과서	동학혁명운동
1975년판	중학교 국사교과서	동학혁명
1979년판	고등학교 『국사』	동학농민혁명운동
	중학교 『국사』	동학혁명운동
1982년판	중·고등학교 『국사』	동학운동
1990년판	중·고등학교 『국사』	동학농민운동
1995년판 (1997년판)	중·고등학교 『국사』	동학농민운동

○ 도올의 견해 / 정읍 동학농민혁명 기념 국제포럼 세계 혁명도시 연대 회의 프레대회 기조연설, 2021. 12. 17.

- 개혁은 반드시 왕조의 타도와 연계되어야 한다. 그런데 수운에게 '왕조의 타도'는 왕권의 대체나 체제상의 소멸을 의미하지 않는다. 왕조를 유지했던 우리의 모든 의식구조의 뒤바뀜이 일어나지 않으면 안 된다고 그는 생각했다. 그것은 모든 권력의 수직구조를 수평구조로 전환시키는 것이다. 이것은 매우 래디컬한 인간평등관을 전제로 하는 것이다. 수운은 득도 후에 두 여자 노비를 해방시키고, 하나는 수양딸로 삼고 하나는 며느리로 삼았다.

- 수운은 시대적 분위기를 쇠운의 극에서, 성운이 도래하는 계기라고 진단한다. '다시개벽'의 좋은 기회라고 선포하는 것이다.
- '다시개벽'의 다시없는 좋은 찬스를 훼방 놓고 있는 것이 기독교의 전파라고 수운은 진단한다. 왕조권력의 수직구조를 근원적으로 타파하는 것은 왕권을 지원하는 모든 초월적·신비적 존재자들을 제거시켜야 한다. 신이 인간 위에 초월적 권력으로 군림하는 한, 인간은 왕권의 권위로부터 벗어날 길이 없다. 기독교의 유일신론이야말로 왕권의 최후 보루이며, 제국주의의 가면이라는 것이다.
- 수운의 최종적 결론은 사람이 곧 하느님이라는 것이다.
- 수운은 혁명의 궁극적 목표를 '천지대자연의 성실함에 대한 인간의 공경심'이라고 표현한다. … 인간은 '간'의 존재인 한에 있어서는 어떠한 경우에도 자유로울 수 없다. 인간의 참된 자유는 모든 인간이 한 몸이라는 '동귀일체'의 경지에서 달성되는 것이다.

역사적 평가

- 동학은 혁명을 넘어 개벽을 강조하였다. 개벽은 단기간에 물리적인 힘을 통하여 한 사회의 상층지배구조를 개혁하려는 혁명의 차원을 넘어선다. 개벽은 인류가 빚어낸 문명 자체의 근원적 변화를 꿈꾼다. 여기에 바로 동학의 원대한 비전이 담겨 있는 것이다. (『동학농민혁명의 기억과 역사적 의의』, 58쪽, 박맹수)

□ 도올의 『동경대전』 중 주요 내용 발췌

○ 동학은 눈물이다. … 그 혁명에 최소한 30만 이상의 조선 민중이 아 낌없이, 두려움 없이 목숨을 던졌다. 이것은 기존 체제의 압박에 대한 단순한 항거가 아니라, 그 항거를 필연적인 운명으로 만들고 있는 확고한 신념이 뒷받침된 의식적 행동이라는 측면에서 단군 이래 그 유례가 없는 체제의 전복이다. (『동경대전1』, 9쪽, 도올 / 과거의 농민봉기와는 차원이 다름!)

○ 우리가 과연 어떻게 조선 왕조를 끝낼 수 있었던가? 일제의 강탈에 의한 것일까? 아니다! 일제의 침탈로 조선의 왕정은 막을 내렸을지 몰라도, 우리 민족의 심성을 물들여 온 조선 왕조의 멘탈리티는 단절될 길이 없었다. 동학이 없었더라면 과연 우리는 일제를 끝내고 우리의 주체적 '나라'를 세울 수 있었을까? (『동경대전1』, 53쪽, 도올)

○ 동학혁명이라고 부르는 이유는 비록 그것이 정치사적으로는 좌절로 끝나고 만 사건이긴 하지만, 그 내면의 제도개혁과 인간개벽에 대한 요구의 본질은 불란서혁명이나 미국독립전쟁이 구현하려고 했던 정신적 가치를 뛰어넘는 것일 뿐 아니라, 그 제도개혁을 가능케 만드는 포괄적 세계관, 그리고 왕정의 축을 민주의 축으로 전환시키는 새로운 인간관을 체계적으로 제기했기 때문이다. (『동경대전1』, 249쪽, 도올)

ㅇ 결국 우리 역사가 추구하고 있는 것은 근대가 아니요, 더구나 서양 적 근대는 아니다. 우리가 지금 추구하고 있는 것은 '인간다움'의 포 괄적인 프로젝트인 것이다. 인간이 인간다움에 살 수 있는 역사, 그 사회공동체를 건설하려고 노력하고 있을 뿐이다. (『동경대전1』, 265 쪽, 도올)

ㅇ 지금 시대가 바뀌어 태평천국의 난이든 동학난이든, 난이라 부르지 아니하고 태평천국혁명, 동학혁명이라 부른다. 혁명이란 결과적 성 공의 여부를 불문하고 반드시 '명'을 '혁'한다고 하는 분명한 의식이 있어야 한다. 태평천국의 역사에 헌신한 수많은 민중의 함성 속엔 혁명에 대한 갈망이 있었을 것이다. 그러나 태평천국의 역사를 만 들어 간 리더들의 정신세계 속에 과연 그러한 혁명에 대한 분명한 의식과 가치관의 변혁이 있었는지는 의문으로 남는다.

ㅇ 동학은 그 외래적인 서학을 수용하거나 배척한다는 단순한 대립적 의식을 초월하는 어떤 본질적인 새로운 사유구조와 가치의식을 주 체적으로 창조하였다.

ㅇ 동학은 종교운동이 아니었다. 동학이 평범한 종교로서 전화한 것은 제3대 교조 의암 손병희가 동학을 천도교라 이름하고 하나의 종교 로서 선포한 1905년 12월 1일 이후의 사건이었다. 그 이전의 동학 도들은 자유로운 활동의 결사체였으며, 조직윤리에 개인윤리를 복

속시키는 종교적 권위주의로부터 완전히 해방되어 있었다. 그들은 "동학을 한다"고만 말했으며 "동학을 믿는다"고 말한 적이 없다. 동학은 간단없는 삶의 실천일 뿐이었으며 새로운 가치관을 수립하는 매우 느슨한 인적 관계망의 활동이었고 운동이었을 뿐이다. 동학은 인간의 각성을 지향했을 뿐 종교조직에 인간을 복속시키지 않았다.

○ 예수도 긴박한 천국의 도래를 외쳤고, 사도 바울도 긴박한 예수 재림을 믿었으며, 홍수전(중국 태평천국 운동)도 긴박한 지상천국의 실현을 꿈꾸었으나, 수운은 환상에 압도된 적이 없다. 수운의 문제의식은 어디까지나 인간의 내적 상황이었으며 인간 외적인 어떤 초월적 건조물에 의하여 해결될 수 있는 그런 것이 아니었다. (『동경대전1』, 319쪽, 320쪽, 324쪽, 326쪽, 도올)

○ 경은 단순히 공경한다는 의미가 아니고, 하나의 대상에 정신을 집중시키는 삶의 자세를 공경스러운 삶의 자세라 말하는 것이다. (『동경대전2』, 93쪽, 도올)

○ 동학군이 백산에서 깃발에 보국안민을 써넣을 때 같이 쓴 구문이 제폭구민이다. 보국은 나라를 보호한다는 얘기가 아니고, 나라를 바로잡는다는 뜻이요, 민중을 괴롭히는 폭력을 제거한다는 뜻이다. 보국은 나라의 그릇됨을 바로잡는다는 혁명적, 혁신적, 개혁적, 진취적 의미를 내포하는 말이다. (『동경대전2』, 95쪽, 도올)

○ 본인은 애초부터 그의 깨달음을 '무극대도'라고만 불렀지 '동학'이라 이름하지 않았다. (『동경대전2』, 104쪽, 도올)

○ 내 마음이 곧 네 마음이라는 것은, 하느님 마음이 곧 너의 마음이라는 것이요, 이것을 도치시키면 '나 인간의 마음이 곧 하느님의 마음이다'라는 뜻이 된다. 이것은 기실 의암 손병희에 의하여 정형화된 '인내천' 사상의 핵심을 이미 수운이 밝히고 있다는 뜻이 된다. (『동경대전2』, 122쪽, 도올)

○ 『주자어류』에서 주자는 또 말한다. 귀신이란 어떤 존재를 말하는 것이 아니고, 음양이 자라나고 줄어들고 하는 과정을 말하는 것이다. 사물에게 멈춤과 독을 주기도 하면서 화육시키는 과정, 구름이 끼고 비바람이 내려치는 과정이 모두 귀신이라 말할 수 있는 것이다. … 귀신은 천지생명의 다른 이름이지 고스트가 아니다. … 우리는 천지만 안다. 그러나 천지를 작동시키고 있는 천지의 생명력인 귀신을 알지 못한다. (『동경대전2』, 126쪽, 128쪽, 도올)

○ 표영삼 선생님의 말씀에 의하면 초기 동학교단 내에서는 동학을 믿는다는 말은 있지도 않았고, 있을 수도 없는 말이었다고 한다. 모두 동학한다고 했지, 동학 믿는다는 말을 하지 않았다고 한다. 동학은 신앙의 대상이 아니라 행위의 대상이었다. 이론적 탐구가 아니라 실천의 행위였다. 처음에 입도하는 자에게도 동학하자고만 얘기했

다는 것이다. (『동경대전2』, 149쪽, 도올)

○ 사실 인의예지는 공자의 사상이 아니다. 그것이 하나의 개념단위로 된 것은 맹자에 이르러 그렇게 된 것이다. 그러니까 맹자에 이르러 공자의 사상이 케리그마화되는 과정을 거쳐 나온 것이 인의예지라 할 수 있고, 이 인의예지의 심단을 놓고 성(도덕적 본성)과 정(감정)의 규정적 문제가 생겨나는 것이 근세 송명유학이라 말할 수 있다. 그런데 공자의 사상은 이러한 논쟁 속에서는 찾아볼 수 없다. 공자의 사상은 본성과 비본성을 따지는 성리학에 있지 아니하고, 오로지 인간의 근원적, 심미적 감성을 논구하는 '인', 그 하나에 있다고 말할 수 있다. (『동경대전2』, 180쪽, 도올)

○ 수운에게 있어서 과연 기연은 무엇이고 불연은 무엇인가? 기연, 즉 그러하다는 것은 시공 안에서 일어나는 모든 잡다한 이벤트 중에서 인과론적으로 설명 가능한 체계, 즉 합리적 논리에 의하여 설명될 수 있는 상식의 세계를 가리킨다. … 서학의 근원적인 수직적 사고는 불연의 사기성에 그 특징이 있다. 이러한 불연의 사기성은 기독교라는 종교가 가지고 있는 수직적 권위주의의 상징태이며 이것을 수용할 경우 우리 민족은 왕정적 사유에서 영원히 벗어날 수 없다는 깊은 우려를 수운은 죽음의 직전에까지 절실히 느꼈던 것이다. … 인류지성사의 발전은 결국 불연을 기연화하는 과정이었다. (『동경대전2』, 202쪽, 도올)

○ 수운은 하느님을 객화시켜 존재자로서 숭배한 적이 없다. (『동경대전2』, 210쪽, 도올)

○ 진정한 깨달음이란 나 혼자의 문제가 아니라, 주변의 모든 사람과 같이 깨달아서 같은 삶의 개선이 이루어지는 데 있다. 수운은 그것을 동귀일체라 표현했다. (『동경대전2』, 259쪽, 도올)

○ 수운 최제우가 '고비원주'와 함께 해월에게 전한 마지막 유시.

　　燈明水上無嫌隙(등명수상무혐극)
　　柱似枯形力有餘(주사고형력유여)

　　등불이 물 위에 가득 차 서로 비추니
　　사악한 혐의가 끼어들 한 치의 틈도 없다.
　　그 물 위에 건물을 받치고 있는 기둥은
　　말라비틀어진 모양인 것처럼 보이나
　　그 생동하는 힘은 차고 넘치나니라.

○ 1862년 11월, 수운이 해월의 주선으로 홍해의 손봉조 집에 거처를 새롭게 정하였을 때도, 동네 아이들에게 붓글씨를 가르치는 훈장 노릇을 매일같이 했다. 그리고 수운 본인이 그의 글씨가 뜻대로 만족스러운 모습을 갖추지 못하는 것을 보면서 하느님께 자신의 마음 상

태의 부족함을 호소했다. (『동경대전2』, 309쪽, 도올)

○ 선생님께서는 나에게 말씀하시었다. "우리의 도는 유, 불, 선 삼도의
가르침을 포섭하는 것이다"라고. 그 말씀을 받자옵고 나서는 육고
기는 제사음식으로 쓰지 않았다. (『동경대전2』, 344쪽, 도올)

□ 도올의 『용담유사』 중 주요 내용 발췌

○ 인내천은 인간을 억압하는 모든 권위의 부정이요, 모든 제도에 대한
항거이다. … 신석기 혁명 이래 그 어느 누구도 수운과 같이 왕권을
넘어서 신권에 본질적인 도전장을 낸 사람은 없었다.

○ 수운의 문제의식은 서학의 배타성과 도륙성이 이 땅을 물들기 시작
할 그 초기에 발생하여 서학의 천주(하느님)의 수직적 성격, 초월적
성격, 권위주의적 성격을 전면적으로 거부했다.

○ 한글 가사 「용담유사」를 쓴 이유는 수운이 생각하는 '다시개벽'은 대
단한 교육을 받지 않았더라도 말랑말랑하고 깨인 의식을 지닌 민중
의 마음을 통하여 이루어질 수밖에 없다고 생각했던 것.

○ '용담유사'의 '유' 자는 빠질 유가 아닌 '깨우칠 유'.

「안심가」

○ 온 세상이 제국주의의 침공으로 들끓고, 콜레라와 같은 괴질이 전 세계를 강타하고 있다. 이러한 혼란한 운세야말로 세상이 '다시개 벽'되는 징조가 아니겠는가?

○ 수운은 신천개벽이니 후천개벽이니 하는 단계적 역사관을 표방한 적 이 없다. 여기 「안심가」에 처음으로 '다시개벽'이 등장하는데, 이 '다 시개벽'은 '개벽'에 대한 말이지, 선천·후천을 일컫는 말은 아니다.

「교훈가」

○ 하느님께서 사람을 이 세상에 낼 때는 먹고사는 녹 없이는 아니 낸다 네. 내 인생 무슨 팔자라고 그다지도 기구하기만 할 것인가? 지금 부 하고 귀한 사람일지라도 이전 시절에는 빈천했던 사람이요, 지금 빈 하고 천한 사람일지라도 앞으로 오는 시절에는 부귀한 사람이 될 것 이라네.

○ 노자의 논리로, 불교의 윤회사상과는 다르다. 수운의 논리는 어디 까지나 현세적이며 역사의 시공간 속에서만 그 운세의 전환을 논한 것이다. 이러한 수운의 논리는 '개벽'의 논리를 뒷받침하였고, 결국 현세의 혁명사상으로 발전하였다.

○ 천운이란 본래 순환하는 음양의 이치이다. 그래서 천운은 일단 지

나갔다 할지라도 되돌아오지 아니하는 법이 없다.

○ 억조창생 그 많은 사람이 지구상에 현존하고 있어도, 결국 이들의 개별성이 한 몸의 보편성으로 같이 귀속된다는 이런 궁극적 진리(동귀일체 : Every existence together forms One Cosmic Life)를 네가 나이 사십에 이르도록 깨달은 적이 있단 말인가?

○ 도를 이루고 덕을 세우는 법(도성입덕)은 그 핵심이 다음 두 가지에 달려 있다. 그 한 가지는 '천지대자연의 성실함을 본받는 정성'이요, 또 한 가지는 '사람 그 자체의 인품'이다.

○ 운세를 아무리 좋게 타고 태어난다 할지라도, 실존의 노력으로 닦지 아니하면 도덕이 될 수 없다.

○ 하염없는 나의 제자들아, 너희들이 불로자득하려 하는 것은 나 수운을 믿고 그러한 것이냐? 아서라! 제자들아! 나 수운은 도시 믿지 말고 하느님만 믿었어라!

○ 네 몸에 하느님을 모시고 있는데, 그토록 가까운 하느님을 버리고 먼 곳에서 하느님을 찾으려 한단 말인가?

「도수사」

○ 나를 잊지 말고, 내가 간곡히 부탁한 성(천지대자연의 모습)과 경 (성을 대하는 인간의 자세), 두 글자의 뜻을 지켜 내어 차차차차 닦 아내면 그대들도 무극대도에 도달할 수 있을 것이오.

「권학가」

○ 쇠운이 지극하면 반드시 성운이 오게 되어 있소. 그러나 현숙한 모 든 군자들이 '동귀일체', 다시 말해서 한마음으로 단결하지 않으면 성운은 실현될 길이 없소.

○ 수운은 여기서 혁명의 가능성을 분명하게 암시하고 있다.

「몽중노소문답가」

○ 이미 천운이 뒤바뀌고 있는데, 그 대세의 변화를 보지 못하고 뭘 걱 정하고 있는 것이냐? 근심 말고 돌아가서 시운이 윤회하는 것을 똑 바로 쳐다보아라! 십이제국이 서로를 약탈하고 괴질이 성행하는 이 시대의 운수야말로 '다시개벽'의 확증이 아니겠는가? 태평성세가 다 시 정해질 것이요, 나라가 풍요롭고 백성이 편안해질 것이다.

「도덕가」

○ '도'는 길이다. 인간이 마땅히 걸어가야 할 길이다. '덕'은 인간이 그 길을 걸어가는 데 필요한 덕성이고 그것은 길과 더불어 온축되어 가

는 것이다.

○ 현대어의 도덕은 과학적 사실과 대비되는 인간행위의 가치영역을 의미하지만, 우리 동방언어에서는 그러한 대비적 개념이 없다.

○ 하늘의 기와 땅의 기가 혼돈 속에 무분별하게 엉켜 있다가, 가벼운 기가 위로 올라가 하늘이 되고 무거운 기가 아래로 가라앉아 땅이 되었다. 이것을 천지가 최초로 갈라졌다고 말한다. (천지시판, 이것이 개벽의 원의이다.) 이렇게 천지가 시판한 후에 하늘과 땅이 감응하여 온갖 종류의 만물이 그 사이에서 화생케 되었다. 그중에서 영기가 못 미치는 생명들은 금수가 되었고, 영기가 가장 빼어난 생명이 사람이 되었다. 이러한 이유 때문에, 전해오는 세상 말씀에도 있지만, '하늘의 뜻과 최령자인 사람의 마음은 동격(천의인심은 같다)'이라 말하는 것이다.

○ 이러한 유교의 경전에는 이미 내가 말하는 '성'과 '경'의 본래적 의미가 상세히 밝혀져 있다. … 그들이 공부한 바가 천지를 가득 채울 정도로 많다 한들, 그들은 그들이 배우고 있는 천지 만물에 대한 근원적인 경외의 마음이 없으니 아무리 공부를 많이 한들, 그 아는 것이 무슨 소용이 있겠는가?

○ 귀신은 저주를 일으키는 혼령이 아니라오! 그것은 천지의 다른 이

름이며, 하늘과 땅의 영적인 측면이 곧 신이요 귀라오. '귀신'은 결국 음양의 이치일 뿐인데, 공부했다 하는 자들이 신령한 자연의 모습을 이렇게도 모르고 있으니 경전 공부를 많이 한다 한들 과연 무슨 소용이 있겠으며, 도와 덕의 본체를 이다지도 모르고 있으니 과연 현인군자가 되는 길을 어찌 알 수 있으리오!

○ 그러나 하나님은 그 마음이 항상 지공무사하시다. 하느님은 사사로움이 없기 때문에 선과 악을 완전히 갈라내어 취하고 버리고 하시지 않는다. 하나님은 효박한 이 세상을 동귀일체의 세상으로 만들려고 노력하고 있을 뿐이다.

○ 선과 악은 궁극적으로 인간의 판단이지 하나님의 판단이 아니다. 수운의 세계관은 도덕적 이원론을 전제로 하지 않는다. 악을 잘라 내버리는 것이 아니라, 악조차도 동귀일체토록 하는 것이 하나님의 조화이다.

○ 우리 삶의 도덕의 핵심은 '천지대자연의 성실함'과 그 성실함에 대한 '공경한 마음의 자세를 지니는 경외지심'에 있다. 성과 경, 이 두 글자만 지켜 내도 고조선으로부터 우리 문명을 만들어 낸 선왕들의 고례를 잃어버리지 않는 것이 될 것이니, 그 어찌 우리에게 사악한 혐의를 뒤집어씌울 수 있으리오!

「흥비가」

○ 과거 볼 생각을 아예 포기하자고 맹서하면서도, 내 운명은 나도 모른다 하고 또다시 미련 두며 총총히 걸어 다니다가 결국 한 생애를 마치고 마는 것이 뭇 사람의 운명 아니겠는가!

○ 아홉 길이나 되는 산을 흙을 날라 쌓아 올릴 때 그 마음이 오죽이나 불안했을까? 시작할 처음에 결심한 마음, 그 기준에 과·불급 될까 봐 걱정돼서 마음을 먹고 먹고 또다시 먹었다. 다섯 길, 여섯 길을 쌓아 올릴 때는 쌓이는 것을 보면서 재미도 있고, 또 공이 쌓이는 것을 보니 보람도 있었다.

○ 어서 하자! 바삐바삐 열심히 하자! 자신을 독려해 가며 그럭저럭 다 완성 단계에 들어갈 즈음, 긴장이 풀리기 시작했다. 이번이나 저번이나 느슨해져서, 차차차차 결심이 풀려갔다. 초조해져서 자주 방관하다가, 지루해져서 그 사업을 포기하고 말았다.

○ 다른 날 다시 그 조산 사업을 들여다보니, 한 소쿠리만 더 부었더라면 여한 없이 이룰 공이었다. 이러한 공력을 어찌 이리도 마지막 단계에서 쉽게 포기할 수 있었단 말인가? 우리 도유들의 노력이 이 같지 아니할까? 이런 예를 들어 우리 자신을 반해 보면, 대운은 큰 시간으로 변하고 있는데 우리의 조급한 마음은 잠시 동안일 뿐이다. 도유들이여! 생각하고 또 생각하소! 우리 동학을 어찌 지켜 나갈지

를 고민하소!

원문 출처 참고

- 『상서』의 주서 '여오' 편 : 위산구인 공휴일궤
- 『논어』 '자한' 편 18. / 논어한글역주 3, 131~135페이지

보천교와 민족운동

- 보천교와 보천교인의 민족운동 / 한국민족운동사학회, 2018
- 정읍의 민족종교, 유토피아를 꿈꾸다 / 정읍시립박물관, 2018
- 샘고을 대흥리 마을, 한국 최고의 신흥 종교마을 / 김익두·허정주·이용찬, 2019

□ 후천세계

O 종교적 이상향 : 유교의 대동세계, 불교 미륵불의 용화세계, 도교의 화서국

O 수운 최제우(1824~1864)와 해월 최시형(1827~1898)
  - 천지창조 이후 자신의 득도 이전까지가 선천, 그 이후 앞으로 5만 년까지를 후천이라 함(수운은 이전 시절과 오는 시절이라는 말을 사용했지, 선천과 후천이라는 용어를 사용하지는 않음. 하지만 해월은 수운을 후천개벽의 시조로 봄).
  - 개벽은 인간이 지어내는 것이 아니라 천리(天理), 즉 우주 흥망성쇠의 자연이법에 의한 것.

- 봄을 애타게 기다려도 오지 않는 것은 때가 아니기 때문이며, 때가 되면 기다리지 않아도 자연스럽게 올 것.
- 따라서 인간은 그에 대비하여 주어진 방법에 따라 수심정기(守心正氣)하는 것이 중요.

O 손병희(1861~1922)

- 최시형 사후 1900년 7월에 교권을 장악. 1901년 미국에 가기 위한 경유지로 일본을 방문하고는 문명개화사상을 수용.
- 1904년 8월에 전국 각지에 진보회를 조직하고 문명개화운동을 추진. 이후 1905년 12월에 천도교로 개명하고 교회의 조직과 제도를 근대화.

O 증산 강일순(1871~1909)

- 동학 최고 지도자 손병희가 서양의 문명을 학습하기 위해 일본으로 떠난 해인 1901년 8월에 강증산은 스스로를 옥황상제라 하며 포교 활동.
- 자기가 살았던 시기를 기준으로 그 이전을 선천, 그 이후를 후천으로 보고 선천의 특징을 상극, 후천의 특징을 조화로 규정.
- 동학의 개벽사상은 천지공사 또는 개벽공사로 이어지는데, 단순히 기다리기만 해서 오는 것이 아니라 실천적으로 인간이 만들어가야 한다고 주장.
- 후천의 새로운 질서인 상생의 원리를 구체적으로 실천하여 새 세

상을 여는 일에 앞장설 것을 강조.

- 동학의 인간존중, 평등, 개벽 등의 교리와 피병, 피난 등의 사상에 공감하였으나 동학의 손병희가 주도한 사회진화론적 문명개화노선에는 반대. 하지만 러일전쟁 이후의 일본에 대해서는 항일 투쟁적 입장을 견지하지는 않음.

○ 월곡 차경석(1880~1936)

- 동학도들은 갑(甲) 자가 들어가는 해에 특별한 관심. 갑신년(1824)에 수운이 탄생, 갑자년(1864)에 철종이 붕어하면서 고종이 등극, 갑신년(1884)에 정변, 갑오년(1894)에 동학혁명과 청일전쟁, 갑진년(1904)에 러일전쟁 등이 있었음.

- 보천교인들은 1924년 갑자년 4월이 되면 차월곡이 조선의 새 황제가 될 것이고, 이를 믿는 자들이 새 정부에서 관직을 차지하게 될 것이라 믿음. 즉 새 왕조가 보천교의 교주 차경석을 중심으로 세워져 억압과 착취로 고통받는 민족을 구원할 것(조선 독립설)이라는 예언.

- 보천교는 후천선경 신정부 건설운동을 전개함. 후천선경이란 차별과 원한, 갈등과 전쟁의 선천시대를 종식시키고 상생과 대동, 평화가 지배하는 후천의 이상사회를 뜻하는 강증산의 예언임. 신정부 건설은 강증산의 예언을 현실 사회에 구현시키려는 정치적 운동으로 전근대적이고 시대착오적 측면이 있으나 당시 민중의 호응이 컸음.

□ 보천교의 역사

1880. 전북 흥덕에서 동학 접주로 1894년 12월에 처형된 차치구의 아들로 출생.

1899. 전북 흥덕에서 영학당의 봉기로 참여하였다가 체포.

1904. 동학에서 추진한 소위 갑진개화운동에 참여, 이후 일진회에 참여.

1905. 손병희에 의해 동학이 천도교로 재조직되었을 무렵 차경석은 손병희와 불화.

1907. 6. 전북 김제군 수류면 원평에서 강증산과 차경석이 만남.

1909. 1. 강일순으로부터 종교적 결사 운영의 책임을 맡음.

1909. 6. 강증산 사망.

1911. 9. 강증산의 부인 고판례를 교주로 삼아, 대흥리 자신의 집에서 선도교 혹은 태을교를 출범시킴.

1914. 전남 순천에 장기동의 도움으로 교당을 짓고 태을교의 본소로 삼음.

　　 * 조선총독부는 1925년 8월에 조선총독부령으로 포교규칙을 공포. 여기에 종교와 유사종교단체라는 구분이 등장. 제1조에 따르면 신도, 불교, 기독교만이 종교였음. 그리고 유사종교단체와 관련해서는 제15조에서 조선총독은 필요한 경우에 종교유사의 단체로 인정되는 것에 대해 본 법령을 준용할 수 있다고 적시.

1916. 교단조직 체계화 / 24방주제.

1917. 정읍 입암면에 본부를 두고 포교활동 전개.

1918. 10. 제주 법정사 운동(제주 중문 / 도민과 보천교도의 항일 무장
운동).

1919. 1차 고천제(경남 함양 방곡면 덕기리 대황산) / 60방주제.

1920년 당시 총영사관으로 와 있던 밀러(Miller)가 미 국무장관에게 보낸
보고서 내용 중에 다음과 같은 내용이 있음.

'보천교는 17년 전부터 존재한 셈이며 일본어 그대로 흠치교
혹은 태을교라고도 불린다. 저학력자들과 미신을 믿는 사람
들로부터 큰 인기를 얻었던 시기에는 그 추종자가 6백만 명에
이르렀으나 그 숫자는 이제 줄고 있는 추세이다. 유교와 도교
가 혼합된 사상을 가지고 있는데 그에 따른 교리보다는 잠정
적인 정치적 연관성 때문에 추종자를 얻고 있는 편이다. 그가
황제로 불리는 이유는 1924년(갑자년) 봄에 한국의 황제가
될 수도 있을 거라는 전통사상 때문이다.'

1921. 4. 태을교의 교세가 급격히 신장되고, 치성금을 독립운동 자금으
로 유용한다는 혐의로 대대적인 교인 검거령 시달.

1921. 8. 경기도 경찰부에서 체포한 이상호를 통해 차경석에게 가서 교
단 공개를 종용케 함.

1921. 9. 경남 함양군 황석산에서 2차 고천제.
국호를 시국(時國), 교명을 보화(普化)로 정함.

"고천제 즈음해서 고천제는 천자 등극식이라는 풍설이 떠돎. 당시 민중의 새 왕조 개창 또는 후천선경 신정부 건설이라는 염원은 보천교라는 새로운 가능성에 힘입은 채 예언이나 소문으로 재생산되었음. 당시 민중이나 일제는 후천선경의 신정부 건설운동을 한국의 독립과 새로운 정부 수립 등의 민족적 관점에서 바라보았음이 분명함." (「정읍의 민족종교 유토피아를 꿈꾸다」 / 2018년, 정읍시립박물관)

1922. 1. 보천교(당초 보화교)로서 공인을 받아 공개적 종교활동. 서울 창신동에 보천교 경성진정원 개설.

   * 보천교의 공개는 보천교 내부의 근대화 욕구, 일제의 탄압과 회유, 당시 언론의 부정적인 인식 등이 종합적으로 고려된 걸로 해석됨.

1923. 1. 물산장려회 보천교 교인(간부 4인, 교단과 밀접인물 2인) 참여.

   * 경제적 실력 양성 운동의 하나로 1920년 8월, 평양에서 물산장려운동이 시작되어 1922년 6월에 평양의 조선물산장려회가 조만식을 회장으로 정식 창립. 이어 이듬해 1923년 1월에 전국적 차원의 조선물산장려회가 조직됨.

   * 1923년 3월에 민립대학기성회 창립총회가 개최되어, 한민족 1천만이 한 사람 1원씩이라는 구호를 내걸고 1천만 원 모금 운동을 전개. 하지만 일제가 경성제국 대학령을 통해 1924년 경성제대를 설치함으로써 모금운동은 좌절됨.

   * 1920년 청산리전투 이후 북만주로 피신하였던 김좌진 장군은

1923년경 동녕현 지역을 중심으로 항일 투쟁을 지속하고자 하였고, 이 시기에 보천교와 연결된 걸로 보임.

1923. 10. 보천교의 기관지 '보광'을 발간.

1924. 6. 시대일보 인수.

1924. 6. 중앙본소 보천교도 노동자 300여 명이 기산(己産)조합 창립.

　　* 기산조합은 직업소개, 물품매매 소개, 조합원 상호 재난 구호뿐 아니라 교인들의 일상용품과 식품 공동 구입, 공동의 인력거 사업 등 추진.

1924. 9. 보천교 간부 일본에 가서 내각총리대신을 만나 시국대동과 융화의 의미를 설명.

1924. 9. 민족주의 성향의 인사들이 첫 번째 혁신운동 전개.

1924. 12. 교단 내 보수와 혁신세력 간 갈등. 일부 언론과 사회주의자들의 성토를 겪으며 시대일보의 발행 및 경영권 포기.

1925. 1. 시국대동단 강연 시작.

　　* 일본과 모종의 타협을 시도하는 과정에서 대동의 개념이 강조되었고, 교단의 일본 방문 후 조선총독부 정무총감이 보천교가 일본인과 대동단화할 수 있는 실질적인 성의를 보여 달라는 요구에 시국대동단을 조직했으나, 조선총독부 정책 홍보로 치우치는 어용화에 대한 반대 여론이 컸음. 언론 기사를 분석해 보면 특히 1925년은 보천교반대운동이 집중적으로 보도되고 있음.

"보천교는 1925년 시국대동단을 결성함으로써 일제강점기라는 시대적 상황 속에서 식민지 정책에 이용당할 수 있는 약점을 갖게 되었고, 민족종교인지, 사이비종교인지 갸웃하던 일반의 인식에 보천교는 사이비종교라는 인식을 굳히게 하는 결과가 되고 말았다."(「정읍의 민족종교 유토피아를 꿈꾸다」 / 2018년, 정읍시립박물관)

1925. 2. 십일전 등 중앙본부의 건설(45채의 전통 와가와 10여 채의 부속건물)을 추진.

1925. 3. 만주의 정의부와 접촉.

1925. 4. 조선총독부 경무국장과 정무총감이 정읍의 보천교 중앙본부 방문(시국대동단의 확장이라는 명목으로 보천교인의 만주 이주를 요구).

1925. 6. 시국대동단을 전격 해체시킴.

1925. 9. 이달호 등 시국대동단을 조직했던 보수적이고 친일적인 성격이 강한 일명 신파가 보천교 중앙본부 습격.

1925. 9. 권총단 사건 발생.

 * 보천교 교단의 실세인 한규숙, 정의부의 조만식과 정찬규 등이 정의부의 생계 문제 해결을 위한 30만 원의 만주 개척비 확보를 목적으로 권총으로 재물을 강제로 내게 하는 군자금 모금 계획이 사전 발각된 사건. 보천교 교인 한규숙에게 조만식을 소개해준 인물은 의열단에 깊이 관여하고 있던 신채호의 부인 박자혜 여사였음.

* 이 시기에 교단 내에서는 항일적, 투쟁적 노선에 공감하여 입교한 교인들로부터 비판받음. 교외에서는 사회주의자, 기독교나 천도교 등으로부터 미신적, 사교적 집단이라는 공격을 받음. 또한 조선총독부로부터 정의부 등 독립운동 자금을 제공한 사건 등으로 시련을 겪음.

참고로 상해 일본영사관에서 나온 '조선민족운동연감'에 의하면 조만식은 중국 천진의 불변단(1919년 조만식이 조직)의 단장임. 안창호와 연락을 취한 조만식은 3·1독립만세운동의 1주기가 되는 날을 기념하기 위해 만세운동을 계획했음. 이어 김상옥이 1920년 8월 미국 의원단의 입국을 기해 조선총독부의 고관을 처단하려다가 실패한 사건에 연루된 조만식은 1920년 9월 검거됨. 복역을 마친 조만식은 1923년경 보천교 본소에서 1년간 머물다 상해로 돌아갔다가 다시 보천교에 돌아온 지 한 달여 만에 권총단 사건으로 체포됨.

1936. 4. 보천교 교주인 차경석이 병사.

1936. 6. 조선총독부는 정읍에 자리한 보천교, 무극교, 증산교, 동화교에 집회, 포교, 헌금 등을 금지하라는 명령을 내림.

1936. 7. 해산명령 철회 요구가 거절되자 해산 결정. 7월 26일 정읍경찰서의 명령에 따라 부채 3만여 원을 정리하기 위해 보천교 본부와 지부 방매를 결정.

1936. 11. 공매입찰에 따라 12월 15일부터 건물 철거 시작.

□ 보천교 본소

○ 본소 건축물에 정읍이 후천개벽의 중심지가 될 것이라는 메시지를 구체적으로 담음.
  - 대지 2만 평, 당시 쌀 한 가마가 5원 30전 할 때 150만 원을 들여 건축.
  - 1922년 당시 12호이던 마을은 1925년 400여 호로 바뀜.

○ 보천교 십일전은 1936년 경매대금 500원으로 처분되어 서울 조계사 대웅전으로 이축되었고, 2층 누각 형태였던 보화문은 단층 건물로 내장사 대웅전으로 이축되었음. 그러나 내장사 대웅전은 안타깝게도 2012년 원인 모를 화재로 소실됨.

○ 1917년 11월에 교도들에게 보낸 글에 정해(샘바다)에서 솟은 물이 사해의 근원이 된다는 말로 광대함의 뿌리가 이곳 정읍에 있다는 뜻을 은연중에 나타냄.

○ 차월곡은 국호를 시국(時國)이라 하였음. 시국의 시는 후천의 변화하는 때를 말하는 것으로 정역의 도수 개념과도 같은 것임.

○ 십일전
  - 정면 7칸, 측면 4칸의 건물로 길이는 100자(1자는 30.3cm이니 30

미터 정도), 높이는 87.7자이며, 지붕은 황와로 이어 그 웅장함이 반도 내 최고였음. 135평 규모로, 서울 근정전을 모방함.

- 인류 최초로 천지가 열렸다, 하늘이 열렸다는 것이 선천개벽이 아님. 음의 기운으로 새로운 세상이 열리는 것이 후천임. 이런 『주역』의 사상이 바뀌면서 예전의 선천사상은 임금이 남면을 하고 있으나, 새로운 세상에서는 임금이 북면을 하게 됨. 그래서 십일전의 좌향을 북쪽으로 하게 된 것.

- 십일전 안에는 삼성산, 입암산, 방장산과 일, 월, 성신(별)을 그린 벽화가 있는데, 궁궐에 있는 오봉산일월도를 연상케 함.

- 십일전은 처음 건축할 당시 황와로 이었다가 일본 황실에 대한 불경죄라 하여 황와를 내렸음. 다만 60방주의 회의기관인 정화당은 청와 건축물로 잡상(잡귀를 물리치기 위해 설치하는 것이지만, 반드시 지위와 품격이 높은 건물에만 설치할 수 있었음)을 올리기도 했음. 창덕궁의 정전인 인정전이나 편전인 선정전을 파란 기와로 이었다는 기록이 있고, 현재 창덕궁의 선정전이 유일하게 파란 기와 건축물로 남아 있음.

- 십일전에는 네 군데 동서남북에서 올라오는 계단을 만들었음. 경복궁의 근정전도 그러함. 임금이 집무를 보는 곳은 동서남북의 4군데를 통해서 들어가도록 되어 있음.

- 십일전은 열 십 자에 한 일 자를 합치면 중앙 토(土)가 됨. 일은 양의 숫자이고, 십은 음의 마지막 숫자이면서 완성 숫자이기 때문에 여기서 시작하고, 여기서 완성된다는 상징적인 의미가 있음.

○ 십일전 주변 네 개의 대문

- 네 개의 문은 대궐을 상징하는 것. 동쪽에 승평(昇平)문, 서쪽에 함
  평(咸平)문, 남쪽에 영생(永生)문, 북쪽에 삼광(三光)문이 있었음.

○ 보천교 정문인 보화문(普化門)

- 서울의 5대 궁궐의 남문에는 모두 화(化) 자가 들어감. 창덕궁의
  돈화문, 경복궁의 광화문, 창경궁의 홍화문, 경희궁의 흥화문, 덕
  수궁의 인화문이 그렇듯이 모두 임금의 덕으로써 백성들을 교화
  시킨다는 의미를 담고 있음.
- 특히 보천교의 북문의 명칭을 굳이 보화문이라고 한 것은 후천개
  벽의 중심지임을 상징적으로 표현한 것.

○ 보천교 본소 종각(동정각)

- 현 대동직물 자리에 동정각이라는 종각이 있었음. 각세종(覺世鍾)
  이라 명명된 이 놋쇠 종은 당시 교인들이 수저 1개씩을 거두어 만
  들었다고 전해짐. 무게는 1만 8천 근(1근은 0.6kg 정도), 직경이 8
  자(1자는 30.3cm), 높이는 12자였음. 고각에 매달아 매일 3회, 1
  회에 72번씩 고명했다고 전해짐. 종각의 규모는 차경석 사후 일본
  인들이 산소용접기로 녹여 조각조각 끊어서 트럭 5대분으로 나누
  어 갈 정도였다고 함.

○ 거리

- 십자거리나 왕십리, 종로라고 하는 지명을 붙임. 여기가 새로운 세상의 중심지, 새 서울이 될 것으로 보고 붙인 도로명이었음.

○ 해태
- 한자로는 해치라고 함. 상상 속의 동물인 해치는 사람들이 싸우면 나쁜 쪽을 뿔로 들이받는 성질을 갖고 있음. 조선시대 고종 때 문관 3품 이상은 쌍학을 흉배에 새겼고, 3품 이하는 단학을 새겼음. 무관들 중 3품 이상은 쌍호를 새겼고, 3품 이하는 단호를 달았음.
- 그런데 유일하게 사헌부 관리들은 문관인데도 쌍학을 달지 않고 해태가 들어가는 흉배를 달았음. 해태는 바로 조정을 상징하는 문양으로 삼은 것인데, 사헌부는 시비를 가리는 감찰기관이기 때문임. 그래서 정의를 상징하기 위해 여의도 국회의사당과 광화문 앞에 해태를 세운 것임.
- 어쨌든 십일전 앞에 해태를 세운 것은 천자가 기거하는 곳이기에, 궁궐 건축을 모방하고 후천개벽의 중심이 된다는 것을 의식한 일종의 메시지로 해석됨.

□ **보천교와 독립운동 관련 사항**

○ (일본 경찰보고서, 1924년 11월 26일) 근년에 김좌진은 자금 부족으로 부하를 해산하고 오로지 활동 불능의 상태가 되었으나, 금년 봄 조선 내 보천교 교주 차경석과 연락하여 만주 별동대로서 행동하게

되어 지난 10월 초순 교주 대표 모씨가 영고탑에 와서 금 2만여 원의 군자금을 줌으로써, 이 돈으로써 옛 부하를 소집하고 삼분구에 근거를 두고 포교와 무장대의 편성을 계획하고 동지를 거느리고 동녕현에 들어가려고 했으나……. (「정읍의 민족종교 유토피아를 꿈꾸다」/ 2018년, 정읍시립박물관)

○ (일본 고등경찰, 1921년 3월 31일) 태을교의 목적은 국권 회복에 있는 까닭에 신도 권유는 비밀로 해야만 했다고 보고서에 적고 있음.

○ (일제의 독립운동 관련 판결문) 국가기록원이 보유한 독립운동 관련 판결문 중 보천교 관련 문서는 중복된 건수를 제외하면 총 321건으로 확인됨. (「보천교와 보천교인의 민족운동」/ 2018년, 한국민족운동사학회)
  - 총 35건으로, 301명의 보천교인들은 국내외 독립운동 단체와의 연계를 시도하다가, 또는 후천선경 신정부 건설과 관련한 활동을 하다가 검거 또는 기소됨. (「정읍의 민족종교 유토피아를 꿈꾸다」/ 2018년, 정읍시립박물관)

○ (조선일보 항일 기사 검색 / 1920~1940년) 보천교 147건, 천도교 32건, 기독교 23건, 불교 18건, 청림교 17건, 유교 15건, 천주교 2건 순임.

○ (동아일보 보천교의 민족운동 관련 기사)

- 1921. 2. 19. 태을교도 국권회복 운동 사건 보도.

- 1921. 4. 7. '선도 표방 비밀 단체 대검거'라는 제목하에 국권 회복을 도모하던 비밀 단체가 검거되었다는 내용의 기사가 있음.

- 1921. 4. 30. 태을교도 조선독립 기도 성금 모금.

- 1922. 2. 24. 상해 임시정부 군자금 11만 원을 전주에서 압수.

- 1924. 4. 1. 상해 임정에서 보천교 본소에 군자금을 모집하러 왔다가 경찰에 체포됨.

- 1925. 10. 2. 나용균을 통해 상해 임시정부에 독립운동 자금 지원.

- 1925. 12. 11. 정의부 독립운동 군자금 모집 위해 비밀리에 잠입.

○ (전북인물지) 3·1운동 민족대표 48인으로 활약한 임규(1867~1948, 보천교 간부)는 보천교에서 5만 원을 받아 라용균(도쿄 2·8독립선언 참여, 상해 임시의정원 의원)을 통해 임정에 전달했다고 기록됨.

○ (김구 선생, 태인 김부곤 선생 댁에서 머물 때 발언) "우리가 정읍에 많은 빚을 졌다"고 말함.

- 상해 대한민국 임시정부 김구(金九) 주석의 말임. 백범 김구는 광복을 맞아 정읍에 내려와 하룻밤을 묵으면서 정읍에 대한 고마움을 위와 같이 드러냈음. 이는 우담 서상기 선생이 보천교 연구가인 안후상 선생과 대담하면서 구술한 내용임.

- 탄허 스님을 가까이서 모신 서상기 선생은 1960년 21살 때 오대산

월정사로 출가해 1976년 절을 떠날 때까지 탄허 스님을 가장 가까이에서 모셨음. 탄허 스님의 속가 딸과 결혼하여 사위가 된 서상기 선생은 1945년, 김구 선생이 정읍을 방문해 태인의 김부곤 선생 댁에서 머물렀으며, 이때 정읍에 빚을 많이 졌다고 말했다는 내용을 탄허 스님으로부터 들었다고 함.

- 탄허 스님은 율제 김홍규(金洪奎) 선생(1888~1950, 김제)의 아들임. 독립운동가 김홍규 선생은 김제평야 제일가는 부잣집 아들로 태어남. 1906년 증산교에 입교, 1908년 다시 보천교에 입교함. 1919년 60방주 가운데 최고급 간부에 올라 교단의 2인자가 됨. 1919년 3·1운동이 일어났을 때 민족대표 48인 중 한 명으로 참가함. 1921년 2월 10만 3070원(당시 백미 상등품 한 가마니의 값이 3원 50전)을 임시정부에 예치했음.

- 1921년 보천교 재무를 담당했던 김홍규 선생은 보천교 포교활동으로 가장하여 독립 자금을 모금하려고 평안도로 가던 중 평양역에서 일본 관헌에게 체포됨. 상해 임시정부에 보낼 독립운동자금 10만 7천여 원이 보천교 간부였던 그의 집 마루 밑에서 발견되었기 때문. 1924년 12월 출옥했지만 사실상 연금 상태로 왜경의 삼엄한 감시를 받음. 1950년 9월 28일 한국전란의 와중에 고문 후유증으로 파란만장했던 생을 마감.

- '구체적으로 정읍 지역이 임시정부에 기여한 점은 무엇이었을까? 정읍 출신으로 상해 임시정부에서 활약한 라용균이나 민족독립운동에 헌신한 백정기 의사 등의 공로에 대한 감사의 표현이었을

까? 그것도 분명 일리가 있겠지만, 그보다 정읍에 근거를 두었던 보천교가 상해 임시정부와 민족독립운동에 대한 기여에 대한 고마움을 드러냈다고 봄이 옳을 것이다.' (김철수 교수의 『잃어버린 역사 보천교』(20) 보천교와 상해 임시정부, 2018. 2. 1., 한韓문화타임즈)

○ (정읍시립박물관, 「정읍의 민족종교 유토피아를 꿈꾸다」 / 2018년) 기획전 발간책자에 따르면 "현재 정읍의 민족종교의 민족운동 활동이 다양한 자료에서 발견되고 있지만, 교단 보호를 위한 행위나 종교적 신념의 산물의 행위로 보는 등 부정적 인식은 크게 바뀌지 않았다. 하지만 민족종교들이 보여 준 반일성과 이러한 민족종교를 유사종교해산령 아래 극심하게 탄압했던 일제의 행동으로 볼 때, 단순히 부정적으로 보기보다는 이제는 새로운 시각에서 바라볼 필요가 있다."고 언급.

□ 기타 참고자료

○ 독립운동가 김부곤 지사(태인 3·1운동 관련 당시 최연소 독립유공자).
  - 1919년 3월 16일 태인 장날 김부곤 선열은 불과 18세의 나이로 목숨을 걸고 독립선언문을 손에 쥐고 태극기를 흔들며 앞장서 돌진하다가 투옥됐음.
  - 이후 김부곤 선생은 독립 자금을 조달하려다 밀고를 당해 일본 헌

병대에 체포당했음. 옥중에서의 온갖 고문과 형벌로 지병이 더해져 나이 49세에 세상을 하직했음.

O 2021년 초, 입암면 접지리에서 대흥리로 본명을 되찾음.

O 보천교와 정읍농악.
  - 증산계열의 모든 종교에서 농악을 종교음악으로 지정했듯이 보천교에서도 풍물을 수용, 적극적으로 권장했음. 보통 농악대는 15~20명 정도로 구성되나, 보천교 농악단은 상쇠쟁이(꽹과리)가 좌우에 12명씩 24명이 있었고 장구재비 역시 좌우에 12명씩 24명이 있었음. 이 밖에 나팔과 소고, 북, 피리, 무당, 날라리, 징을 포함하여 모두 100여 명 정도의 대규모로 편성되었음.
  - 보천교 농악은 1936년 차경석이 사망하자 해체되었음. 이후 정읍농악은 김도삼, 김홍술, 부안의 김바우, 장성의 최화집 등의 명인들이 크게 발전시켰음.
  - 정읍농악이 전국적인 이름을 얻게 된 것은 해방 후에 열린 전국농악경연대회에서였음. 정부 수립 직후 창경궁에서 열린 전국농악경연대회 1회와 2회 연속으로 정읍농악단이 대통령상을 받음으로써 그 명성을 크게 떨치게 됨.

O 보천교의 자작자급 운동과 물산장려운동.
  - 1920년대 초 보천교 중앙본소 주변은 후천선경 신정부의 수도로

인식한 탄갈자(彈竭者 : 가산을 교단에 기부하고 중앙본소 주변으로 이주한 사람들)들이 몰려들면서 경제공동체가 만들어짐.

- 왜산 물산 배척 운동을 벌이면서, 면방직 산업을 중심으로 자작자급 운동이 전개됨. 면직물의 염색은 물론 방직공장, 염색공장, 농기구공장, 갓공장 등의 다양한 생산시설을 갖춘 경제공동체에서 자작자급함.
- 지금까지도 대흥리에는 직물공장, 염색공장이 한데 어우러져 규모가 제법 있는 공단을 형성하고 있음.

○ 1920년대 독립운동.
- 3 · 1운동 ⇒ 봉오동, 청산리 전투(1920년 6월) ⇒ 경신(간도)참변 (1920년 10월~1921년 4월) ⇒ 밀산 집결(1921년 1월~3월) ⇒ 자유시참변(1921년 6월, 대한의용군 ⇔ 고려혁명군정의회러시아 적군)
- 1923년 1월에 중국 상해에서 국민대표회의가 개최되었으나, 대한민국 임시정부를 둘러싸고 창조파와 개조파로 분열되어 통일세력 시도 결렬(1923년 5월).
- 1924년 10월 남만주 지역을 통괄하는 독립운동단체 정의부가 조직되었고, 1925년 3월 북만주 지역에서 활동하던 김좌진의 대한독립군단 등이 영안현 영안성에서 신민부를 조직.

백정기 의사와 영주정사

- 항일혁명투사 구파 백정기 / (사)구파백정기의사기념사업회, 2009년

□ 백정기 의사 일대기

- 1896. 1. 19. 부안군 동진면 하장리(지금은 부안읍 신운리) 출생.

- 1908년 결혼하면서 정읍 영원면 은선리 처가 인근으로 이사.

  * 부인 조팔락 여사는 1894년생(당시 15세).

  * 슬하에 자식은 없음.

- 1910년 영주정사에서 수학.

  * '간재 전우'의 문하에서 당시 호남의 명문가 자제들 백관수(당시
    22세), 김성수(당시 20세, 1891~1955) 등과 공부.

영주정사

- 1903년 박만환(1849~1926), 소성면 흑암리에 영주정사 설립.
* 영주는 고부의 옛 이름. 백제 때 고사부리군, 통일신라 때 고부, 고려 태조 때(936년) 영주관찰사, 고려 광종 때(951년) 안남도호부, 고려 현종 때(1019년) 고부, 1914년 고부군이 없어지고 정읍군으로 변경.

- 매년 3,500석 수입, 운영자금 300석 출연.
- 충남 아산의 전재 임헌회의 문하에서 간재 전우와 동문수학.
- 영주정사에서 김병로, 김성수, 백관수, 김연수, 권순명, 유영선, 나용균, 장현식 등이 수학.
* 근촌 백관수(1889~?) : 2·8독립선언으로 복역, 동아일보 사장.
* 인촌 김성수(1891~1955) : 경성방직회사 창설, 동아일보 창간, 보성전문 인수, 동아일보사 사장.
* 민식 최동규(1897~1964) : 박승규, 백정기와 일본 왕 암살을 위해 일본 사전 답사.
* 수당 김연수(1896~1979) : 김성수의 동생, 삼양사 설립.
* 금돈 박승규(1894~1925) : 영주정사를 세운 박만환의 아들. 일제강점기 백관수, 백정기를 통하여 독립 자금을 여러 차례 지원하고, 구파의 도피 시절 육혈포를 구입하여 주고 본가의 다락, 창고 등에 숨겨 줌. 박승규는 1923년 8월 6일, 전답 3만여 평을 담보로 3천5백 원을 군산 일본인 쌀장수로부터 차용하고, 1924년 6월에 다시 부인이 함께 보증을 서면서 1천4백 원을 빌리게 됨. 1923년 8월 박승규와 최동규, 김기홍, 백정기 등 4인이 일본 왕을 살해하기 위해 일본 동경에 사전 답사를 갔음. 하지만 1923년 9월 1일 관동대지진으로 귀국. 이때 백정기는 일본에 잔류함.

- 1910년 가을 한일강제병합(1910. 8. 29.) 이후 영주정사 학감 고인
  주의 주도로 동문수학하던 학동 10명이 공평동 정읍천변의 소년
  봉에서 망국제를 지냄.
  * 정읍시 공평동 야룡마을 뒷산 소년봉에 일단의 사람들이 집결.
    고인주(38세), 고응중(36세), 백관수(22세), 김성수(20세), 김연수
    (15세), 박봉규(20세), 박승규(17세), 김기홍(17세), 한성수(17세),
    백정기(15세), 최동규(14세), 박방원(13세) 등 모두 12명이었음.
- 1911년 현금 300원을 소지한 혐의로 일경에서 조사받음.
- 1914년 겨울 농가에서 면화 씨앗과 물레를 부순 일경을 두들겨 팬
  사건 발생.
- 1915년 초 박승규가 구파에게 육혈포라는 권총을 사줌.
- 1919. 2월 이전까지 창흥의숙에서 공부했을 것으로 추정됨.
- 1915년 김성수의 장인인 춘강 고정주가 세운 담양 창평의 창흥
  의숙(창평초등학교 전신)에서 송진우(1906년~1907년간 공부,
  1887~1945), 김병로(초대 대법원장, 1903년 간재 전우로부터 수
  학, 1906년 창흥의숙에서 공부, 1887~1964) 등 공부.

창흥의숙

전남 담양 창평에서 2.5km 떨어진 월봉산 중턱에 '상월정'이 있음. 창평 고씨
문중에서 400여 년간 사용했는데 고씨 문중 자제들의 전용 공부방이었음.
춘강 고정주가 1905년 을사보호조약이 맺어지자 벼슬을 그만두고 고향 창

평으로 돌아와 '상월정'에 '영학숙'을 세움. 영학숙은 글자 그대로 외국어인 영어를 주로 공부하는 학숙으로 외국인 영어 선생을 모셔다가 공부를 시킴.

영학숙이 커져서 1908년 '창흥의숙'으로 발전하고, 학생 수가 50여 명에 이르렀다고 하며 초등과 3년, 고등과 6개월의 속성이었고 교과목은 한문, 국사, 영어, 일어, 산술 등 신학문이었음.

창흥의숙은 호남 최초의 근대 학교로 일체의 비용을 고정주가 부담. 후에 창평학교로 개명되었다가 오늘날의 창평초등학교가 되었음.

- 1919. 2월 서울로 상경.

유림의 「파리장서」 독립 청원 사건

「파리장서(巴里長書)」란 1919년 심산 김창숙 등 유교 지식인 137명이 파리 강화회의에 제출하기 위해 작성한 '독립청원서'로, 4월 발각되어 옥고를 치름.

- 1919. 3월 정읍에 귀향, 만세 운동 주도.
- 1921년 일본으로 건너가 산리현 갑부에서 노동에 종사하며, 사회 주의에 몰두하며 점점 아나키즘에 젖어 듦.
- 1922. 8월경 영주정사 학감으로 있던 고희석에게 일본에 가는 여 비를 부탁한 편지가 유일한 구파의 유품.

1923년 1월, 신채호 「조선혁명선언(朝鮮革命宣言 / 일명 의열단선언)」을 발표, 아나키즘(무정부주의) 영향.

- 1923. 8. 10. 박승규, 최동규, 김기홍과 같이 일본 동경으로 잠입.
  일본 천황 암살과 조천수력공사장(早川水力工事場)의 파괴 시도.
  관동대지진(9월 1일)과 조선인 대학살(6,600명)로 구파 백정기는
  북경으로 건너가고, 다른 3인은 20일 후 귀국.
   * 관동대지진을 겪으며 일제에 대하여 보다 전투적이 되어 감.
- 1924. 4월 북경에서 이회영 등과 '재중국무정부주의자연맹' 결성.
   * 우당 이회영, 우근 유홍식, 회관 이을규, 우관 이정규, 구파 백정
   기, 화암 정현섭 등 6인이 창립 멤버가 됨.
   * 우당이 중심이 되어 기관지 '정의공보'를 발행.

우당 이회영과 6형제

6형제(건영, 석영, 철영, 우당, 시영, 호영, 소영) 중 우당 이회영이 넷째로,
1907년 고종의 밀명을 받아 헤이그밀사(이상설, 이준, 이위종)를 파견하는
데 역할.
1910년 12월 형제는 모든 재산을 처분하여 40만 원을 모았고, 1911년 만
주 서간도에 경학사, 신흥강습소, 신흥무관학교 설립(이상룡 선생도 참여).
10년 동안 약 3천여 명의 독립군을 양성함. 1921년 6월, 자유시참변으로
많은 독립군들이 죽자 공산주의와 사회주의에 반감을 가진 것으로 추정됨.
다섯째 이시영은 광복 후 부통령을 지냄. 부인 이은숙 여사가 나중에 『서간
도 시종기』를 남김. 신채호, 김창숙과 비슷한 성향으로 함께 독립운동 활동.

신흥무관학교

- 1909년 독립군기지 건설지 답사를 위해 만주 방문.
- 1910. 7월 남만주 유하현 삼원보 추가가(柳河縣 三源堡 鄒家街)에 우선 정착.
- 1911년 봄 한인자치기관인 경학사(耕學社)를 조직.
- 1911년 신흥강습소를 설치.
- 통화현(通化縣) 제6구 합니하(哈泥河)로 이전.
- 1913년 신흥중학교로 개칭하고 중학반과 군사반을 두었다가 중학반은 폐지하여 지방중학에 인계하고 군사반만 전력.
- 1919년 공간이 부족해지자, 유하현 제3구 고산자가(孤山子街)로 이전함과 동시에 신흥중학교를 점진적으로 폐교하고 신흥무관학교를 설립.
- 1919년 3·1운동 이후 수많은 우국지사들이 해외로 망명. 이때 일본 육군사관학교 출신 육군 중위 지청천, 윈난(雲南)사관학교 출신 이범석 등 유수한 무관들이 들어오면서 입학을 지원하는 학생들이 날로 증가.
- 1920년 가을 일제의 가중되는 탄압과 잇단 사고 등으로 폐교.
* 폐교된 그날 지청천은 사관생도 300명을 인솔하고 백두산 지역 안도현(安圖縣) 삼림지대로 들어가 홍범도의 부대와 연합. 그 후 김좌진 부대의 뒤를 따라 밀산(密山)에 도착하여 대한독립군단 결성에 참가.

- 1924. 9. 구파를 위시하여 재중국무정부주의자연맹의 동지들은 우당을 북경에 남겨두고 상해로 이동함.
- 1924년 상해 서쪽 조가도에서 주물과 일상용품을 생산하는 곳으

로 영국인이 경영하고 직원이 3천여 명인 공장에 근무하며 특별
히 폭탄제조기술을 배움.

- 1925. 3. 상해전차공사에 다시 취직.

1925년 당시 주변 상황

- 1925. 3월 박승규가 서울에서 타살됨.
- 1925. 4월 곽철, 한병희, 이창식, 이철 등 5명이 무정부주의자 연합기관인
  '흑기연맹' 발기회를 서울에서 하다가 체포됨.
- 1925. 5월 상해에서 중국 5·30총파업이 발생.
- 1925. 9월 대구에서 조직된 영남의 무정부주의자 단체인 '진우연맹'이
  발족됨.
- 1925. 9월 임시정부는 이승만을 대통령에서 탄핵(3월)하고 제2차 임시헌
  정개정안을 의결하여 내각책임제를 채택하였는데, 9월에 이상룡이 초대
  국무령으로 선임되어 취임하지만 내각을 구성하지도 못한 상황이었음.
- 1926. 1월 김원봉은 중국 광주에서 열린 '의열단 개조회의'에 유자명(의열
  단의 사상적 뒷받침)과 함께 참석 후 1,200km 떨어진 상해로 걸어서 복귀.
* 이 무렵 의열단 단원들은 과거와 같은 단순한 폭력운동으로는 혁명을 할 수
  없다고 인식하고, 의열단을 개조하여 혁명정당인 '조선민주혁명당'을 설립.

- 1926년 하반기 북경 근처에 있는 천진의 우당 이회영의 두 칸 방
  집에서 한 칸에는 우당과 아들(이규창), 회관 이을규, 우관 이정
  규, 구파 백정기가 기거하고, 다른 한 칸은 우당의 장남 규룡의 소

실인 여인 송씨와 딸 현숙이 기거하며 보냄.

- 1927년 초 구파는 천진을 떠나 다시 상해전차공사에 들어감.

1927년 당시 주변 상황

- 1927. 3. 24. 중국 국민정부가 남경을 점령하고 수도를 남경으로 옮김.
- 1927. 4. 12. 상해에서 소위 '장개석 쿠데타(상해 쿠데타를 말함. 총동맹
  파업 시위 행진대에 기관총을 난사하여 3백여 명 살상)'가 있고, 이 일로
  국민정부의 국공합작이 결렬되고 국민당이 중공당을 탄압하게 되면서
  중국 내전기를 맞게 됨.
* 상해 쿠데타를 기점으로 장개석, 공상희, 송자문, 진과부 4대 가문은 서로
  제휴하여 동반 재벌로 성장.
- 1927. 8월 임시정부가 국무령제에서 다시 국무위원제로 헌법을 개헌
  (1927. 2. 15.). 이후 8월에 첫 내각이 구성됨(주석 이동녕, 국무위원 김구,
  김철 등).

- 1928. 5월 김두봉이 상해 대로변에 아이스크림 판매점을 열자, 이
  곳에서 일을 도와주며 지냄.
  * 이 무렵 백정기는 결핵으로 피를 토하는 지경에 이름.
- 1928년 한국, 중국, 일본, 필리핀 등으로 구성된 '동방무정부주의
  자연맹' 남경 한국 대표로 참석.
- 1929. 1월 결핵이 심해져, 결핵환자 휴양소 입원.

1929년 주변 동향

- 1929. 1월 길림에서 삼부합작회의(참의부, 정의부, 신민부) 개최.
- 1929. 7월 시야 김종진 등이 해림에서 '재만무정부주의자연맹'을 조직 (연맹회원 17명).

- 1930. 4월 결핵환자 휴양소에서 퇴원.
- 1930. 7월 퇴원 후 신현상이 와 있던 북경에 가서 동지들을 만남.

1930년 주변 동향

- 1930. 1. 24. 백야 김좌진 장군은 '신민부'를 해체하고 '한족총연합회'를 결성하였는데, 연합회의 자조사업체로 만든 만주지역 산시진 자택 앞 금 성정미소에서 김봉환의 조종을 받은 박상실의 흉탄에 순국.

- 1930. 10월 말 시야 김종진이 있던 흑룡강성 '해림'에 백정기를 포 함한 동지들이 모임.
  * 우당 이회영은 구파와 딸 부부를 해림으로 보내고, 아들 규창과 1930년 10월 말경 상해에 도착. 이곳에서 둘째 형님 이석영, 남 경에 있던 동생 이시영을 만남.
- 1931. 8월 말경 상해에서 '남화한인청년연맹(南華韓人靑年聯盟)' 회의가 열림. 이회영, 이규창(이회영의 아들), 백정기, 유자명, 정

화암, 이용준 등 14~17명 정도 참여.

* 독립운동의 방면을 새로 정리하여야 할 필요성을 논의함과 더불어 조직체를 가져야겠다는 결론에 따라 조직했고, 기관지로 '남화통신'을 발간키로 결정.

1931년 만주 동향

- 1931. 9. 18. 만주사변이 발생. 일본은 봉천(奉天) 외곽의 류타오후에서 자기네 관할이던 만주철도를 스스로 파괴하고, 이를 중국 측 소행이라고 트집 잡아 철도 보호를 구실로 군사행동을 개시.
- 1931. 10월경 항일 공동 투쟁을 위한 남화한인청년연맹과 중국 무련의 연합체인 '항일구국연맹'이 만들어짐. 그리고 기관지로 '자유'를 발행. 이 모든 비용은 중국 '아나키스트' 왕아초가 지원함.

 - 1931. 11월경 적의 기관 파괴, 요인암살, 친일분자 숙청을 목적으로 하는 '항일구국연맹'의 노출되지 않는 비밀결사인 흑색공포단 (Black Terrorist Party)이 조직되고, 백정기가 조직책임자를 맡음.

1932년 주변 동향

- 1932. 1. 8. 이봉창 의사가 일본 동경 기쿠마치구 밖 사쿠라다문 앞에서 관병식을 끝낸 뒤 마차를 타고 돌아가는 일왕 히로히토를 향하여 폭탄 투척.

- 1932. 1. 28. 상해사변(上海事變) 발생. 일본인 승려가 피살되고, 이에 상해 거류민단체 회원들이 복수를 하면서 시작. 1월 첫 총격부터 3월 1일 4차 전투까지 이뤄지면서 5월 5일 '송호협정' 체결로 전투는 종결. 상해사변은 3월 1일 만주국 수립에 대한 외부의 시선을 돌리기 위한 목적이 컸다고 해석되고 있음.
- 1932. 3. 1. 만주국 수립.
- 1932. 4. 29. 윤봉길 의사가 일왕 생일인 천장절 행사와 상해사변 전승 축하식이 열리는 홍커우공원에서 일본 상해 파견군 사령관 시라카와 대장 외 1명을 폭살하고, 주중 일본공사 시게미츠 외 수 명에게 중상을 입힘
* 이봉창, 윤봉길은 대한민국 임시정부 계열 단체인 한인애국단 소속.
* 두 의거는 그동안 활발한 투쟁을 전개하지 못해 어려움을 겪던 상해 임정 중심의 광복투쟁을 보다 선명하고도 확실성 있으며 밝은 전망을 실현할 수 있는 단서를 얻게 했음. (『항일혁명투사 구파 백정기』, 31쪽, (사)구파 백정기의사기념사업회)

- 1932. 4. 29. 윤봉길 의사 폭탄 투하 당시 백정기 의사도 이회영 등 '남화한인청년연맹' 차원에서 폭탄을 구해 준비를 마쳤으나, 입장권을 구하지 못해 무위로 끝남.

1932~1933년 주변 동향

- 우당 이회영은 동북삼성 주요 도시가 이미 일본 관동군 지배하에 있는데도 '만주기지 재건'을 구상하며 1932년 11월 초순 상해를 떠났고, 열흘도

안 되어 죽음을 통보받음.

- 1933년 2월 20일, 만주국 미승인을 이유로 일본 국제연맹 탈퇴. 연맹 탈퇴를 결정한 일본은 ① 열하를 점령하고 북경, 천진을 압박하면서 ② 중국과 직접 교섭하여 돌파구를 찾는 '냉온 이중 플레이'를 통해 영토를 점령하는 것이 목적이었음. 일본공사 유길명은 일본에 유리하도록 교섭을 진행시킬 중국 측 인사와 교섭하는 임무를 부여받은 걸로 보임.

- 1933. 3. 5. 원심창이 일본공사 유길명이 일본 정부의 밀명에 따라 일본 돈 4천만 원 상당의 비밀 자금을 갖고 국민당 정부의 요인을 상대로 밀실교섭을 하고 있다는 정보를 백정기에게 먼저 알림.
- 1933. 3. 6. 일본공사 유길명 암살 실행자로 흑색공포단 중 백정기가 선출되고, 거사계획을 수립.
- 1933. 3. 17. 중국 육삼정(홍구 소재 요리점, 6·3정) 의거 발각으로 체포.
  * 주중 일본공사 유길명(아리요시 아키라)과 중국의 친일수뇌부 몰살 의도.
  * 백정기, 이강훈, 원심창이 체포됨.
  * 거사를 실행하지도 못한 채 발각되어 미수에 그침으로써 이봉창, 윤봉길 의사의 의거에 비해 상대적으로 그 파장이 적었고 일반인들에게 알려진 바가 훨씬 적음.
  * 우당 이회영의 아들인 이규창의 자서전『운명의 여진』의 부록「주중일본공사유길의 암살 진상」에 '우리는 김구에게서 받아 정화암

이 보관하고 있는 시라카와 등을 폭살할 때 사용하던 똑같은 성능의 도시락형 폭탄이 있는고로 무기에 대하여는 문제가 없었다. 그리고 김구에게 우리의 거사 사실을 논의하였다.'고 적고 있음.

1933년 중국, 일본 동향

- 1933. 5. 31. 중국과 일본 간 정전협정 체결로 만주전쟁은 마무리됨. 이에 따라 이미 점령당한 국토이지만 만리장성 이북의 만몽 지역 영토를 떼어 주게 됨.

- 1933. 7. 11. 백정기 일행은 일본 나가사키항에 도착.

    * 압송되는 배 안에서 백정기의 언급. "나는 얼마 살지 못할 것 같다. 동지는 몸이 건강하니 자중자애하라. 출옥하거나 만일 독립이 안 됐으면 나를 조국 땅에 묻지 말고, 독립이 됐으면 나의 유해를 조국 땅에 묻어 주되 무덤 위에 꽃 한 송이만 꽂아 주기 바란다."

- 1933. 11. 15. 일본 나가사키지방재판소에서 이뤄진 첫 공판.

    * 백정기 의사는 사실심리가 시작되기 전에 "일본 말을 모르는 것은 아니지만 우리의 행동 목적과 그 의의를 진술하는데 조선말에 비교할 수 없으므로 조선말 통역자를 입회시켜 줄 것을 요구한다."고 요청함. 재판장이 조선말 통역자의 필요성을 인정하지 않는다고 하자 세 동지(백정기, 원심창, 이강훈)는 일어나서 "우

리가 조선 사람인 것을 모르느냐? 우리는 조선 사람이다"라고 소리치며 "우리도 생각이 있으니 무도하기 짝이 없는 너희 마음대로 해 보라."고 다시 고함치자 공판장은 이미 전쟁과 같은 분위기가 됨.

  * 또한 "강권의 집단인 국가와 그 기관을 옹호하는 법률은 부정한다. 우리는 우리의 혁명을 돌진하는 도정에서 일체 장애물을 파괴하지 않을 수 없다"라고도 주장함.

  * 그리고 "우리를 총살하든 교살하든 그것은 너희들 자유다. 우리는 정당한 행동을 하다 죽는 것을 조금도 후회하지 않는다. 우리가 무정부주의자라는 것을 인식하라."

- 1934. 6. 5. 나가사키 부근 가까운 소도시에 있는 이사하야 형무소에서 순국. 향년 39세.

1937년 주변 동향

- 1937년 7월 중일전쟁 발발.

- 1946. 6. 15. 부산에서 삼의사 봉환행사.

  * 동경 우라와 묘지에 있던 '이봉창 의사'의 유해, 나가사키 이사하야 감옥 묘지에 있던 '백정기 의사'의 유해, 이시가와현 일본 육군 묘지 아래 도로에 매장되어 있던 '윤봉길 의사'의 유해를 찾아냄.

- 1946. 7. 6. 이봉창, 윤봉길 의사와 함께 조국에 봉환(奉還), 효창

공원 3의사 묘역에 안장.

* 효창공원 내 독립투사 7위의 묘소는 1989년 6월 8일 자로 독립
  유적지로서 사적 제330호로 지정되었음 : 김구, 이봉창, 윤봉길,
  백정기, 안중근(가묘), 임시정부 부주석 이동녕, 군무부장 조성
  환, 비서부장 차리석.

* 효창공원에 3의사의 유해가 안장되기까지의 추진 과정은 김구
  의 주도 아래 아나키스트계 혁명운동 동지들의 숨은 노력으로
  이뤄짐.

* 박열, 이강훈, 서상한, 이옥동, 김정주 등 재일한인 아나키스트
  들이 중심이 되어 1946년 1월 20일, '재일본건국청년동맹'을 개
  편하여 '신조선건설동맹'을 조직.

* 김구는 미군정 자문기구인 민주의원으로 하여금 국민장 거행을
  결의하게 하고, 미군정 협조를 받아 거행.

* 김구는 3의사 유골을 모신 전망차 안에서 '그 세 사람을 죽으라
  고 보낸 것이 바로 나다. 그러나 세 사람을 보낸 나만이 살아 있
  으면서 아직 독립을 이룩하지 못하고 있으니, 3의사에 대하여
  부끄럽기 한량없다는 회고를 금할 수 없다. 조국을 위하여 신명
  을 바치고 지하에 잠드신 선열과 충의지사가 어찌 3의사뿐이랴
  만 대담무쌍 왜국의 심장을 향하여 화살을 던져 조선 민족의 불
  멸의 독립 혼을 중외에 떨친 것은 아마 이 세 분이 으뜸이리라.'
  고 말함.

- 1946년 백범 김구는 해방 후 정읍에 들러 구파 백정기의 부인 조

팔락 여사에게 양단 옷감을 한 벌 선물했다고 함.

- 1959년 정읍시 영원면에 도민 성금으로 순국비 건립.

- 1963년 건국훈장 독립장 추서.

- 1996년 '구파백정기의사기념사업회' 발족.

- 1997년 백정기 의사 의열사 건축 시작.

- 2004년 6월 5일 구파백정기의사기념사업회 / 기념관 개관.

- 2022년 구파 백정기 의사 순국 제88주기 추모행사 / 영원면 백정기의사기념관, 주최 및 주관은 (사)구파백정기의사기념사업회.

구파 백정기 의사 관련 향후 과제

『전태일평전』과 같은 팩트와 함께 평가가 실린 평전 발간 필요 : '이 책이 세간에 나간 뒤 조만간 그의 생애를 되짚어 보고 오늘날의 우리네 현실을 곱씹어 생각하는 이가 있다면 백정기 일대기의 평전들이 출현될 것으로 기대해 봄직하다.' (『항일혁명투사 구파 백정기』, 집필자 조광해, (사)구파백정기의사기념사업회)

□ 참고 1 : 의열단과의 구분

○ 1919년의 거족적인 3·1독립운동을 겪은 뒤, 해외로 독립운동기지를 옮긴 애국지사들은 강력한 일제의 무력에 대항하여 독립을 쟁취하기 위해서는 보다 조직적이고 강력한 독립운동단체의 조직이 필

요하다고 생각.

- 이러한 요망에 부응하여 1919년 11월 10일, 만주 길림성 파호문(把虎門) 밖 중국인 반모(潘某)의 집에 모인 독립지사들은 급진적 민족주의 노선을 지향하는 항일비밀결사인 의열단(천하의 정의로운 일을 맹렬히 실행한다는 의미를 지님)을 조직.

o 의열단의 지도이념 및 사상을 정립하는 데는 창단의 중요한 역할을 담당하였던 김원봉(1898~1958)의 동향 선배이며 고문인 김대지(김원봉의 고모부)와 황상규의 영향이 컸다.

- 뒤에는 신채호(申采浩)가 독립운동의 경륜과 강령을 체계화한 것으로 보임. 신채호가 1922년 12월에 작성에 착수하여 1923년 1월에 완성, 발표한 「조선혁명선언」(일명 의열단선언)에는 의열단의 독립투쟁노선과 행동강령이 잘 나타나 있음.

- '민중은 우리 혁명의 대본영(大本營)이다. 폭력은 우리 혁명의 유일 무기이다. 우리는 민중 속에 가서 민중과 손을 잡고 끊임없는 폭력, 암살, 파괴, 폭동으로써, 강도 일본의 통치를 타도하고, 우리 생활에 불합리한 일체 제도를 개조하여, 인류로써 인류를 압박지 못하며, 사회로써 사회를 수탈하지 못하는 이상적 '조선'을 건설할지니라.' (「조선혁명선언」의 마지막 구절, 신채호, 1923년)

- 당시 일부 민족주의자들의 독립운동노선이었던 문화주의 · 외교론 · 준비론 등 일체의 타협주의를 배격하고, 독립의 쟁취를 위해서는 오직 직접적 투쟁 방법인 '암살과 파괴'라는 과격한 방법을

택할 수밖에 없었다는 점에서 순수한 민족독립운동을 지향.

ㅇ 의열단 창단 당시의 멤버는 주로 신흥무관학교 출신으로 김원봉이
   단장을 맡고, 13명으로 구성.
   - 김원봉 · 윤세주 · 이성우 · 곽경 · 강세우 · 이종암 · 한봉근 · 한봉
     인 · 김상윤 · 신철휴 · 배동선 · 서상락 · 권준 등 13명.
   - 시인 이육사도 의열단 단원이었음.

ㅇ 의열단의 1920년대 활동.
   - 박재혁의 부산경찰서 폭탄 투척(1920년 9월).
   - 최수봉의 밀양경찰서 폭탄 투척(1920년 12월).
   - 김익상의 조선총독부 폭탄 투척(1921년 9월).
   - 김익상 · 오성륜 · 이종암 등의 일본군 대장 다나카 기이치(田中義
     一) 저격 미수(1922년 3월).
   - 김상옥의 종로경찰서 폭탄 투척 후 교전(1923년 1월).
   - 황옥 · 김시현의 폭탄반입사건(1923년 2월).
   - 김지섭의 도쿄 일왕 거주지 입구의 니주바시(二重橋) 폭탄 투척
     (1924년 1월), 베이징에서 일제 밀정 김달하 암살(1925년 3월).
     * 김활란의 언니와 김달하가 결혼. 김달하는 이회영, 신채호, 김
       창숙 등에 밀접 접근.
     * 심산 김창숙(성균관대 초대 학장과 총장 역임, 독립청원서인 파
       리장서 운동을 주도)은 3 · 1운동 때 유림의 참여가 없는 것을 안

타까워하며, "성인의 글을 읽고도 그가 시대를 구하려 한 뜻을 얻으려 하지 않는다면 이는 거짓 선비다"라고 언급.

- 나석주의 동양척식회사 및 식산은행 폭탄 투척(1926년 12월)이 의열단 마지막 활동으로 여겨짐.

O 의열단의 1920년대 후반 활동.

- 김원봉 등 의열단 지도부는 개별적 의열투쟁의 한계를 인식하고, 조직적 무장투쟁으로 그 운동노선을 전환하여 군사 교육, 군대 양성에 주력.

- 1926년 1월 김원봉, 윤세주를 비롯한 의열단의 핵심 요인 20여 명이 중국 국민당과 공산당의 합작, 즉 국공합작으로 창설, 운영되던 황푸군관학교(초대 교장 장개석, 1924~1927)에 입교, 10월에 졸업.

  * 의열단 요인들은 황푸군관학교에 있던 시절 저우언라이를 비롯한 중국 공산당 출신 교관 및 사회주의 학생들을 통해 공산주의를 접하고 이에 심취. 마르크스-레닌주의의 핵심인 폭력혁명론은 이들을 크게 매료시킨 것으로 보임.

  * 또한 이 학교를 졸업함으로써 항일운동을 지속하는 데 필요한 강력한 지원세력을 중국 군대와 정부 내에 구축할 수 있었음. 국민당과 공산당을 막론하고 두터운 학맥을 쌓은 것. 이 학교 교장이 장개석(蔣介石) 국민당 주석이었고, 정치부 주임은 공산당의 저우언라이(周恩來)였음. 황푸군관학교 출신들은 국공합

작이 깨진 뒤에도 중국 국민당 국민정부에서 장개석 주석의 친위대 역할을 했음. 저우언라이와, 선생의 동기생(4기)인 린뱌오 (林彪) 등도 공산당의 핵심 인물이 됐음.

- 1926년 겨울, 황푸군관학교를 졸업한 김원봉은 광주에서 의열단의 개조를 위한 전체회의를 개최하고, 의열단을 장차 '혁명정당'으로 전환할 것을 결정.

- 1927년 8월, 장개석(蔣介石)의 상하이 쿠데타(4·12쿠데타) 후 국민당 좌파도 우파를 추종하여 반공(反共)을 결정함에 따라 우한 (武漢) 정부에서 이탈한 '중국공산당'의 최초의 무장 봉기이자 중국 인민해방군의 기원이 된 '난창 폭동'에서 의열단원들이 핵심적인 역할을 수행. 그러나 김원봉과 윤세주만 살아남고 모두 사망.

- 1928년 10월 '조선의열단중앙집행위원회' 이름으로 발표된 '창단9주년기념성명'을 계기로, 종래의 조국 광복을 목표로 한 순수한 민족주의노선에서 '계급적 이데올로기에 기반을 둔 급진적 민족주의 내지 사회주의노선'으로 전환하기 시작.

○ 의열단의 1930년대 활동.

- 1930년 4월 '레닌주의 정치학교'를 개설. 또 공산당 재건동맹에 참여.
  * 이때가 선생의 항일 투쟁사에서 가장 좌경화됐던 시기.

- 1932년 10월 만주국 수립 후에는 중국의 국민당 정부에 가까워져서는 '국민당 정부의 도움으로' 난징 교외에 지도급 독립투사들을 길러낼 '조선혁명간부학교'를 개설.

- 1934년 4월 임시정부 지도자인 김구 선생이 학교를 방문해서 '조선혁명을 위해 최후까지 분투해 줄 것'을 격려. 김구 선생은 학생들에게 만년필 한 자루씩을 선물. 졸업생 중에는 항일민족시인 이육사 선생(1904~1944)이 끼어 있었음.
- 학교는 1932년 10월~1935년 9월까지 3년간 125명의 독립군 간부와 전사를 키워냄.
- 1935년 7월 보다 효과적인 항일 투쟁을 위해 한국독립당·의열단·신한독립당·조선혁명당·미주대한인독립당 등 5당 대표가 난징(南京)에서 '민족혁명당'을 결성.
  * 민족혁명당은 편의에 따라 당명 앞에 '한국'·'조선'·'고려'의 명칭을 붙여 사용했는데, 초기에는 주로 '한국'을 사용했으나 1937년 이후 '조선'이라는 명칭을 사용.
- 1937년 중국 내의 민족주의 계열과 사회주의 계열이 통합된 '조선민족혁명당'을 결성.
- 1937년 12월, 민족혁명당은 조선민족해방자동맹·조선혁명자연맹 등을 규합하여 '조선민족전선연맹'을 결성.
- 1938년 10월, '조선민족전선연맹'은 장개석의 도움을 받아 그 산하 군사조직으로 '조선의용대'를 조직해 중국 각지에서 활발한 항일 투쟁을 전개.
  * 조선의용대는 1940년대 중국 관내에서 한인의 양대 군사조직이던 '한국광복군'과 '조선의용군'의 창설 및 발전을 선도.

의열단 → 민족혁명당(1935. 7.) → 조선민족혁명당(1937) → 조선의용대(1938. 10.) → 조선의용대 화북지대 → 임정 한국광복군에 일부 편입(1942. 5.) / 조선의용군 → 팔로군과 연합, 마오쩌둥의 중공군에 합류.

○ 의열단의 1940년대 활동.

- 1942년 '민족혁명당'을 이끌고 '임시정부'에 합류.

  * 선생과 조선의용대원 일부는 1942년 7월 '한국광복군' 제1지대로 개편.

- 1944년에는 한국독립당 등과 연립정부를 건립하는데 이때 민족혁명당의 김규식은 임정 부주석으로, 김원봉 선생은 임정 군무부장에 추대됨.

- 1946년 1월 열린 '임시정부'의 비상국민회의 준비회가 우익 편향으로 기울자, 김원봉 선생 같은 좌파 민족주의자들이 설 자리를 잃었고 선생은 결국 비상국민회의에서 탈퇴.

(경향신문) '그러나 지금도 그런 편이지만 해방정국이 어떤 때인가. 우익과 좌익, 남한과 북한, 미국과 소련 등 대결구도에서 하나만 골라야 한다는 이분법 진영논리가 팽배했던 시절이었다. 우경화한 임시정부에서 벗어난 좌파 민족주의자는 왼편에 가담할 수밖에 없었다. 좌파 민족주의자들에게 주어진 선택지는 좁았다.'

- 1946년 임정 탈퇴 후, 조선공산당이 주도한 '민주주의 민족전선(민

전)' 결성에 합류. 드디어 공산주의자들과 위험한 동거생활을 시작.
- 1947년 미군정이 박헌영·이강국 등 조선공산당 간부들에 대한
  검거령을 내리면서 김원봉 선생 등도 '민전'의 지도자라는 이유로
  구금.

해방정국의 백색테러 암살 : 송진우(1945년 12월 30일), 여운형(1947년
7월 19일), 장덕수(1948년 3월 12일), 김구(1949년 6월 26일)

- 1948년 4월 9일 월북, 북한 초대 검열상에 임명됨.
- 1952년 7월 검열상에서 노동상으로 이동.
- 1957년 9월 노동상에서 해임.
- 1958년 9월 9일 조소앙의 장례식 때 참여 뒤 소식 모름.

(경향신문) '김원봉 선생이 실용주의적 사고를 둔 민족주의자이지 공산주
의자는 아니라는 얘기. 항일 투쟁을 위해서는 어떤 단체나 국가와도 연대
한다는 유연한 인식을 갖고 있었음. 김원봉 선생은 '뼛속까지 민족주의자
였다'라는 설명이 맞겠음. 더 정의하자면 김구 선생이 민족주의 우파 세력
의 지도자라면 김원봉은 좌파 세력의 한 축을 이룬 지도자라 하겠음.'

□ 참고 2 : 대한민국 임시정부

○ 당초 임시정부 수립을 선언한 곳은 7군데.

- 누가 어떻게 수립한 것인지 모르는 곳 4개소 : 조선민국임시정부, 고려공화국, 간도임시정부, 신한민국정부.
- 수립 과정을 아는 곳 3개소 : 서울의 한성임시정부, 블라디보스토크의 노령정부, 상하이의 대한민국 임시정부.
  * 노령에서는 1919년 2월 중순 종전까지 있던 전로한족중앙총회(全露韓族中央總會)를 국민의회로 개편하고, 3월 21일 임시정부의 체제를 정비.
  * 한성정부는 1919년 3월 중순부터 서울에서 비밀리에 추진하여, 4월 2일 인천에서 13도대표자대회를 열어 구체화한 뒤, 4월 23일 서울에서 국민대회를 개최하여 공표.
  * 상하이의 민족지도자들이 베르사유강화회의에 대표를 파견하는 과정에서 '신한청년당'을 조직하고 독립운동 방안을 논의하고 있던 중, 1919년 4월 초 서울에서 망명한 인사들로부터 '한성정부' 수립 추진 소식을 듣게 되었음. 이에 영향을 받아 13도 대표로 '임시의정원'을 구성하고, 4월 11일 대한민국 임시정부를 수립. 이때 임시의정원에서는 한성정부의 각료 구성을 수정하는 형식으로 절차 진행.

○ 1919. 4. 11. 임시의정원(국회) 구성, 의장 이동녕.
  - 국호와 헌법 제정 : 대한제국(황제) → 대한민국(국민)
  - 러시아 노령정부, 한성정부, 상해정부 참석.
  - 국무총리 이승만, 내무총장 안창호, 외무총장 김규식, 법무총장 이

시영, 재무총장 최재형, 군무총장 이동휘, 교통총장 문창범.
- 임시헌법 초안은 '조소앙'이 작성(당시 프랑스 유학과 교수가 많은 명치대학에서 학위 받음).

○ 1919년 9월 6일, 제1차 개헌형식을 거쳐 대통령중심제인 대한민국으로 통합됨.
- 국호를 상해정부의 것으로 정한 것은 다른 두 곳의 경우는 국호의 명시가 없었으므로 당연.
- 각료 구성을 한성정부의 것으로 따른 것은 한성정부가 국민대회라는 국민적 절차에 의해 수립되었으므로 정통성의 명분이 있었을 뿐만 아니라, 워싱턴에 이미 집정관총재사무소가 설치, 운영되고 있었기 때문임.
- 한성정부의 조각이 노령동포의 대표 격인 '이동휘'를 국무총리로 선임하고 있어, '통합정부'에서 노령동포의 의사가 반영될 수 있는 기회도 유리하게 주었음.
- 당시 의원내각제도를 이상적으로 여겼을지라도 대통령중심제와 의원내각제를 절충한 것은 한성정부의 조직이 기왕 대통령(집정관총재)제도를 채택하고 있었기 때문.
- 1920년 '이동휘'는 소련에서 지원한 자금을 독자적으로 처리하여 말썽을 빚어, 1921년 대한민국 임시정부를 떠나가고 말았음.
- 만주에서는 대한민국 임시정부 산하에 서간도의 '서로군정서(西路軍政署)'와 북간도의 '북로군정서(北路軍政署)' 등도 있었음. 하

지만 만주의 군정서 조직은 1920년 일제의 소위 간도출병으로 파괴된 뒤, '만주에서 독립운동단체로는 재건'되었지만 임시정부와의 행정적 관계는 회복되지 못하였음.

○ 1923년 국민대표회의를 개최했으나 성과 없이 끝남.

○ 1925년 임시헌법(제2차 개헌).
  - 국민대표회가 해산한 뒤, 이승만을 탄핵하고 1925년 박은식(朴殷植)을 대통령에 선출.
  - 국무령(國務領)을 수반으로 하는 의원내각제를 채택.

○ 1927년 임시약헌(제3차 개헌).
  - 관리정부 형태로 행정부를 의정원에 완전히 예속시킴.
  - 행정부의 수반은 주석이었지만, 국무회의에서 선출한 회의의 의장 이상의 권한은 없었음. 그러므로 국무위원에 의한 집단지도체제를 채택한 것.
  - 또한 민족대당(民族大黨)이 결성될 경우, 대한민국 임시정부의 최고 권력은 민족유일당에 속한다고 규정. 이로 인해 여러 당이 만들어지는 계기가 됨.
  - 국내에서는 민족유일당이 신간회(新幹會) 조직으로 나타나게 됨. 또한 조선혁명당·한국독립당·한국국민당·조선민족혁명당 등의 활동이 두드러짐.

* 정당은 결국 조선혁명당(지청천)·한국독립당(조소앙)·한국국민당(김구) 3당을 통합한 '한국독립당(김구)'과 우파사회주의계열의 '조선민족혁명당(김규식·김원봉)'의 양대 정당으로 통합, 정비되면서 한국독립당이 대한민국 임시정부의 지지기반이 됨.

대한민국 임시정부 주변에서 사회주의, 특히 공산주의의 실체에 대해 상당한 이해를 가지게 된 것은 1927년 '민족유일당촉성운동'을 전후한 일이었음. 그래서 대한민국 임시정부는 민족유일당촉성운동 이후부터는 공산주의를 완강하게 배척하게 되었음.

○ 1928년, 1919년 당시 한성정부의 집정관총재사무소를 이승만이 대통령으로 피선되고는 구미위원회로 개편했으나, 이승만 탄핵 뒤 해체.
  - 임시정부의 중앙조직이 변하고 있을 때, 초기 조직에서 뺄 수 없는 것이 구미위원회임.
  - 이승만이 워싱턴에서 한성정부의 집정관총재사무소를 개설하였다가 대통령에 피선된 뒤 구미위원부(회)로 개편한 것임.
    * 구미위원부는 밑에 파리통신부를 두고 외교업무를 직접 관장하였을 뿐만 아니라, 미국 동포의 인구세와 애국금까지 독점하는 등 임시정부 업무를 전횡하여, 대통령의 독주라는 비난을 받았고, 결국 구미위원회는 이승만이 탄핵된 뒤 1928년 해체됨.

○ 1940년 임시약헌(제4차 개헌).

　- 주석(主席)을 중심으로 한 내각책임제의 형태로 복귀.

　- 주석은 대외적으로 국가원수였으므로 대통령중심제의 일면도 가

　　미된 것.

　- 주석은 의정원에서 선출하게 하고 권한도 증대시킴.

　　* 의정원의 상임위원회를 폐지하여 행정부의 독자적 활동을 보장.

○ 1940년 9월 17일, 광복군사령부 신설.

○ 1941년, '건국강령' 채택.

○ 1941년, 이승만의 주미외교위원부가 새로 설립되고, 군사위원회 · 선

　전위원회 · 외교연구위원회 · 경위대(警衛隊) 등이 부설되면서 정부

　조직은 보완.

　- 이는 중일전쟁 확대에 따른 업무의 증대에서 기인된 바가 큼.

○ 1942년 김원봉의 조선의용대[1938년 결성, 주류 인원은 연안(延安)

　의 조선의용군]를 통합하여, 사령부(사령관 지청천) 밑에 3개 지대

　로 편성함.

　- 광복군은 처음 중국 군사위원회에 예속되었기 때문에, 대한민국

　　임시정부의 작전권 밖에 있었음. 그러나 8 · 15광복 직전 대한민국

　　임시정부에 이관됨으로써 명실공히 대한민국의 광복군이 되었음

○ 1942년 12월, 이른바 '통합의회'에 '조선민족혁명당'이 합류한 뒤 김원봉은 대한민국 임시정부의 야당 총수 같은 존재로 부상하여 각료 구성에도 참여.

- 그 밖에 소수정당으로 조선무정부주의자연맹과 조선혁명자연맹과 조선민족해방동맹이 있었으나 당세가 크지 못하고, 통합의회 이후 모두 대한민국 임시정부에 참여함.

한국에 대한 서구의 입장

1943년 카이로회담 때도 미국의 태도는 불투명하였음. 당시 영국은 전후에도 동남아시아에서 식민적 지배가 가능할 것으로 망상하고 식민지들의 독립 분위기를 봉쇄하기 위해 한국의 독립을 방해하였는데, 미국은 그에 동조하고 말았던 것임.

카이로선언에서 한국이 '적당한 시기'에 독립한다고 단서를 붙임으로써 대한민국 임시정부의 외교를 외면하고 있었음. 그러한 미국의 태도는 1945년 샌프란시스코연합국회에서 국제연합을 탄생시킬 때도 마찬가지였음.

종전기에 미국의 태도가 불투명했던 것은 영국을 의식하는 것도 있었지만, 직접적인 이유는 소련이 대한제국 때 당시 제정러시아가 소유하고 있던 한국에서의 이익을 회복하는 것에 동조하고 있었기 때문임. 그와 같은 열강의 생각이 38선을 만들어 냈던 것임.

한국에 대한 중국의 입장

1920년대는 중국 국내 문제로 공식적으론 쑨원(孫文)의 광동정부와 약간의 교섭이 있었을 뿐이고, 개인적 친분에 따라 교섭하는 길밖에 없었음. 그리고 장개석(蔣介石)이 이끄는 중국 국민당은 북벌을 완성한 1928년 뒤에도 대한민국 임시정부 외교에 냉담하였음.

하지만 1932년 윤봉길(尹奉吉)의 의거를 계기로 상황은 달라졌음. 그런데 이때도 중국 정부는 일본과의 관계 악화를 주저하여 공식적인 지원보다는 김구 등의 대한민국 임시정부 관계자 또는 김원봉 등의 독립운동가를 개별적으로 비밀리에 지원하는 길을 택하였음.

1941년 태평양전쟁 후부터 중국 정부는 종전의 비밀 지원과는 달리 공개적이고 정부적 차원에서 지원하게 되었음. 중국은 충칭의 대한민국 임시정부에 대해 재정 지원을 공식적으로 전담하였음.

1943년 카이로회담에서 한국의 독립 문제가 아쉽게 언급되었지만 중국 장개석의 역할이 컸음. 전후 처리에서도 한국의 완전 독립을 주장한 유일한 국가였던 것. 그것은 당시 중국 처지에서 그들의 이익을 위해 한국이 다른 어떤 국가의 영향하에 놓이게 되는 것을 원하지 않았기 때문임.

○ 1944년 임시헌장(제5차 개헌).

　- 이때 정부 형태는 부주석제를 신설.

　- 행정부를 이중구조로 조직. 즉, 국무위원회라는 정책결정기구가 있고, 그 밑에 행정각부를 두고 있음.

　- 국무위원회에서 선임한 행정각부는 조소앙(외무)·김원봉(군

무)·조완구(재무)·신익희(내무)·최동오(법무)·최석순(문화)·엄항섭(선전) 등으로 구성.

- 정부 직원도 증원하여 1945년 3월 광복군 외에 109명이 종사.

O 1948년 5월 10일, 남한 단독 선거.

O 1948년 5월 31일, 제헌의회(의장 이승만) 헌법 의결.

- 이승만 발언 : "이 국회에서 건설하는 정부는 기미년(1919)에 서울에서 수립한 민국 임시정부의 계승이니까, 오늘 29년 만의 민국의 부활임을 우리는 이에 공표하며 민국연호는 기미년(1919)으로 기산하도록 할 것입니다. 이 국회는 전 민족을 대표하는 국회이며 이 국회에서 탄생하는 정부는 완전한 한국 전체를 대표한 중앙정부임을 공포하는 바입니다."

□ 참고 3 : 대한민국 임시헌장

[시행 1919. 4. 11.] [임시정부법령 제1호, 1919. 4. 11., 제정]

제0조 신인일치로 중외협응하야 한성에 기의한지 삼십유일에 평화적 독립을 삼백여주에 광복하고 국민의 신임으로 완전히 다시 조직한 임시정부는 항구완전한 자주독립의 복리로 아자손려민에 세전키 위하여 임시의정원의 결의로 임시헌장을 선포하노라.

선서문

존경하고 경애하는 아이천만 동포 국민이여, 민국 원년 삼월일일 아 대한민족이 독립선언함으로부터 남과 여와 노와 소와 모든 계급과 모든 종파를 물론하고 일치코 단결하야 동양의 독일인 일본의 비인도적 폭행하에 극히 공명하게 극히 인욕하게 아 민족의 독립과 자유를 갈망하는 사와 정의와 인도를 애호하는 국민성을 표현한지라 금에 세계의 동정이 흡연히 아 집중하였도다. 차시를 당하야 본정부일전국민의 위임을 수하야 조직되었나니 본정부일전국민으로 더불어 전심코 육력하야 임시헌법과 국제도덕의 명하는바를 준수하야 국토 광복과 방기확고의 대사명을 과하기를 자에 선언하노라. 국민 동포이여 분기할지어다. 우리의 유하는 일적의 혈이 자손만대의 자유와 복락의 가이요. 신의 국의 건설의 귀한 기초이니라. 우리의 인도일마침내 일본의 야만을 교화할지요. 우리의 정의일마침내 일본의 폭력을 승할지니 동포여 기하야 최후의 일인까지 투쟁할지어다.

정강

1. 민족평등 국가평등 급 인류평등의 대의를 선전함.
2. 외국인의 생명재산을 보호함.
3. 일체 정치범인을 특사함.
4. 외국에 대한 권리의무는 민국정부와 체결하는 조약에 일의함.

5. 절대독립을 서도함.

6. 임시정부의 법령을 위월하는 자는 적으로 인함.

대한민국 원년 사월 일

대한민국 임시정부

제1조 대한민국은 민주공화제로 함.

제2조 대한민국은 임시정부가 임시의정원의 결의에 의하야 차를 통치함.

제3조 대한민국의 인민은 남녀 귀천 급 빈부의 계급이 무하고 일체 평등임.

제4조 대한민국의 인민은 신교 언론 저작 출판 결사 집회 신서 주소 이전 신체 급 소유의 자유를 향유함.

제5조 대한민국의 인민으로 공민 자격이 유한 자는 선거권 급 피선거권이 유함.

제6조 대한민국의 인민은 교육 납세 급 병역의 의무가 유함.

제7조 대한민국은 신의 의사에 의하여 건국한 정신을 세계에 발휘하며 진하야 인류의 문화 급 평화에 공헌하기 위하야 국제연맹에 가입함.

제8조 대한민국은 구황실을 우대함.

제9조 생명형 신체형 급 공창제를 전폐함.

제10조 임시정부는 국토회복후 만일개년내에 국회를 소집함.

부칙〈임시정부법령 제1호, 1919. 4. 11.〉

□ 참고 4 : 자유시(스보도드니) 참변

○ 1920년 6월 7일, 봉오동전투에서 홍범도, 최진동 등이 중심이 된 독립군이 일본군을 대파함.

○ 일본은 중국 마적단을 끌어들인 훈춘사건을 계기로 대규모 병력을 만주에 투입함.

○ 1920년 10월 21일부터 26일까지 청산리전투에서 김좌진, 홍범도 등이 중심이 되어 일본군을 다시 크게 격파함.

○ 이 전투를 계기로 일본은 간도참변을 일으켜 1920년 10월부터 1921년 4월경까지 만주지역 우리 동포를 학살.

○ 1920년 12월, 서일을 총장, 홍범도를 부총장으로 하고 지청천, 김좌진, 최진동, 김규식, 안무 등이 참여하는 '대한독립군단'을 조직하여 러시아 자유시로 이동키로 함.

○ 당시 러시아는 자본주의 백군과 공산주의 적군 간 내전 중이었고, 일본의 극동 러시아 침략이 노골화되자 일본을 자극하지 않으면서 어느 정도 대항할 임시 괴뢰정부를 1920년에 수립하는데 이것이 '극동공화국'임. 이 당시 자유시는 극동공화국 지역 안에 있는 도시였음.

O 이때 러시아 지역 극동에서 활동하던 의병대도 자유시로 집결되었는데, 상하이 임시정부를 지지하는 이항군(박일리아)과 연해주 임시정부를 지지하는 자유대대(오하묵) 간 지휘권 다툼을 벌여 서로 다투게 됨.

O '대한독립군단'은 상해 임시정부를 지지하는 이항군(박일리아) 편이 되어 본의에 관계없이 싸움에 말리게 됨.

O 결국 1921년 6월 28일, 러시아 적군이 지지하던 자유대대(오하묵)에 의해 이항군과 '대한독립군단'에 많은 사상자를 내게 되는 '자유시참변'이 발생함.

일재 이항

- 일재 이항 선생과 그의 제자들 / 김익두 외, 2015년
- 일재 이항의 사상, 학문, 이론에 관한 새로운 시각들 / 김익두 외, 2015년
- 문화재 사랑, 보고 또 보면 정드나니 / (사)정읍문화유산연구회, 2021년

□ 관련 서적

○ 『일재집』

- 초간본, 1673년 목판본 : 이항의 후손 이성익이 주도하여 『일재집』을 간행하는 과정에서 송시열, 박세채, 윤증 등 서인들이 적극 후원하였고, 이 과정에서 이항은 호남의 도학자로서 평가를 굳히게 되었음.
- 중간본, 1759년 목판본 : 당시 태인현감으로 재직(1757. 3.~1759. 9.)했던 조정이 간행.

○ 『일재속집』 : 1887년 목활자본

ㅇ『일재유집』: 1936년 석인본

ㅇ 국역『일재선생문집』

□ 학자 간의 관계

ㅇ 학맥 : 정몽주 ⇒ 길재 ⇒ 김숙자 ⇒ 김종직 ⇒ 김굉필 ⇒ 정붕 ⇒ 박
　영(1471~1540), 김식(1482~1520) / 윤정(1490~1536) ⇒ 일재 이항
　⇒ 김천일 / 김제민 / 박광홍 등

ㅇ 김숙자(1389~1456)
　- 12세 때부터 길재로부터『소학(小學)』과 경서를 배우기 시작.
　- 1414년(태종 14년) 생원시에 합격, 1419년(세종 1년) 식년 문과에
　　병과로 급제.
　- 고령현감을 거쳐, 1436년에 경명행수(經明行修)의 선비 추천에서
　　첫 번째로 꼽혀 세자우정자(世子右正字)가 됨.
　- 16세기에 사림에 의해 확립된 도통(道統)의 계보에서 길재의 학문
　　을 아들 김종직으로 하여금 잇게 하였음.

ㅇ 김종직(1431~1492)
　- 경상남도 밀양 출신으로, 본관은 구미 선산(善山)이며, 고려 말 정
　　몽주·길재의 학통을 이은 아버지 김숙자로부터 수학.

- 1453년(단종 1년) 진사가 되고, 1459년(세조 5년) 식년 문과에 정과로 급제.
- 이조좌랑, 함양군수 등을 거쳤으며, 1476년(성종 7년) 선산부사가 되었고, 이후 이조참판, 병조참판, 홍문관제학 등을 역임.
- 김종직의 제자인 김굉필·정여창·김일손·유호인·남효온·조위·이맹전·이종준 등에게 지대한 영향을 미침.
- 훗날 제자 김일손이 사관으로서 사초에 수록하여 무오사화의 단서가 된 김종직의 「조의제문(弔義帝文)」은 중국의 고사를 인용하여 의제와 단종을 비유하면서 세조의 왕위 찬탈을 비난.
  * 유자광·정문형·한치례·이극돈 등이 자신들의 방호를 위해 1498년(연산군 4년) 무오사화를 일으킴. 그 결과 김종직도 생전에 써둔 「조의제문」과 관련되어 부관참시를 당함.

○ 김굉필(1454~1504)
- 김종직의 문인, 『소학(小學)』에 심취해 '소학동자(小學童子)'로 불림.
- 증조부가 아내의 고향인 경상도 현풍현에 이주하면서 그곳을 주 근거지로 삼게 되었음. 할아버지가 개국공신 조반의 사위가 되면서 한양에도 연고를 가지게 되어, 할아버지 이래 살아오던 한성부 정릉동에서 태어남.
- 1480년(성종 11년) 생원시에 합격해 성균관에 입학.
- 1494년 경상도관찰사 이극균이 이학(理學)에 밝고 지조가 굳다는 명목의 유일지사(遺逸之士)로 천거해 남부참봉에 제수되면서 관

직 생활을 시작.

- 1496년 군자감주부에 제수되었으며, 곧 사헌부감찰을 거쳐 이듬
해에는 형조좌랑이 됨.
- 1498년 무오사화가 일어나자, 김종직의 문도로서 붕당을 만들었
다는 죄목으로 장(杖) 80대와 원방부처(遠方付處)의 형을 받고 평
안도 희천에 유배되었다가 2년 뒤 순천에 이배됨.
- 유배지에서도 학문 연구와 후진 교육에 힘써, 희천에서는 '조광조'
에게 학문을 전수해 우리나라 유학사의 정맥을 잇는 계기를 마련.
- 1504년 갑자사화가 일어나자 무오 당인이라는 죄목으로 극형에
처해짐.

○ 정붕(1467~1512)
- 무오사화(연산군 4년, 1498년) 전에 몸을 피해 사화를 면함.
- 구미 선산 출신으로, 1486년(성종 17년) 진사가 되고, 1492년 식년
문과에 을과로 급제.
- 1504년(연산군 10년) 교리로 있으면서 갑자사화에 연루되어 영덕
에 유배. 무오사화·갑자사화로 많은 사림파가 주살(誅殺)을 당할
때 현명하게 처신, 몸을 보존.
- 1506년 중종반정으로 다시 교리에 복직되어 상경 중 병으로 사퇴
하고 고향(구미 선산)에 복귀. 그 뒤 정승 성희안의 건의에 따라
왕의 특지로 부름을 받았으나 홍경주 등 간신배가 조정에 있음을
보고 낙향하자 청송부사에 제수되었는데, 재임 3년 만에 임지에

서 별세.

- 천성이 매우 청백하여 의가 아닌 것은 행하지 않았음. 일찍이 영의정 성희안과 젊어서부터 친교가 있었으며, 길재·김숙자의 학통과 '김굉필'의 가르침을 받아 성리학을 깊이 연구하였고, 이황(李滉)이 일찍이 그의 학문이 깊다고 칭찬.

○ 사서 김식(1482~1520)

- 『일재선생문집』에서 일재는 송당 박영에 앞서 처음 김식을 그의 스승으로 모셨던 걸로 보임.

- 서울에서 자랐으며 어려서 아버지를 여의고 학문에 열중해 1501년(연산군 7년) 진사가 되었으나, 벼슬에는 관심이 없었고 성리학 연구에만 몰두.

- 정치적 분위기를 일신하려는 시대의 추이에 따라, 조광조·박훈 등과 함께 성균관과 이조판서 안당(安瑭)의 천거로 종6품직인 광흥창주부에 서용됨. 이어 형조좌랑·호조좌랑·지평(持平)·장령(掌令) 등을 역임.

- 1519년 4월 조광조·김정(金淨) 등 사림파의 건의로 실시된 현량과에서 장원으로 급제. 당시 현량과의 천거 명목에는 성품·기국·재능·학식·행실·행적·생활 태도 또는 현실 대응 의식 등의 일곱 가지가 있었음. 그런데 급제자 28인 가운데 유일하게 7개 항목에서 모두 완벽하게 평가받음. 이는 당시 사림들로부터 두터운 신뢰를 얻고 있었고, 또 중앙에 이미 진출해 있던 사림파 중에

시도 조광조에 버금살 만한 인물로 평가되었음을 뜻함.

- 그리하여 급제자 발표 닷새 만에 성균관사성(成均館司成)이 되었고, 며칠 뒤에는 홍문관직제학(弘文館直提學)에 오름. 그것은 현량과 실시로부터 겨우 보름 사이의 일이었음.

- 그런데도 이조판서 신상(申鏛)과 우의정 안당은 이에 만족하지 못해 대사성에 추천했으나 중종은 이들의 주청을 물리치고 홍문관 부제학에 임명. 그러나 신상과 안당의 거듭된 상계(上啓)로 마침내 대사성에 임명.

- 그해 11월 기묘사화가 일어나자 절도안치(絕島安置)의 처벌이 내려졌으나, 영의정 정광필(鄭光弼) 등의 비호로 선산(善山)에 유배.

- 뒤따라 일어난 신사무옥에 연좌되어 다시 절도로 이배된다는 소식을 전해 듣고, 거창에 숨었다가 시를 남기고 자결함.

  * 당시 사림의 영수로 숭앙된 조광조와 학문적·인간적으로 깊은 관계를 맺고 있었음. 이러한 연결을 바탕으로 훈구 세력의 제거에 앞장섰으며, 조광조와 함께 왕도정치의 실현을 위해 개혁정치를 폄. 그 내용으로는 미신 타파, 향약 실시, 정국공신(靖國功臣)의 위훈 삭제 등을 들 수 있음.

O 송당 박영(朴英, 1471~1540)

- 기묘사화(1519년) 전에 서울을 떠났는데 1494년 구미 선산으로 내려가 화를 면함.

- 아버지는 이조참판 박수종이며, 어머니는 양녕대군의 딸. 지금의

구미시 선산(善山)에서 대대로 살았음.

- 어릴 때부터 무예에 뛰어나 담 너머 물건을 쏘아도 반드시 맞히므로 아버지가 기이하게 여겨 이름을 영(英)이라 함.

- 1487년(성종 18년) 이세필 막하에 있을 때 종사관으로 명나라에 다녀왔으며, 1491년 원수(元帥) 이극균을 따라 건주위(建州衛)를 정벌.

- 1492년 9월에 '무과'에 급제한 뒤 임금을 경호하는 선전관(宣傳官)이 되었으나 늘 자신이 무인으로서 '유식한 군자'가 되지 못함을 한탄. 스스로 무인의 길을 선택하였지만, 그에게는 학문에 대한 갈증이 있었음.

- 1494년 성종이 별세하자 가솔들과 함께 고향으로 가서 낙동강 변에 집을 짓고 송당(松堂)이라는 편액을 걸고, 정붕·박경 등을 사우(師友)로 삼아 『대학(大學)』과 경전을 배워 격물치지에 힘써 깨닫는 이치가 많았음.

  * 김굉필(1454~1504)의 도학을 계승한 신당(新堂) 정붕(1467~1512)의 문하에서 성리학을 공부하여 '송당학파'를 이루며 영남 사림(士林)의 학맥을 이음. 송당이 스승으로 모시고 공부한 정붕은 그보다 4살 위였지만, 그는 죽을 때까지 정붕에게 스승의 예를 다함.

- 1509년(중종 4년) 삼포(三浦)에 왜구가 침입하자 조방장으로 창원에 부임.

- 1514년 황간현감이 되어 훌륭한 치적을 남겼고, 1516년 강계부사를 지냄.

- 1518년 의주목사에 임명되었으나 부임하지 않았고, 같은 해 동부 승지로 소환돼서 임명.
- 1519년 병조참판에 임명되었으나 병을 핑계로 사직하고, 그해 5월에 성절사(聖節使)로 명나라에 다녀와 기묘사화를 모면.
  * 송당의 제자들은 스승을 송대(宋代)의 유학자 장횡거(1020~1077)에 빗댐. 무인에서 탁월한 유학자로 변신한 장횡거와 마찬가지로 박영 역시 무관으로 출발하여 뛰어난 성리학자로 우뚝 섰기 때문.
- 무인의 기상과 문인의 기질을 두루 갖춘 박영의 학풍은 강한 실천 의지와 호방한 기질, 무인적 결단력이 두드러진 '송당학파'로 발전. 무오(戊午, 1498년)와 갑자(甲子, 1504년), 두 사화를 겪으면서 지역 사림이 죽어가거나 전국으로 흩어졌는데 이때 정붕에서 박영으로 이어지는 송당학파가 지역의 학맥을 이어준 것.
- 이들은 금오서원의 창건을 주도하기도 하였고 후에 퇴계학파에 편입되어 길재로부터 시작된 영남사림의 학맥이 이어지는 데 큰 역할. 김종직의 제자인 김굉필(1454~1504)의 제자 정붕은 박영에게 도학을 전수하여 지역 학맥이 송당학파로 이어지게 한 것.
  * 『조선유교연원』을 저술한 장지연(1864~1912)이 "송당은 그의 학문을 일재 이항, 용암 박운, 진락당 김취성, 구암 김취문, 송계 신계성, 야천 박소 등에게 전하였는데, 대개 송당 역시 한훤당(김굉필)의 일파이다"라고 한 것은 바로 사림 학맥의 계승을 이른 것.

○ 윤정(1490~1536) : 『일재선생문집』에 언급된 일재 이항의 스승.

　- 벼슬을 하지 않고 평생 『주역』 공부에만 몰두했는데, 일재는 훗날
　　영의정이 된 민기와 허균의 형 허엽과 함께 윤정의 문하에서 동문
　　수학을 함.

　- 일재가 나중에 『주역』을 깊이 궁구하게 된 것은 이 윤정의 영향으
　　로 보임.

□ **관계된 학자**

○ 남명 조식(1501~1572), 하서 김인후(1510~1560), 퇴계 이황(1501
　~1570), 회재 이언적(1491~1553), 규암 송인수(1499~1547), 소재 노
　수신(1515~1590), 고봉 기대승(1527~1572) 등과 교유.

　- 하서 김인후와는 사돈 관계로 일재의 딸이 하서의 아들과 결혼.
　　무성서원에 배향된 김약묵은 동서지간. 일재의 문집에 하서와 주
　　고받은 서(편지)가 가장 많은 점으로 보아 하서를 통해 일재의 학
　　문적, 사상적 영향이 호남학계 및 호남문단에 지대한 영향을 미친
　　것으로 보임.

　- 미암 유희춘은 하서 김인후와 사돈지간. 정언, 대사성, 전라도관
　　찰사, 이조참판 등을 지냄.

○ 규암 송인수 : 1543년 전라도관찰사로 부임, 일재를 방문. 김안국에
　게 지도를 받음.

* 1521년(중종 16년) 별시 문과에 갑과로 급제하여 홍문관정자(弘
  文館正字)가 되었음. 이때 김안로가 정권을 장악하자, 홍문관의
  모든 관원이 인사 행정의 공정한 실시를 내세워 김안로를 탄핵.
* 1537년 김안로 일당이 몰락하자 풀려나 이듬해 예조참의가 되
  고 대사성을 겸임, 예조참판을 거쳐 대사헌이 되었는데, 윤원형
  (尹元衡)·이기(李芑) 등의 미움을 받아 1543년 '전라도관찰사'
  로 좌천.
* 인종이 즉위하자 동지사(冬至使)로서 명나라에 다녀와 다시 대
  사헌이 되어 윤원형을 탄핵. 그런데 1545년 을사사화가 일어나
  자 한성부좌윤에 있다가 탄핵을 받고 파직당하여 청주에 은거
  하여 있던 중 사사(賜死)됨.

○ 고봉 기대승 : 이황의 제자이기도 하나, 일재와 주고받은 글이 많음.
  고경명, 최경희가 제자.

○ 소재 노수신 : 소재는 일재보다 16년 연하이고, 일재의 묘갈명을 씀.

○ 신잠(1491~1554) : 1544년 태인군수로 부임 시, 일재를 방문.

○ 남명 조식은 일재와 어린 시절 함께 자람. 일재의 문집에 그와 관련
  된 일화가 전해짐. 그 일화로 보아 일재와 남명의 관계는 일종의 학
  문적 라이벌 관계.

□ 일재의 일생

○ 아버지는 의영고주부(義盈庫主簿)인 이자영이며, 어머니는 전주 최씨로 소경전참봉 최인우의 딸.

○ 지금의 서울 금천구 시흥동에서 출생.

○ 28세가 되던 해, 큰아버지 이자견(호조판서를 지냄)의 충고로부터 깨우침을 받고, 협우들과 관계를 끊고 『대학장구』를 읽으며 공부를 시작.

○ 29세 때에 특히 주희의 「백록동규」를 읽고 더욱 분발하여 도봉산 망월암에 들어가 본격적으로 공부 시작.
  * 「백록동규」 : 남송 때 주희가 강학을 하면서 만든 규약으로, 학문하는 이유는 수신한 후에 남에게 미치도록 하는 데 있음을 강조.

○ 송당 박영이 무예로부터 유학의 도로 돌아와 큰 학자가 되었다는 소문을 듣고, 멀리 경상도 선산까지 가서 배움.

○ 40세에 어머니와 남하(南下)하여, 태인 분동으로 이사.

○ 41세에 칠보산 아래에 정사(精舍)를 짓고 일(一)이라는 액자를 붙여

놓아, 세인들이 이 서재를 일재(一齋)라 불렀음.

　* 지금은 강학소 자리를 표시하는 암각서 한 점이 있는데, 커다란
　　화강암 바위에 해서체로 '문경공일재이선생강마소'라 새겨져
　　있음.

　* 한 일 자는 단지 하나만을 의미하는 것이 아니며 전체를 하나로
　　꿰뚫는 한 일 자를 의미하고 있음.

○ 1543년 관찰사 송인수가, 1544년 태인군수 신잠이 일재를 방문하면
　서 문하에 인재가 모이기 시작.

○ 1547년 문하생이 많아지자 '보림정사'를 수리하고 확장함.

○ 1558년 59세가 될 무렵 김천일이 문하생이 됨.

○ 1566년에 명경행수지사(明經行修之士, 경전에 밝고 수양이 잘된 선
　비)로 천거되었고, 의영고령(義盈庫令)이 되고, 임천군수(林川郡
　守)로 임명되었으나 오래 머물지 않음.

○ 1567년 일재의 병세가 위독해져 관직을 사퇴하고 태인으로 내려가
　자, 임금이 직접 의원을 보내 치료까지 했음.

○ 1574년 사헌부장령을 거쳐 장악원정을 지냄.

○ 1576년 6월, 별세.

○ 1577년 5월, 건재 김천일(당시 41세)이 일재 선생의 행상을 찬하고 묘명은 소재 노수신이 씀. 남고서원을 건립.

○ 1673년 목판본 『일재집』 간행.

○ 1685년, 남고서원은 일재 이항, 건재 김천일 두 분을 배향했고, 1685년 '남고서원'이라는 사액이 내려짐.
   * '남고(南皐)'는 이항이 남쪽 지방에 강석을 설치하여 강도교수(도를 논하고 가르침)한 것에서 비롯됨.

○ 1749년, 일재 이항의 자손 중 한 명이 송사를 통해 일재 이항 선생의 옛날 집터를 다시 소유하게 됨. 그곳에 '일재이선생유허지비'를 세우고 유숙기(1696~1752)에게 '비지'를 부탁했는데 '선현의 고반의 장소에 후세 사람들은 밭을 갈지 말기를 바란다'고 씀. 유숙기는 남고서원 사액 상소를 올렸던 김창흡(1653~1722)의 문하에서 수학함.

기공비나 전승비처럼 국가나 개인, 집단이 힘을 드러내고 이념을 선전하는 비석이 석비라면, '비지'는 한 인물의 삶을 기리기 위해 세운 '묘비' 혹은 묘역에 묻는 묘지를 말함.

○ 1871년, 일반 서원의 철폐령(1868년) 이후 사액서원의 서원훼철령
(1871년)에 따라 서원이 철거됨.
  - 남고서원은 이항과 그의 제자 김천일이 배향되어 있었는데, 충절
  대의의 명분으로 김천일을 배향한 진주의 '창열사'가 존치되면서
  남고서원은 첩설을 이유로 철폐됨.

○ 1881년, 남고서원은 철폐되었지만, 이항을 비롯한 '호남오현'을 '문
묘'에 배향하자는 움직임이 상소 등을 통해 시작됨.
  - 호남오현 : 이항(김굉필의 적전), 유희춘(김안국의 제자, 김인후와
  교우), 노진(정여창의 연원을 이은 적전, 이황과 교우), 박순(서경덕
  의 연원, 이이와 교우), 기대승(이황과 김인후의 연원을 이은 사람).

> 적전(嫡傳) : 정통의 혈통에서 정통으로 이어받음.

○ 1899년 '사우'보다 강수재를 먼저 중건하여 유학을 다시 일으키고자
하는 의지를 보임.
  - 송시열이 초시로 쓴 강수재 편액이 남아 있음.
  - 1905년 송종민이 지은 「강수재중수기」에서도 '학문을 하는 요점은
  강독에 있고. 사람 되는 도리는 자수를 귀하게 여기는 것'이기 때
  문에 '강수'라고 이름 짓는다고 하였음.

○ 1927년 사우를 복원하면서 일재의 제자인 김점, 김복억, 김승적을

추가 배향.

○ 1974년 소산복을 추배함.
  * 이도복, 권순명, 김택술과 김형관 등 간재 전우의 직전, 재전 제
    자들은 남고서원의 중건과 추향 및 '남고서원지' 편찬 등에 참여.

□ 일재의 철학

○ 유학에 입문할 때 『대학(大學)』을 읽고, 평생 그것을 공부의 바탕으
  로 삼음. 일재가 이와 같이 『대학』을 교육에 있어서 그 기초로 중시
  한 것은 스승인 박영의 영향이 컸다는 의견임.
  - '성인이 되는 공부에 주자는 사서만을 말하고 다른 책을 말하지 않
    았으니, 바라건대 여러분은 잡서를 보지 말고 사서를 정밀하게 숙
    독하여 두루 이해하고 꿰뚫어 보아 자기의 도덕과 사업으로 삼은
    연후에 육경에 미칠 수 있도록 하라.' (국역 『일재선생문집』 잡저,
    시제생)
  - '다만 『대학』은 여러 경전의 강령인데, 『대학』은 계통적으로 읽어
    두루 이해하여 관통한다면 다른 책을 보는 것이 쉽다.' (『일재집』
    잡저, 시금군영정)
  - '그대는 사서를 정밀하게 숙독하되 반드시 먼저 『대학』을 읽어 두
    루 이해하고 환하게 파악하여, 한 부의 『대학』을 가슴속에 품어 공
    자, 안자의 도가 아니라 곧 나의 심사라는 경지에 이르면, 다른 책

을 보아도 얼음이 녹고 언 것이 풀리는 것 같아, 공부를 많이 하는 수고를 하지 않아도 될 것입니다.' (국역『일재선생문집』서, 답남장보)

- 이기설에서는 '이(理)와 기(氣)의 묘합(妙合)을 체득할 것을 강조'하였으며, 인심도심설·사단칠정론 등 심성설의 영역에서 당대의 학자들과 활발하게 토론함으로써 16세기 조선 성리학의 형성에 선구적 기여.

- 기대승(1527~1572)에게 주는 글에서도 거경궁리를 강조.

  * '널리 많은 책을 보는 것은 그만두시고, 거경하고 궁리하며 묵묵히 생각하여 스스로 터득해서 성을 높이고 함양하는 공이 오래되면, 이와 기가 비록 두 가지 모습인 것 같으나 혼연한 일물의 체가 되는 것을 자연히 터득할 것입니다.' (국역『일재선생문집』서, 여기명언대승)

○ 이기일물설

- 이항은 이와 기도 '일체'이기 때문에 '둘이다'는 표현은 그르다고 주장. 사물을 구성하는 두 요소인 이와 기는 두 개의 상이한 존재로 말해지더라도 한 몸, 한 덩어리, 사물 속에 공존할 수밖에 없기 때문에 '하나'라고 말해야지 '둘'이라고 말해서는 안 된다는 것. (김범수 박사, 「일재 이항의 일체일물 논증 분석」)

- '예나 지금이나 학자들은 이와 기를 둘로 떨어뜨려 놓고 말하는 데에 치우쳐 있거나, 아니면 한데 모아진 차원에서 말하는 데에 치우

처 있다. (이렇게 치우치게 된 원인은) 하나이면서 둘이고 둘이면서 하나임을 모르기 때문이지 다른 원인은 없다.' (『일재선생집』)

- '『주역』에 태극이 음양을 낳는다는 말이 있습니다. (그렇다면) 태극으로부터 생겨나기 전에 양의(기)는 어디에 있으며, 또 생겨난 다음 태극의 이치(이)는 어디에 있겠습니까? 깊이 생각하여 분명하게 바로잡아서 이와 기가 항상 매 사물 속에 구별 없이 공존해 있음을 깨닫길 바랍니다.' (『일재선생집』)

- '나는 태극이 양의(기)를 낳기 전에 양의는 태극 속에 존재한다고 생각합니다. 그러므로 양의는 생겨나기 전이나 생겨난 다음이나 항상 태극과 떨어져 있지 않습니다. 만약 한시라도 떨어져 각각 존재하는 때가 있다면, 사물은 존립할 수 없습니다.' (『일재선생집』)

- '정자는 다음과 같이 말했습니다. "많이 알려고 하는 것은 사물을 완상하는 데 정신이 팔려 본뜻을 잃어버리는 일과 같다." 그러므로 많은 책을 읽으려 하기보다는 경의 상태에서 이치를 탐구하고 묵묵히 숙고하여 자득해야 합니다.' (『일재선생집』)

- '물론 도와 기는 형이상과 형이하로 구분되지만 태극과 양의는 형이상과 형이하, 또는 순수함과 그렇지 못함으로 구별됨 없이 융합되어 한 몸을 이루는 것입니다. 담재(김인후)는 도와 기를 형이상과 형이하로 구분하는 입장에 얽매여 태극과 음양을 두 가지 존재로 여기고 있으니 탄식할 노릇입니다.' (『일재선생집』)

- 이와 기는 우리의 지각 대상이 아닌 이념에 해당하는 것이며, 그것은 오직 사물을 통해 존재하고 지각할 수 있음.

- '일물이라는 결론은 일체로 존재한다는 전제로부터 도출된 것이다. … 이치의 절대성을 강조하는 성리학자들 눈에 이항의 일체일물설은 다소 위험스러운 것으로 비쳐진 까닭도 바로 이것이다.' (김범수 박사, 「일재 이항의 일체일물 논증 분석」)
- '일체와 일물 속의 일은 융합과 공존을 지칭한다. '체'는 한 몸, 한 덩어리로 존재함을 뜻한다. '물'은 감각적 사물 개념이다.' (김범수 박사, 「일재 이항의 일체일물 논증 분석」)
- '이항의 일물일체설은 이론으로서의 한계도 분명 존재한다. 주자가 제시한 가설적 성격의 명제들은 가치 존재의 근거를 마련함으로써 도덕성 구현의 존재론적 기반을 세우기 위한 것이었는데, 이항은 이 과정을 생략하고 이기무선후의 현상론에 치중함으로써 '도덕의 보편성'을 이론적으로 확립하기는 어려워졌다.' (김범수 박사, 「일재 이항의 일체일물 논증 분석」)
- 우리의 부족국가 시대의 '무교사상'에서부터 면면히 이어져 내려온 '천지인 합일 사상'을 유교사상을 연마한 선비인 불우헌 정극인이 「상춘곡」에 '물아일체'로 담아냈고, 이항 일재가 정극인의 물아일체 사상을 '이기일물설'로 탁월하게 재창조해 냈다고 평가. (김익두 교수)

O 실천적 노력과 학문에 있어서도 체인(마음으로부터 깊이 인정함)을 중시함.
- '일재의 교육사상에서 중요한 방법론은 거경과 궁경이다. 거경은

경의 생활화요 실천이라면, 궁경은 경전의 궁구를 의미한다.' (『일재 이항 선생과 그의 제자들』, 62쪽)

- '학자가 사서를 정밀하게 숙독하여 진리를 쌓고 오래 힘쓰면 도가 상달할 수 있고 역을 궁구하는 형세가 어렵지 않다. 대개 정밀하되 숙독하지 않으면 도를 알 수 없고, 숙독하되 정밀하지 않으면 또한 도를 알 수 없다.' (『일재집』, 시금군영정)

- '일재에 있어서 도에 이르는 요령은 정(精)과 숙(熟)이다. 정이란 공부의 밀도를 높이고 심화하는 작업이며, 숙이란 반복적인 노력을 통해 이해의 완성도를 높이는 작업이다.' (『일재 이항 선생과 그의 제자들』, 67쪽)

- '거경하면 밝은 예지가 저절로 비치고, 궁경하면 모든 이치가 저절로 통합니다. 성인이 되는 길은 모두 이 네 글자에 있으니, 바라건대 창졸간이라도 항상 여기에 기필하는 것이 옳은 줄 압니다.' (국역 『일재선생문집』 서, 담백대유광홍)

- '선생이 이때부터 마음을 거두고 꼿꼿이 앉아서 외우거나 생각하여 반드시 체인하고 마음으로 깨달은 후에 그만두고자 하였다.' (국역 『일재선생문집』, 부록 연보약초)

ㅇ 일재 선생은 스승 송당 박영처럼 무술에 뛰어났는데, 유학자이지만 무술과 병법의 전통을 이어감. 일재의 영향으로 건재 김천일, 오봉 김제민, 도탄 변사정과 같은 의병장을 제자로 배출.

□ 학자들의 평가

○ 당시의 학자 백인걸(白仁傑, 1497~1579)은 이항의 학문이 남명 조식 (1501~1572)에게 비길 만하다고 칭찬.

○ 이황(1501~1570)은 그를 높이 평가했으나 지나친 자신감을 비판하 기도 함.
  - "남명과 일재는 그 사람됨을 한마디로 단정하기는 어렵습니다. 예 부터 처사가 세상에 나가면 으레 말들이 많은 법입니다. 지금 분 분하게 떠드는 것이야 어찌 괴이하게 여길 것이 있겠습니까? 그러 나 또한 각기 제 스스로 그러한 말을 듣게 한 것이니 참으로 경계 하고 조심할 일입니다."
  - 기대승이 일재와 주고받은 서신을 정리하여 이황에게 보냈는데, 이황의 답장은 매우 비판적임. "다만 그에게는 옛사람이 이른바 '자기가 있는 줄만 알고 다른 사람이 있는 줄은 모른다'는 병통이 있음을 알겠습니다." (『양선생왕복서』)

'16세기 중엽 이후 영남에서 이황과 조식은 라이벌의 위치에 있었다. 이들 은 상대의 위상을 인정하고 존경하였다. 인간적으로는 매우 성숙한 모습 을 보여 주었으나, 상대의 학문과 출처진퇴에 대해서는 비판을 아끼지 않 았다. 비판은 대개 이황 주도로 이루어졌고, 조식은 소극적 대응에 그쳤다. 강건한 기질의 소유자인 조식이 더 강하게 비판하였을 법하지만 사실은 그 반대였다.' (최영성 교수, 「일재의 학문과 사상에 대한 퇴계 이황의 평가」)

- '일재 이항은 김인후, 기대승과 함께 16세기 호남 유학을 대표하였다. 그의 성리설은 고봉 기대승에 의해 이황에게 알려짐으로써 뜻하지 않게 학계의 주목을 받은 바도 있다. 그러나 일재의 성리설은 이황의 부정적인 평가로 말미암아 17세기 이후 학계에서 거의 조명을 받지 못하였다.' (최영성 교수,「일재의 학문과 사상에 대한 퇴계 이황의 평가」)
- '일재와 기대승 간의 태극논변에서 비롯된 이황의 비평(『퇴계문집』권16)은 후대에 영향력이 컸다. 이후 이기일물설, 이기일체설이 거의 자취를 감춘 것은 이 때문이라 해도 과언이 아니다. 일재는 이기관계를 혼연일물 또는 혼시일물로 정의하였다. 이런 정의는 조선 성리학사에서 다시 찾아보기 어렵다.' (최영성 교수,「일재의 학문과 사상에 대한 퇴계 이황의 평가」)

o 이항은 과거에 응시하러 상경하던 기대승이 방문하였을 때 '태극설'에 대해 토론했는데 결말을 맺지 못하였음.
- 이에 대해 기대승은 김인후에게 자문하였고, 김인후는 자신의 사돈인 이항의 '이기일물설'에 대해 비판하며 기대승의 손을 들어 주었음.
- 그러자 이항은 두 사람에게 편지를 보내 자신의 학설을 주장하였음.

o 고봉 기대승(1527~1572)은 일재와의 서신에서 일재의 이기가 혼연일물이라는 점을 극구 비판.

* "어찌 이처럼 잘못 이해할 수 있단 말인가?", "묵묵히 사색하여 자득하려고만 하면 불교나 노장에 빠질 수 있다." (『양선생왕복서』)

o 송강 정철(1536~1593) "호남에 만약 일재가 없었다면 오랑캐 풍속이 되는 것을 면하기 어려웠을 것."

o 우암 송시열(1607~1689)은 "성품이 호걸스럽고 용맹한 선생은 배우기를 싫어하거나 게을리하지 않아서 마침내 성취가 있었다."고 언급. (『송자대전』)

  - 송시열은 일재의 '이기일물설'에 대해 경솔한 주장이라고 비판. "이는 대체로 주자의 학설을 깊이 연구하지 않고 경솔하게 의견을 세운 결과입니다." (『송자대전』)

o 명재 윤증(1629~1714) "비록 심과 성이 발함에 선후가 있다는 학설을 옳다고 믿고 고집한 까닭에 퇴계 선생에게 비판을 받기도 했지만, 깊이 도를 수양하여 자득함으로써 편안하게 처신하고 도를 크게 활용했던 점은 들은 대로 떠드는 보통의 학자들과는 비교할 수 없는 점이다." (『명재유고』)

추후 윤증은 같은 서인이었던 송시열과 갈라져 소론을 형성.

- 윤증은 이항의 6대손 이성익의 아들 이대령이 박세채가 교정하여 간행한『일재집』1질을 가지고 와서 발문을 부탁하자,『일재집』을 읽고 난 소회를 적으면서 "진실로 실천의 길을 알게 되었다."고 함.
- 또한 윤증은 "후진들과 젊은 사람들이 진실로 이항 선생의 순수하고 강인하며 진실하고 질박한 풍모를 배우고, 성실하고 원대하며 근실한 가르침을 실천하면 … 점차 성현의 경지에 이르게 될 것이다."고도 말함.

○ 홍직필(1776~1852)은『매산집(梅山集)』에서 김인후, 기대승, 안방준, 박광일과 함께 그를 '호남의 다섯 학자[湖南之五學]'로 높였음.

○ 일재의 교육사상(『일재 이항 선생과 그의 제자들』, 72~73쪽)
- 교육의 목표를 성인에 두나, 이상적인 개념이 아닌 누구나 노력하면 가능하다는 현실적 성인론.
- 교육과정에서 사서와『대학』, 특히『대학』을 교육의 입문서 내지는 기초로 중시.
- 교육 방법론으로 정일집중을 강조함. '인심은 오직 위태롭고 도심은 오직 은미하니, 오직 정밀히 살피고 오직 한결같이 하여 그 중을 잡으라'는 16자 심법을 제시.
- 교육 방법론 중 거경과 궁경을 강조. 특히 궁경 내지는 궁리의 방법으로 다시 정과 숙을 강조함. 정은 학문의 질적 심화를 의미하고, 숙은 학문의 양적 확대와 반복적인 노력을 말함.

□ 일재의 저서와 글

○ 『일재집』/ 국역본
- 한시 29수, 시조 1수, 편지 17편, 잠7(경계) 1편, 명 1편, 잡저 3편 등 총 52편의 작품을 남김.

○ 「태산가」
- 일재는 학문을 강론하는 틈틈이 여러 유생들로 하여금 「태산가」를 부르게 하였다 함.
- "누가 태산이 높다 했는가? 저절로 천하의 산이라네. 오르고 오르며 또 오르고 오르면 저절로 꼭대기에 도달할 수 있는데, 사람이 이미 스스로 오르지 않고 매번 태산만 높다고 말하네." (국역『일재선생문집』부록 연보약초)
- '본래 양사언(1517~1584)의 작으로 알려져 있으나, 성주 이씨 집안에서는 일재 이항의 작으로 알고 있다. 실학자 황윤석은 이 고가를 한문으로 번역하여 싣고, 일재가 지은 노래로 세전되어 오고 있다 하였다.' (『일재 이항 선생과 그의 제자들』, 70쪽)

□ 일재의 제자들

○ 일재선생유집 문인록 : 김천일, 김제민, 변사정, 백광홍, 김복억, 안의, 손홍록, 김후진, 김대립, 박세림 등 42명 기록.

○ 정읍 일재선생학술대회, 1999년, 박문기 박사 : 16명 추가 언급.

① 건재 김천일

  - 1537년 나주에서 출생, 외조모가 기름.

   * 고려 시중 김취려 장군의 14대손, 모친은 건재가 태어난 다음 날 별세, 부친도 7개월 만에 별세.

  - 1551년 15세에 숙부 참봉 김신침에게 배움.

  - 1554년 18세에 위원군수 김효랑의 딸 김해 김씨에게 장가.

  - 1555년 19세에 일재 이항 선생의 문하에 들어가 수학.

   * 일재 이항 문하로 떠날 때 외조모가 만류하며 말하길, "가까운 데도 스승이 얼마든지 있는데 어찌하여 멀리 일재 선생한테 가려 하느냐?"라고 하니, 대답하길 "경전을 가르치는 스승은 찾기 쉬워도 사람의 스승은 찾기 어려운 일입니다. 그래서 가까운 데를 버리고 멀리 가려는 것입니다"라고 하였다 함.

  - 1558년 22세에 하서 김인후(1510~1560) 선생을 찾아뵙고 배움.

   * 생원 초시에 합격.

  - 1559년 23세에 고향 태산서사에서 학문을 강론.

  - 1562년 26세에 복암강사를 짓고, 편액은 '극념당'이라고 하고, 좌우명을 써 붙임.

   * "사람의 그름(잘못)을 논하기 좋아하면 모르는 사이에 화가 반드시 생기고, 사람의 악을 들춰내기를 좋아하면 반드시 재앙이 온다."

- 1573년 37세에 천거되어 군기시주부에 제수되었다가 곧 용안현감 에 제수됨.
- 1576년 40세에 경상도도사에 임명됨.
- 1576. 6월 일재 이항의 부음을 듣고 벼슬을 버리고 모심.
- 1577년 남고서원을 건립.
- 1578년~1581년 봄, 42~45세에 임실현감으로 근무.
- 1582년 순창군수.
- 1584년 48세에 담양부사에 제수됨.
- 1586년 50세에 벼슬을 버리고 강학에 전념.
- 1587년 상소하여 왜에 대한 경계를 논함.
- 1589년 53세에 수원부사.
   * 서울과 가까운 탓에 고관들이 많은데 이들까지 세금과 부역을 균등히 하다가 탄핵받아 파면.
- 1589. 11월 기축옥사가 일어났는데, 우계 성혼에게 편지를 보내 율곡 이이 등 충신들이 벼슬에서 물러나려고만 하는데 걱정하며 과격한 송강 정철을 누그러뜨려 달라 함.
- 1592. 5. 6. 임진왜란 사상 최초의 전라도의병장이 되어, 나주에서 의병 300명을 모아 6월 5일경 북상.
   * 참고로 임진왜란 당시 가장 먼저 의병을 일으킨 분은 경상도 곽 재우 장군.
- 1593. 6. 20.~29. 2차 진주성전투에서 순직. 당시 조정은 방어가 어렵다고 판단하여 수성을 포기하라는 명을 내렸고, 도원수 권율

과 의병장 곽재우마저도 포기한 진주성에 병력 300명과 함께 들
어감.

* 충청병사 황진, 경상병사 최경회, 복수장 고종후, 사천현감 장
윤, 김해부사 이종인, 거제현령 김준민, 해미현감 정명세 등이
참여.
- 1685년 남고서원에 배향.

② 오봉 김제민
- 임란 초기 김천일, 고경명과 더불어 3운장으로 알려진 인물.

전라도 선비들(3운장) 의병 창의

- (1운장 : 건재 김천일) 1592년 6월 5일, '건재 김천일'이 나주를 중심으로
3백여 명의 의병을 모아 북상.
- (2운장 : 제봉 고경명) 옥과의 유팽로(당시 성균관 학유), 남원의 양대박,
고경명(동래부사를 역임하다 정철의 건저의사건으로 낙향) 등은 병력을
모은 뒤 5월 말 '담양회맹'을 통하여 연합의병을 결성하고, 고경명을 대장
으로 추대하여 6천여 명의 호남 근왕의병을 결성. 6월 11일 담양을 출발
하여 6월 15일 전주에 도착.
- (3운장 오봉 김제민) 66세의 '오봉 김제민'은 아들인 김엽, 김흔, 김안과
함께 삼례에서 1592년 6월 27일 창의. 오봉이 의병대장이 되고, 부호군
이경주가 총대부장이 되어 고산을 거쳐 대둔산까지 이동.

- 1527년 외가가 있는 부안 옹정리에서 출생.
- 1533년 7세 때 고부로 이사.
- 1558년 32세 진사 2등으로 합격.
- 1573년 47세 문과에 급제.
- 1584년 순창군수로 부임(후임 고경명).
- 1586년 60세로 전라도사 임명된 지 5일 만에 이임. 이후 관직을 그
  만두고 고부로 낙향.
  * 서인 계열이었던 김제민의 정치적 상황으로 해석.
- 1592년 4월 13일, 임진왜란이 시작.
  * 전라감사 이광이 4월 30일 1차 근왕길에 올랐다가 5월 4일 충청
    도 공주에서 임금의 파천 소식을 듣고 군대를 해산하고 돌아오
    게 됨.
- 1592. 7월 웅치전투 참여.
  * 당시 왜군은 한양을 점령한 뒤 5월 중순부터 전라도를 침공. 6
    월 23일 금산성을 점령 후 전주부성을 위협.
  * 광주목사 권율은 남원에서 전라도와 경상도 경계.
  * 동복현감 황진은 웅치에 배치되었다가 7월 2일 왜적이 용담에
    서 장수 방면으로 향하자 남원 경계로 이동. 7월 5일에는 적병
    이 진안으로부터 전주로 향하자 다시 웅치로 이동토록 지시.
  * 김제군수 정담, 나주판관 이복남, 의병장 황박이 웅치에 배치되
    었고, 7월 8일 새벽부터 왜군의 대대적인 공격을 방어.
  * 해남현감 변응정과 해남의 선비 김만령 / 양경복, 김제의 선비

안휘 / 박석정 / 박정영 / 조성립(후일 정담의 순국 사실을 알린 인물), 남원의 선비 김응배 / 윤응인, 능주의 김나복, 충청수사 김수연, 선천부사 김진태, 진안의 선비 김수 / 김정 등 많은 관군과 의병이 순국.

* 김제군수 정담은 전사하고, 이복남과 황박은 후퇴하여 안덕원(완주 소양에서 들어오는 전주 초입)에 주둔.

* 대둔산까지 갔던 오봉 김제민도 웅치로 이동하여 전투. 아들 김안도 전사. 이후 아들 김혼은 권율의 막하에 들어가 행주산성전투 등 참여.

* 7월 9일 안덕원까지 진출한 왜군은 전력이 크게 상실된 상태에서 남원에서 달려온 동복현감 황진에게 패하고 진안 용담을 거쳐 금산으로 퇴각.

- 1592. 11월 장성 남문창의.

* 웅치전투 후 고경명이 이끄는 의병은 '금산성'을 공격하다가 실패. 최경희가 금산에서 무너진 고경명 의병의 산졸을 모아 의병 활동 재개.

* 권율은 웅치, 이치전투 후 전라관찰사 및 순찰사가 되어 전라도 군대를 거느리고 북상하여 수원 일대에서 활동. 참고로 행주대첩은 1593년 2월.

* 금산성을 점령하고 전라도를 위협하던 왜군은 9월 17일경 경상도로 철수.

* 장성에서 하서 김인후의 사촌동생 김경수를 중심으로 창의 활

동 전개. 여러 차례 시도에도 모집에 어려움을 겪다가 마침내 11월 17일 장성 남문에서 창의. 김제민을 대장으로 추대.

　* 창의에 참여한 18명의 의병지도들은 대부분 일재 이항, 하서 김인후, 고봉 기대승의 영향을 받은 사람들.

　* 11월 24일, 1천 6백여 의병은 드디어 장성 남문을 출발하여 북상.

- 1592. 12. 27. 안성 부근에 도착.

　* 1593년 1월경까지 안성 일대에서 활동하다가 군량, 피복 등의 문제로 귀환하기로 결정. 1593년 2월 13일에 여산에 도착. 이후 3월 하순에 김제민의 의병은 활동을 마침.

- 1599년 2월, 73세로 별세.

③ 기봉 백광홍, 1522~1556

- 급제하여 촉망되는 문신이었으나 요절. 그가 평안도평사 시절에 지은 「관서별곡」은 국문학상 최초의 기행가사.

④ 도탄 변사정, 1529~1596

- 1583년 학행(學行)으로 천거되어 경기전참봉이 되었음.

- 1592년 임진왜란이 일어나자 남원에서 2,000여 명의 의병을 모집, 정염·양사형 등에 의하여 의병장으로 추대.

　* 체찰사(體察使) 정철이 비장(裨將) 이잠을 보내어 변사정의 부장(副將)이 되게 하였음.

　* 그때 순찰사 권율이 수원 독산성에서 구원을 청하자 의병장 임

희진과 함께 이를 구출.

　＊ 정철의 권유로 호남을 지키기 위하여 옥천으로 내려와 상수·선
　　산 등지에 주둔하고 황길·창원·함안·성주·대구 등지에서 적
　　을 무찌름.

- 1593년 제2차 진주성싸움에서 재외운량장(在外運糧將)에 추대되
  어 산음에 가서 병곡 수백 석을 구하여 겨우 진주성에 운반하였으
  나 곧 성이 함락됨.

- 1595년 첨정(僉正)으로 승진되었으나 취임하지 않았음.

- 정유재란 때 남원성이 함락되자 정염이 "변사정이 있었다면 적이
  어찌 여기까지 이르렀겠는가?"라고 하였다 함.

- 사헌부장령에 추증되고, 전라북도 운봉의 용암서원에 제향됨.

- 저서로는 『도탄집(桃灘集)』이 남아 있음.

□ 참고 1 : 4대 사화

○ (배경) 세조가 왕위 찬탈 후 공신을 많이 책봉했는데, 이들이 건재한
　상태에서 등극한 성종의 경우는 오히려 이들 공신세력에 눌려 왕권
　이 약화됨. 이를 만회하고자 성종은 지방에 있는 사림을 등용하기
　시작.

○ 무오사화(연산군 4년, 1498년)
　- 『성종실록』 편찬 과정에서 사관이었던 김일손은 본인의 스승인 김

종직이 세조 3년에 지은 「조의제문」을 사초에 실었는데 이것이 성
종의 부친 세조가 단종의 왕위를 찬탈한 것을 비판할 목적이었다
는 죄로 훈구파의 공격을 받아 사화를 입음.
- 김종직이 단종을 죽이고 왕위를 차지한 세조를 비판할 목적으로,
초나라 항우가 당시 의제를 죽이고 왕위를 찬탈한 것을 안쓰럽게
기록한 것이 「조의제문」임.
- 김일손 등은 처형되고, 김굉필 등은 귀향.

○ 갑자사화(연산군 10년, 1504년 3~7월)
- 연산군의 어머니이자, 성종의 비였던 윤씨가 왕의 얼굴에 흠집을
냈다는 이유로 폐위되고 사사된 사건을 임사홍이 연산군에게 보
고하자 일어난 사건.
- 김굉필 등 사형.

○ 기묘사화(중종 14년, 1519년)
- 김굉필의 제자인 조광조가 이상주의적 왕도정치를 내세우며 소격
서 폐지, 향약 실시와 함께 반정공신의 4분의 3이 위훈삭제 되며
큰 반발을 일으킴.
- 주초위왕 사건과 같이 갖은 모략 끝에 조광조, 김식, 김정 등 처벌.

○ 을사사화(명종 1년, 1545년)
- 중종의 첫 비는 즉위 직후 폐위되어 후사가 없고, 2비 장경왕후 윤씨

는 인종을 낳은 뒤 사망. 이어 3비인 문정왕후 윤씨가 명종을 출산.

- 2비 장경왕후의 형제가 윤임, 3비 문정왕후의 형제가 윤원형, 윤원로임. 윤임을 대윤, 윤원형 등을 소윤이라 부름.

- 외척 간의 권력다툼이 일어남.

- 인종이 즉위 8개월 만에 죽자, 명종이 즉위하게 되면서 실권은 소윤 일파로 기울게 됨.

- 역모죄로 무고되어 윤임 등 대윤 일파가 죽게 되고, 윤원형이 형인 윤원로와 그 주변 인물을 몰아낸 사건이 세부적으론 1547년 정미사화로 불림.

- 을사사화 이래 100여 명의 사림관료들이 숙청됨.

사림들은 서원과 향약을 통해 기반을 다져 나가고, 선조 임금 시대에는 다시 중앙관료로 대거 진출.

□ 참고 2 : 남고서원 묘정비문(南皐書院 廟庭碑文)

우리나라 문명은 실로 고려 말에 시작되고, 유현들이 왕성하게 활동할 때에는 조선조의 명종 선조조에 이르러서 그 절정을 이루었다.

그 가운데 능히 기질(氣質)을 변화하여 의(義)는 정(精)을 해치고, 인(仁)은 더웁게 하여 호남 사림(士林)을 창도하게 되어 엄숙하게 영원토록 사표(師表)가 된 것은 우리 일재 문경공 이 선생보다 위로 나온 사람은 없다.

퇴계 선생은 일찍이 호남 이학(理學)의 창도자가 되었다고 일컫고, 송강 정문청공(宋江 鄭文淸公)은 또한 말하기를 "호남에 일재가 없었다면 좌임[左袵 : 미개(未開)한 상태]을 면하기 어려웠을 것이다"라고 하였다 하니, 그가 한때에 존중되고, 그 공이 후세에까지 있으니 어떻게 해야 할 것인가. 마땅히 사람들은 영원토록 제사 지낼 것을 잊지 않아야 하리라.

선생은 휘(諱)가 항(恒)이요. 성은 이(李)씨이니 관향은 성주(星州)이며, 고려조의 명현인 매운당(梅雲堂) 선생 문열공(文烈公) 조년(兆年)의 후손이다.

젊어서는 용력(勇力)이 혼자서 몇 사람을 당해낼 만하였고, 30세가 되는 동안을 말을 달리며 사냥을 하였다.

이미 경계가 되는 말씀을 듣고, 지금까지의 생각을 바꾸어 글을 읽으니, 얼마 되지 아니하여 큰 유학자가 되어 조정에서는 학행(學行)으로 천거되어 수선(首選)되었으며, 문도(門徒)들이 몇 도에 두루 있어 모두 선생의 말로써 시귀(蓍龜 : 길흉을 점침. 점치는 데 쓰이는 점대와 귀갑)를 삼고, 선생의 행지(行止 : 행하는 일과 그치는 일)는 척도(尺度)로 삼았다.

있는 비는 풍화(風化 : 풍습이 고쳐짐)됨이 울연(蔚然 : 흥성한 모양)하
여 오래되도록 마지아니하였다.

이로써 누차 문묘에 배향할 것을 상소하였다. 청원이 비록 윤허를 받
지 못하였으나, 그 당시 세상 사람들의 높이 우러른바 됨을 미루어 알
수 있다.

선생의 문하 출신으로 당세의 영걸(英傑)이 많았는데 거기에서 더욱
저명한 분인 즉 건재 김문열공 천일(健齋 金文烈公 千鎰)이 수제자로
학통을 이었고,

임진왜란에 순절한 매당 김공(梅堂 金公) 점이 어짊(仁)을 지켜 도회
(韜晦 : 학문을 감추고 드러내지 않음)하며,

율정 김공 복억(栗亭 金公 福億)의 학행(學行)을 돈독히 하고 군량을
수송함과 용암 김공 승적(龍巖 金公 承績)의 도움으로 보답함이 자공
(子貢)에 비김과 매헌 소공 산복(梅軒 蘇公 山福)의 독실하게 학문하고
충성을 다함은 이것이다.

호남의 태인은 선생이 일생을 마친 곳이 되었다. 선조조 정축(단기
3910년)년에 사림들이 서원을 창립하고 선생을 향사하니, 이미 건재
문열공은 배향되고 숙종조 을축(乙丑. 단기 4018년) 4월에 사액(賜額)

하고, 그 후 증직(贈職)이 내려졌다.

고종조(高宗朝) 무진(戊辰. 단기 4201년)년의 서원 훼철 때 이 서원도
또한 그를 면치 못하였다.

이에 학자들은 선생을 생각하고 61년을 넘겨 그대로 두지 못하고, 드디
어 다시 발의하여 중건하고, 매당(梅堂)과 율정(栗亭)과 용암(龍巖)의
3공(公)을 아울러 배향하고, 그 후 46년 된 계축(癸丑. 단기 4306년)년
에 또 매헌(梅軒)을 추배하고, 지금까지 궐향(闕享 : 제사를 지내지 못
함)하였던 제전(祭典)을 다시 이어 하니, 여러 사람이 사모하였던 정이
비로소 흡족하게 되었다.

임자(壬子. 단기 4305년)년에 내가 일을 맡을 만한 사람이 못 됨에도
외람히 재장(齋長)을 맡음으로써 재중(齋衆)의 장보(章甫)인 송홍섭과
소재명과 이임석의 제우(諸友)가 청하여 말하기를 "이 서원을 세운 지
역사가 사백 년이 되었는데 그간의 흥폐의 연혁과 더불어 모든 선생의
사적(事蹟)을 적지 아니하면 아니 되겠기에 묘정(廟廷)에 비를 세우고
자 하니 그대가 비문을 지어 주기 바라네"라고 하였다.

나는 견문이 좁음을 덮고, 감히 받들지 못함에도 높이 우러른 마음 절실
하여 이름이 기록되는 영광을 위하여 또한 감히 종내 사양치 못하였다.

오직 이 서원에 들어가는 것을 다만 향사로서 능사로 삼는 것은 아니니, 다시 선생의 학문을 배움으로써 언행을 신칙(申飭 : 단단히 일러서 경계함)하고 덕업(德業)을 숭상(崇尙)함으로써 이 서원을 광명성대(光明盛大)케 하여 선생의 도로 하여금 이로 말미암아 회복을 기하여 세상을 밝게 함이며 이는 받들어 힘씀을 위함이다.

때는 계축(단기 4306년)년 3월 하순.

화산(花山) 권순명 근찬.
여산(礪山) 송성용 근서.

□ 참고 3 : 남고서원 중수비문(南皐書院 重修碑文)

문경공(文敬公) 일재 이(李) 선생이 별세한 이듬해 선조 정축(丁丑. 단기 3910년)년에 문인 건재 김문열공(金文烈公)이 유림들을 창도하여 태산[泰山 : 태인(泰仁) 고을의 고호(古號)]의 보림산 아래에 사우를 짓고, 신령을 편안케 한 것은 실로 거기가 선생이 강학하던 곳이었기 때문이다.

그 후에 문열공(文烈公. 김천일)을 배향하고, 숙종 을축(乙丑. 단기 4018년)년에 사액함으로써 이를 남고서원이라 하였다.

선생은 호걸의 자질로서 의리지학[義理之學 : 경서(經書)의 해석에 구애되지 않고 오로지 성인의 도리를 연구하는 학문(성리학)]을 한, 실로 백세의 스승이다.

젊어서도 굳세고 용감하여 남에게 구속을 받지 아니하였는데 도리어 도를 닦고 순수함에 이르렀다.

아! 선생은 조예(造詣 : 학문이나 기예가 깊은 경지에까지 나아감)가 정순(精純)하고 밝아 행하였던 실력을 나 같은 말학[末學 : 미숙한 학문, 학자의 겸칭(謙稱)]으로서는 이왕의 문헌으로써 하면 과실이 적을 것이다.

조정에서 존숭(尊崇)하여 권하는 일 같은 것은 명종 선조 때에 임금의 후한 대우로써 역마(驛馬)를 보내어 불러도 헛되이 기다리기를 다섯 차례이고, 의원은 보내 문병하기를 네 차례며,

선정신(先正臣)이 일컫기를 퇴계는 "호남의 이학(理學)의 종사(宗師)이다"라고 하고 율곡은 "실천함이 독실하다"라 하고 우암은 "도(道)는 이루어지고 덕은 섰다"라고 하였다.

사림들인즉, 누차 상소하여 문묘에 종사(從祀)할 것을 청하였다. 이를 보면 선생을 어떻게 여긴가를 가히 알 수 있다.

나라를 점칠 때 공은 성학(聖學, 유학)에 있음이라. 만약 문열공이 선생의 수제자로서 임진왜란에 용기를 내었으니, 정학[正學 : 올바른 학교, 여기서는 유학(儒學)]과 정충(貞忠 : 절개가 곧고 충성함)은 마땅히 영원토록 제사 지내야 한다.

이 서원은 실로 소자(邵子 : 소옹-雍-)의 낙사(洛社)와 회옹(晦翁 : 주희-朱熹-, 주자)의 녹동(鹿洞)이 있는 것처럼 강상(綱常)을 붙들어 세우고 많은 선비들이 여기에 의지하여 도타움에 돌아가니, 일국의 대원(大院 : 큰 서원)이 되어 있으나, 불행히도 고종 신미(辛未. 단기 4204년)년에 싸잡혀 훼철되니, 학자들이 이를 한스럽게 여겨 그 후 정묘(丁卯. 단기 4260년)년에 사우를 중건하고 복설(復設)하여 매당(梅堂) 김공(김점. 金坫), 율정(栗亭) 김공(김승적. 金承績), 용암(龍巖) 김공(김복억. 金福億), 매헌(梅軒) 소공(소산복. 蘇山福)이 모두 문하의 뛰어난 분으로 공이 당세에 있었던 학자들이다.

서원이 세워진 지 오래되어 풍우로 닳고 헐어 그 면모를 보전키 어렵게 되니, 후손 근석(根錫)과 원임(院任 : 서원의 임원)들과 더불어 주선과 협력으로 도모한 바 도(道) 및 군비(郡費) 2천여 만 원을 판득(辦得)하여 정묘(丁卯. 단기 4320년)년 여름에 사우 건립에 착공하며, 안꽈 삼문도 비가 새어 썩으므로 다시 수축하고, 토대와 담장들을 넉 달을 걸려 완공을 고하니, 서원 모양이 유신되어 영령들도 기뻐하고 즐거워할 것이며 사기도 더욱 높아졌다.

이로 인하여 선생의 도는 하늘 가운데의 해와 달이니, 어찌 그날이 없었을 것으로 알았으리요.

진실로 홍지사(知事)와 김군수(郡守)의 선현을 사모함이 성실하고 돈독함에 선생의 덕이 사람에게 들어감이 깊다는 것이 가히 실없는 말이 아님을 알겠다.

역사(役事)가 이미 끝나서 서원의 뜰에 비를 세워 그 사적을 표하는데 집강(執綱 : 서원의 임직의 하나)인 김환국(金煥國)이 잘못 헤아려 나에게 비문을 부탁하였으니, 분수에 넘쳐 감당치 못하겠으나, 이름을 참열(參烈)케 하는 영예가 되므로 사양치 않고, 높이 우러러 사숙하는 마음 지극함으로써 그 시말을 간략히 서술한다.

또 비를 세우는 역사에 대하여서는 본손인 평촌리(平村里)에 거주하는 희정(喜正)이 전담하니 그 정성이 가상하다.

단군 기원 4320년 정묘 음 7월 상순

후학 거창 신사범 근찬.
후학 장흥 고광준 근서.

□ 참고 4 : 금산전투

O 웅치, 이치전투 직후의 전투

O 1차 금산전투
- 1592년 7월 10일, 고경명(동래부사 시 정철의 건저의사건으로 이임) 순국, 의병부대.

O 2차 금산전투
- 1592년 8월 1일, 조헌 의병부대, 승병장 영규와 함께 청주성 수복.
- 1592년 8월 16일, 남은 700여 의병들과 함께 금산으로 출발.
- 1592년 8월 18일, 승병장 영규의 승병(800여 명)과 함께 전멸.

□ 참고 5 : 풍류사상과 가사 문학 / 김익두 교수

O 우리의 부족국가 시대의 '무교사상'에서부터 면면히 이어져 내려온 '천지인 합일 사상'.

O 중국 한나라 진수가 쓴 『삼국지』 위서 동이전 '마한조'.
- 무당으로서의 '천군', 그가 노래하고 춤추는 신성한 장소로서의 '소도'가 나오고, 이 시기 마한조의 기록에는 '사람들이 씨 뿌리고 거둘 때에 집단적으로 함께 모여 춤추고 노래하고 술을 마시며, 연

일 잔치가 끊이지 않았다'는 구절이 있음.

- 마한 50여 개 소국가 중에 정읍의 옛 지명인 '초산도비리국', 고부의 옛 지명인 '고비리국'이 있음.

O 삼국시대 시가 중 유일하게 전승된 「정읍사」

O 고운 최치원은 고현내의 태산태수 시절의 '유상곡수' 유적이 전해지고 있음.

O 불우헌 정극인은 우리나라 최초의 가사문학 작품 「상춘곡」을 지음.

O 면앙정 송순은 전남 담양에서 1524년 가사작품 「면앙정가」를 지음.

O 기봉 백광홍 : 1555년 기행가사 「관서별곡」을 지음.

O 하서 김인후 : 순창에 살며 「절로가」를 지음.

O 송강 정철 : 스승 면앙정 송순의 문학적 계보 속에서 그의 4대 가사 문학 작품(「사미인곡」, 「속미인곡」, 「관동별곡」, 「성산별곡」)을 지음.

정읍사와 상춘곡

- 정읍을 배경으로 한 고전시가의 문학교육적 가치 / 한창훈, 2022년

□ 시가(詩歌)

o 문학의 기본적 형식은 크게 율문과 산문으로 나뉨.

- 율문(律文)이란 운율이라고 하는 일정한 리듬을 갖고 있는 문장을
   말함.

- 산문(散文)은 운율이나 글자 수에 관계없이 자유스럽게 쓴 글.

o 율문을 대표하는 문학의 한 갈래가 시가(詩歌)임.

o 우리의 시가는 고대가요, 향가, 고려가요(속요와 별곡), 시조(時調)
   와 가사(歌辭) 등 여러 갈래로 형성, 발전, 소멸하여 왔음.

□ 고대가요(古代歌謠)

O 고대가요(古代歌謠)는 흔히 삼국시대 초기, 향가 성립 이전에 불린 노래를 통칭함.

 - 한역되어 전해지거나, 구전되어 오다가 후대에 기록된 까닭에 정확한 내용이나 연대를 알기 어려움.

 - 『해동역사』(1814년 이후)와 중국 서진(265~316) 시기의 책인 『고금주』에 전하는 고조선과 관련된 「공무도하가」, 『삼국사기』(1145년) 고구려 본기에 전하는 「황조가」, 『삼국유사』(1281년) 가락국기에 전하는 「구지가」가 있음.

 - 백제시대부터 구전해 온 민간전승의 가요로 알려진 「정읍사」도 있음. 이 노래의 가사는 『악학궤범』(1493년) 권5 시용향악정재조(時用鄕樂呈才條)에 「동동」·「처용가」·「정과정」 등 고려가요와 함께 실려 전하고, 『고려사』(1451년) 악지 2 삼국속악조에도 기록이 있음.

□ 향가(鄕歌)

O 향가(鄕歌)는 신라 가요로 6세기경부터 고려 중기인 13세기까지 존재했던 것으로 보이고, 우리의 문자가 없었던 시대에 한자의 음과 훈을 빌려서 문장 전체를 그대로 적던 방법인 향찰로 표기된 노래임.

 - 향찰식 표기는 한자의 음 부분과 뜻 부분을 하나씩 빌려 적던 표기

법인데, 예를 들어 향가 중에 「서동요」의 '서동(薯童)'은 '맛둥'이라고 기록되어 있는데 '맛'은 한자 '薯(참마 서)'의 뜻 부분을 가져왔고, '둥'은 한자 '童(아이 동)'의 음 부분을 빌려 표기한 것.

- 향찰로 표기된 향가는 삼국시대에 지어진 것도 있으나 그 표기법인 향찰은 8세기경에 발달한 것으로 추정. 향가는 구전되다가 후대에 와서 기록될 수도 있어 현재까지 전하여 오는 자료로 보면 향찰과 같이 발달된 차자표기법은 8세기 이후에야 나타날 수 있는 것으로 보임.

- 고려시대에 들어와서는 한문에 밀려 향찰의 사용이 차츰 위축되어 갔을 것이나 『삼국유사』를 편찬한 일연(一然)은 향찰 표기를 이해하고 향가를 실었을 것으로 믿어지고, 『향약구급방』의 우리말 표기에서도 향찰로 표기된 문장이 쓰인 것으로 보아 13세기까지는 존재하고 있었음이 분명. (향찰[鄕札], 한국민족문화대백과, 한국학중앙연구원)

- 현재 『삼국유사』에 삼국시대와 신라시대의 향가 14수, 『균여전』 (균여대사, 923~973)에 불교 화엄경의 보현보살에 대한 「보현십원가」 11수가 향가 형식으로 실려 전하고, 고려 예종의 「도이장가 (悼二將歌)」 1수가 있어 모두 26수의 시가가 향찰로 기록되어 전해지고 있음.

- 4구체의 작품으로 「서동요」, 「헌화가」, 「도솔가」가 있고, 8구체의 작품으로 「모죽지랑가」, 「처용가」가 있으며, 10구체의 작품으로 「원가」, 「원왕생가」, 「제망매가」, 「찬기파랑가」, 「안민가」가 있음.

□ 고려가요(高麗歌謠)

○ 고려가요의 의미.

- 좁은 뜻의 고려가요는 속요라 불리는 「청산별곡」, 「서경별곡」, 「만
전춘(滿殿春)」, 「가시리」, 「동동」 등의 시가를 말함.

  * 속요라는 명칭은 민속가요라는 뜻으로 고려시대 우리나라 노래
  들 중 경기체가(景 경치 경, 幾 어찌 기 : 이 경치가 어떠한가를
  주로 노래함 / 景幾何如)를 제외한 나머지 노래들을 통틀어 일
  컫는 말.

- 넓은 뜻의 고려가요는 속요와 경기체가(景幾體歌)를 아울러 뜻함.

○ 좁은 뜻의 고려가요(= 속요)의 특징.

- 고려시대에 평민들이 부르던 노래로 민요적 성격이 강한 서정가요.

- 속요 전체에 두루 드러나는 공통점은 여음(후렴구)의 존재.

  * 여음은 「동동」의 '아으 動動다리', 「서경별곡」의 '아즐가', '위 두어
  렁셩 두어렁셩 다링디리', 「청산별곡」의 '얄리얄리얄랑셩 얄라리
  얄라'처럼 음악에 맞춰 흥을 돋우면서 한 편의 노래로서 형식적
  동질성을 갖추기 위한 장치.

- 작품 전체의 구성상 속성으로 보면 분절체라는 것을 들 수 있음.
이는 여러 덩어리로 나뉘어 있다는 것인데 속요의 대부분이 분절
식으로 되어 있고, 분절마다 후렴구가 붙는 것이 보통임.

- 대체로 전후 양절로 나눠지며, 몇 연이 연속되는 구조를 이루고 있

음. 이러한 구조는 한 연을 노래하는 악곡에 맞추어 거듭되는 연
들을 노래하는 형식이므로 연을 거듭하면서 얼마든지 길어질 수
있음.

- 이러한 특성 때문에 속요를 장가라고 부르기도 함.
  * 현재 전해지는 작품 중 「서경별곡」이 14연으로 가장 길고, 「동
    동」이 13연, 「정석가」가 10연으로 되어 있음.

O 넓은 의미의 고려가요(= 속요 + 경기체가)의 특징.
- 그 형식 면에서 보면 「한림별곡」이나 「청산별곡」 등은 전혀 다른
  계통처럼 보이지만, 따져 보면 형태상의 특징이 일치.
  * 첫째, 음수율(音數律)은 주로 3음절이 우세.
  * 둘째, 음보율(音步律)은 일반적으로 3음보.
  * 셋째, 구수율(句數律)은 6구를 기준으로 하여 다소의 가감을 보임.
  * 넷째, 대체로 전후 양절로 구분되는데 「청산별곡」 등에서는 후
    렴구(後斂句)가 후절(後節)이 됨.
- 속요의 작자는 미상이나 귀족문학으로서의 경기체가는 대체로 작
  자가 알려져 있음.
  * 「한림별곡」은 고려 고종 때의 제유(諸儒), 「관동별곡」, 「죽계별
    곡」은 안축(安軸)이, 「상대별곡(霜臺別曲)」은 권근(權近)이 짓는
    등 대체로 무신집권(武臣執權) 이후에 대두한 신흥사대부 출신
    의 문인들임.
- 속요는 시조 이외의 시가로 평민들 사이에 구전되어 오다가, 조선

시대에 들어와서 우리글이 만들어진 후, 성종 때에 『악학궤범(樂學軌範)』, 『악장가사(樂章歌詞)』, 『시용향악보(時用鄉樂譜)』 등에 문자화되어 전해지게 되었음.

□ 가사(歌辭)문학

○ 가사문학의 의미.
  - 가사는 시조와 같이 운율이 느껴지는 운문과 긴 산문의 중간 형태.
  - 명칭은 '가사(歌詞 : 말 사 / 특히 문어체의 말) · 가사(歌辭 : 말 사 / 사상을 말이나 글로 나타낸 것)' 등이 관습적으로 통용되었으나, 오늘날에는 문학장르 명칭으로 '가사(歌辭)'라고 일반적으로 부름.

○ 가사문학의 특징.
  - 4음보율과 3 · 4조 또는 4 · 4조의 음수율을 기조로 하고, 행수에는 제한이 없음.
    * 예시 : "紅塵에 / 뭇친 분네 / 이내 生涯 / 엇더흔고"
  - 가사의 효시로 알려져 있는 정극인의 「상춘곡」이나 송순의 「면앙정가」, 정철의 「관동별곡」과 「사미인곡」, 「속미인곡」, 「성산별곡」 등이 대표적 작품.
  - 기행가사의 효시인 「관서별곡」을 쓴 기봉 백광홍 선생(1522~1556).
  - 일재 이항의 제자 중의 한 명임. 급제하여 촉망되는 문신이었으나 요절. 그가 평안도평사 시절에 지은 「관서별곡」은 국문학상 최초

의 기행가사.

- 이들은 가사를 통해 한시나 시조만으로는 담아내기 힘들었던 자연의 구체적 모습과 생활의 흥취를 한문과 한글을 함께 사용하여 사실적으로 묘사하여 흔히 '강호(江湖)가사'라 불림.

나옹화상(懶翁和尙)의 「서왕가(西往歌)」

「상춘곡」이 최초의 작품으로서는 그 형식이 너무 정제되어 있다는 점과, 또 어사(語辭)가 15세기의 것이 아니라는 것을 들어 이병기·정병욱 등은 고려 말 나옹화상의 작으로 알려진 「서왕가」를 그 효시로 추정하기도 한다는 의견도 있음.

하지만, 대체적으로 ① 「상춘곡」의 내용은 『불우헌집』의 행장과 시문에 부합되고, ② 제작 당시 1470년(성종 1년), 즉 작자 70세 때 치사환향 때의 귀거래사적 심정과 그 사의(詞意)가 어울리며, ③ 『불우헌집』의 사료적 신빙성도 충분하다고 하여 종래 정극인의 제작설을 재확인하고 있음. (상춘곡[賞春曲], 한국민족문화대백과, 한국학중앙연구원)

□ 시조(時調)

○ 시조의 등장 배경.

- 고려 후기에 이르러 신흥사대부들이 역사적 전환기를 맞아 경기체가만으로 감당할 수 없는 유교적 관념과 주관적 정서를 표현하기 위해 창안된 양식.

- '시조'라는 명칭의 원뜻은 시절가조(時節歌調), 즉 당시에 유행하던 노래라는 뜻이었으므로, 엄격히 말하면 시조는 문학 갈래 명칭이라기보다는 음악 곡조의 명칭.
- 문학으로서의 시조는 14세기경인 고려 말기에서 조선 초기에 걸쳐 정제된 것으로 추정되고 있으며, 현재까지 지속적으로 창작되고 있는 우리 고유의 정형시임.
- 고시조의 경우는 조선 후기까지 대부분이 구전되었는데, 1728년(영조 4년) 김천택(金天澤)이 역대 시조를 수집하여 시조 998수와 가사 17편을 곡조(曲調)에 따라 분류하고 정리하여 『청구영언(靑丘永言)』을 편찬.

○ 시조의 형식.
- 평시조를 기준으로 할 때, 3·4조의 음수율을 가지고 3장 6구, 45자 안팎으로 이루어져 있으며 4음보격임.
- 자수는 시조마다 1, 2자 차이가 있을 수 있지만 종장 첫째 구만은 3음절을 반드시 지켜야 함.
- 시조의 초장, 중장은 3·4, 3·4의 개방된 모습을 띠어 생각의 지속을 보이나, 종장에서는 3·5, 4·3으로 하여 정서를 전환, 고양하면서 주제를 집약적으로 제시.
- 시조와 가사는 형식상 4음보의 율격을 갖는다는 공통점이 있지만, 시조와 달리 가사는 연속체를 갖는다는 점에서 차이점이 있음.

○ 시조의 예시.

  - 이방원이 조선 건국을 앞두고 「하여가(何如歌)」를 지어 부르자, 정
    몽주(1337~1392)는 「단심가(丹心歌)」라는 시조로 응답.

  - 맹사성(孟思誠, 1360~1438)의 「강호사시가(江湖四時歌)」

  - 이황(李滉, 1501~1570)의 「도산십이곡(陶山十二曲)」

  - 이이(李珥, 1536~1584)의 「고산구곡가(高山九曲歌)」

  - 정철(鄭澈)의 「훈민가(訓民歌)」

  - 황진이(黃眞伊)와 같은 기녀들의 시조 작품

  - 윤선도(尹善道, 1587~1671)의 「어부사시사(漁父四時詞)」

  - 김상헌(金尙憲, 1570~1652)의 "가노라 삼각산아…."

○ 시조의 문학사적 의의.

  - 우리나라 고유의 정형시.

  - 한문 문화가 모든 문화의 중심에 자리 잡고 있던 시기에 우리말로
    노래하여 민족의 주체성을 살림.

  - 고려시대에 형성되어 현대시조로 전승된 전통적 문학.

  - 양반과 평민 모두가 지었던 국민문학.

□ 「정읍사」의 문학사적 및 문학적 가치

○ 한글로 가사가 전해지는 유일한 백제 시가.

o 정읍사 관련 최초 기록이 『고려사악지』에 있음.

o 고전시가에 해당하는 것으로 창작 배경이 소개된 것은 6편이고, 이 중 가사가 전하는 작품은 「정읍사」와 「산유가」 2편에 불과하며, 그나마 한글로 전하는 것은 「정읍사」 한 편임.

o 신라 문화권의 대표적 시가인 '향가'는 경주 지역, 특히 불교라는 정신문화를 배경으로, 죽음과 관련된 추상적, 종교적 차원의 서정성을 중심 테마로 삼고 있음.

o 하지만 「정읍사」를 비롯한 백제 문화권의 작품들은 한결 현실적 인간 감성에 가깝고, 중앙이 아닌 지방색을 문화적 토대로 삼았으며, 여러 가지 대상에 대한 다채로운 정감을 드러내는 걸 목적으로 함. (「정읍을 배경으로 한 고전시가의 문학교육적 가치, 정읍사와 상춘곡을 예로 하여」, 2022년, 한창훈)

□ 상춘곡의 문학사적 및 문학적 가치

o 가사문학의 효시작.

o 구조적으로 잘 짜여 있고, 자연을 통한 작가의 정서가 잘 표현되어 있는 문학적으로 뛰어난 가사 작품임.

○ 현실에서 벗어난 작가가 자연과의 합일을 통해 안빈낙도라는 심리
적 평안 상태에 이르는 주제 의식, 그리고 그에 이르는 과정에서 드
러나는 평화롭고 여유로운 미의식이 생동감 넘친 언어를 통해 질서
있게 표현되고 있음. (「정읍을 배경으로 한 고전시가의 문학교육적
가치, 정읍사와 상춘곡을 예로 하여」, 2022년, 한창훈)

□ 불우헌 정극인의 생애(1401~1481)와 가족관계

○ 불우헌 정극인의 생애.
 - 1401년 경기도 광주 두모포(지금의 서울 옥수동)에서 출생.
 - 1417년 부모를 따라 전남 영광으로 이주.
 - 1429년 생원에 합격하여 성균관에 입학.
 - 1437년 세종의 흥천사 사리전 창건 반대 상소로 함경도로 유배.
 - 1439년(?) 유배 후 처가(구고 임씨)의 고향인 태인현(지금의 정읍
   칠보면)으로 낙향.
 - 1451년 과거 정과 합격하여 전주부 향교의 교수.
 - 1455년~ 세조 집권기(1455~1468) 주로 야인생활.
   * 이 무렵 「상춘곡」을 쓰지 않았나 추측됨.
 - 1465년 성균관 주부(종6품) 역임.
 - 1469년 사간원 정언(정6품).
 - 1470년 벼슬을 완전히 그만두고 태인현으로 낙향.
 - 1472년 벼슬에 뜻을 접고 향리의 자제를 열심히 가르친 공으로 3품

산관(三品散官)이 내려지자 이에 감격해 단가인「불우헌가(不憂軒歌)」, 경기체가 형태의「불우헌곡(不憂軒曲)」을 지어 송축했음.

- 1475년 태인현 고현동에서 향약을 시행하며, 태인고현동중향음서(泰仁古縣洞中鄕飮序)를 남김.
- 1481년 81세로 별세.

O 불우헌 정극인의 가족관계.

- 태인현감을 지낸 구고 임씨 임은의 큰사위가 정극인이고 작은사위가 정진으로, 이 둘은 현직을 떠난 이후에는 처가가 있던 태인 고현동에 머물게 됨.
- 정극인의 동서지간인 정진은 경주 정씨로 병조참판을 지내고 처의 고향인 태인 고현동으로 내려옴. 정진의 아들 정계안은 이조판서를 지냈고, 그의 5세손이 형조참판을 지내고 청백리로 천거된 정언충(1491~1557)임.
- 정극인의 사위인 김윤손은 도강 김씨를 대표하며 조선 개국공신인 김회련의 증손자임.
  * 김윤손의 손자가 김약회[면앙정 송순(1493~1582), 퇴계 이황(1501~1570), 하서 김인후(1510~1560)와 교유]와 김약묵(하서 김인후와 동서지간)이고, 증손자가 김후진(일재 이항의 제자), 5세손이 김대립과 김응빈, 그리고 6세손이 김관임.
  * 김약회가 지은 정자인 '한정(閒亭)'이 무성서원 바로 뒤편 산에 있음.

- 정극인의 또 다른 사위인 김화우는 청도 김씨이며, 태인 고현에 오게 되어, 입향조(入鄕祖 : 어떤 마을에 맨 먼저 정착한 조상)가 되었음.
- 정극인의 제자 중 송연손(1460~1508)은 중종의 대군 시절 스승이 되었음. 그의 아들 송세림(1479~미상)은 『어면순』(禦眠楯 : 막을 禦, 잘 眠, 방패 楯 / 잠을 깨우는 방패라는 뜻)이라는 패관문학을 남김.

패관문학 : 설화 같은 소설류 / 원래 패관(稗官 : 곡식인 피 혹은 작다는 뜻을 갖는 稗, 벼슬 官)은 중국에서 말단 관직을 일컬었는데 이들이 주로 전설, 설화 등을 채집하여 수록했던 점에 어원을 두고 있음.

□ 불우헌 정극인 공원 주변의 사우와 정자

○ 한정 / 정자
- 조선 중종 때 한정 김약회가 태학관에 있다가 사화로 세상이 어지러워지자 고향에 내려와 1520년경에 지은 정자.
- 김약회가 세운 정자는 정유재란 때 화재로 소실되었는데 1875년 재건하고, 1920년에 후손인 김환정이 중건함.

○ 호호정 / 정자
- 선조 임금 때 김대립이 지은 정자로, 정여립으로 인한 기축옥사

가 있기 전에 그가 가까이 와 교유하게 될까 봐 정자를 허물어 버림으로써 화를 면하였다는 설이 있음. 정자가 있던 터에 유허비가 남아 있음.

○ 송정 / 정자
- 광해군의 폭정을 피해 7광 10현이 어지러운 세상을 등지고 이곳 성황산 중턱 소나무 숲속에 자리한 정자에 모였다 함.
- 송정 뒤편에는 7광도와 10현도를 봉안하고 조상의 높은 기상과 우국충절의 뜻을 기리기 위해 후손들이 세운 영당인 영모당이라는 사우가 있음.

○ 영모당 / 사우
- 1898년 후송정보다 한 달 앞서 창건하였고, 송정영당이라고도 불림.
- 1617년 광해군 때에 인목대비 유폐사건에 항의, 상소하다가 뜻을 이루지 못하고 낙향하여 이곳에서 세월을 보낸 이들을 7광 10현이라 하는데, 후손들이 칠광도와 송정십현도를 영모당에 봉안하고 춘추로 제사를 지냄.
- 현재 남아 있는 칠광도와 송정십현도는 궁중화가였던 채용신 (1850~1941)이 그렸음.

○ 후송정(後松亭) / 정자
- 송정 아래에 세운 정자로 1899년 김직술이 송정 10현을 추모하는

뜻에서 십송정이라는 이름으로 처음 지었으며, 1985년 다시 지음. 후송정 옆 바위 옆에는 '후송'이라고 쓴 간재 전우의 암각서가 있음.

- 1930년대 초반까지 후송정 바로 밑으로 하천이 흘렀다는 점을 사진을 통해 알 수 있음.

송정 10현(十賢)

조선 광해군 때 폐모사건에 항소한 7광(七狂) 10현(十賢)들이 뜻을 이루지 못하자 어지러운 세상에 벼슬을 버리고 이곳 송정에 모여 세월을 보냈다고 하는데, 10현은 김응빈, 김감, 송치중, 송민고, 이탁, 김관, 김급, 김우직, 양몽우, 김정을 말함.

○ 송산사 / 사우

- 1788년 창건하여 서원철폐령으로 1868년 헐렸다가 1954년 현재의 위치로 옮겨 중건하였음.
- 7광 10현 중 7광에 속하는 김대립과 김응빈, 10현에 속하는 김감과 김급을 향사하는 사우임.

7광(七狂)

광해군 재위기간(1608~1623) 왕의 폭정이 극에 이르자, 벼슬을 버리고 낙향하여 세월을 보낸 이들을 가리켜 7광 10현이라고 부르는데, 7광은 김대립, 김응빈, 김감, 송치중, 송민고, 이탁, 이상형을 가리킴.

○ 시산사 / 사우

- 1907년 현재 칠보초등학교 자리에 면암 최익현을 기리기 위해 태산사로 건립하였으나, 후에 일제의 탄압으로 철거되었다가 1975년 현재의 이름인 시산사로 이름을 바꾸어 지금의 자리로 옮겨 세워짐.

- 최익현 외에 김기술, 김직술을 추가로 배향하는 사우임.

○ 필양사 / 사우

- 춘우정 김영상의 애국충절의 굳은 심지와 포부를 본받고, 그를 추모하기 위해 1945년 필양사를 건립함.

- 1836년 정우면에서 태어난 김영상은 1906년 무성서원에서 일으킨 태인의병 당시 70세 노령에도 불구하고 최익현, 임병찬 등과 함께 항일의병 운동을 주도.

- 1910년 일본 왕의 은사금 사령서를 찢어 버린 죄로 군산감옥으로 끌려가 만경강에서 몸을 던졌으나 구조되어 뜻을 이루지 못하였고, 군산감옥에서 단식하여 투옥된 지 8일 만에 76세를 일기로 순절.

○ 상춘대 / 정자

- 무성서원 뒤편 성황산 중턱에 있는 송정을 지나 상춘곡 둘레길을 따라가다 보면 만나는 정상부에 최근 세운 정자임.

□ 고대가요 작품

「공무도하가」(公無渡河歌, 고조선 시대)

公無渡河 : 임이여 물을 건너지 마오.
公竟渡河 : 임은 결국 물을 건너시네.
墮河而死 : 물에 빠져 죽었으니,
當奈公何 : 장차 임을 어이할꼬.

「황조가」(黃鳥歌, 고구려 유리왕, BC19~AD18년 관련)

翩翩黃鳥 : 펄펄 나는 저 꾀꼬리,
雌雄相依 : 암수 서로 정답구나.
念我之獨 : 외로워라 이 내 몸은
誰其與歸 : 뉘와 함께 돌아갈까?

「구지가」(龜旨歌, 가야 수로왕, ?~199년 관련)

龜何龜何 : 거북아 거북아
首其現也 : 머리를 내어놓아라.
若不現也 : 만일 내어놓지 않으면
燔灼而喫也 : 구워 먹으리라.

「정읍사」(井邑詞, 백제시대)

돌하 노피곰 도ᄃ샤
어긔야 머리곰 비취오시라
어긔야 어강됴리
아으 다롱디리

져재 녀러신고요
어긔야 즌 ᄃᆞᆯ 드ᄃᆡ욜셰라
어긔야 어강됴리

어느이다 노코시라
어긔야 내 가논 ᄃᆡ 졈그롤셰라
어긔야 어강됴리
아으 다롱디리

□ 향가 작품

「모죽지랑가」(慕竹旨郎歌, 신라 효소왕, 692~702) / 최철 해석

去隱春皆林米 : 간 봄 그리워함에

毛冬居叱沙哭屋尸以憂音

: 모든 것이 서러워 시름하는데

阿冬音乃叱好支賜烏隱 : 아름다움을 나타내신 얼굴이

貌史年數就音墮支行齊 : 주름살을 지으려 하옵내다.

目煙廻於尸七史伊衣 : 눈 돌이킬 사이에나마

逢烏支惡知作乎下是 : 만나뵙도록 하리이다.

郎也 慕理尸心未 : 낭이여 그리운 마음의 가는 길이

行乎尸道尸蓬次叱巷中宿尸夜音有叱下是

: 다북쑥 우거진 마을에 잘 밤이 있으리이까.

「헌화가」(獻花歌, 신라 성덕왕, 702~737) / 정연찬 해석

紫布岩乎邊希 : 붉은 바위 끝에

執音乎手母牛放敎遣

: 부인께서 암소 잡은 나의 손을 놓게 하시고

吾肹不喩慚肹伊賜等 : 나를 부끄러워하시지 않으신다면

花肹折叱可獻乎理音如 : 꽃을 꺾어 바치겠습니다.

「도솔가」(兜率歌, 760) / 양주동(梁柱東) 해석

今日此矣散花唱良 : 오늘 이에 산화 불러
巴寶白乎隱花良汝隱 : 뿌린 꽃이여 너는
直等隱心音矣命叱使以惡只 : 곧은 마음의 명 받아
彌勒座主陪立羅良 : 미륵좌주 뫼셔라.

「제망매가」(祭亡妹歌, 신라 경덕왕 시기, 742~765) / 양주동 해석

生死路隱 此矣 有阿米 次肹伊遣
죽고 사는 길 예 있으매 저히고

吾隱去內如辭叱都 毛如云遣去內尼叱古
나는 간다 말도 못다 하고 가는가

於內秋察早隱風未 此矣彼矣浮良落尸葉如
어느 가을 이른 바람에 이에 저에

一等隱枝良出古 去如隱處毛冬乎丁
떨어질 잎다이 한 가지에 나고 가는 곳 모르누나

阿也 彌陀刹良逢乎吾 道修良待是古如

아으 미타찰에서 만날 내 도 닦아 기다리리다.

「처용가」(신라 헌강왕 시기, 875~886)

東京明期月良 : 서울 밝은 달밤에

夜入伊遊行如可 : 밤늦도록 놀고 지내다가

入良沙寢矣見昆 : 들어와 자리를 보니

脚烏伊四是良羅 : 다리가 넷이로구나.

二肹隱吾下於叱古 : 둘은 내 것이지만

二肹隱誰支下焉古 : 둘은 누구의 것인고?

本矣吾下是如馬於隱 : 본디 내 것이다만

奪叱良乙何如爲理古 : 빼앗긴 것을 어찌하리.

□ 고려가요 : 속요

「동동(動動)」
- 「동동」은 고려시대부터 구전되어 왔으며, 조선시대의 『악학궤범』
  에 한글로 가사가 실려 있음.
- 본래 민속과 관련된 단순한 민요 혹은 제의 때 부르던 노래였던 것
  이 궁중악으로 채택되면서 서정적인 노래로 변모했다고 보는 것
  이 타당함.
- '동동'이라는 제목은 매 장마다 되풀이되는 후렴구 "아으 동동 다
  리"에서 따온 것임.

⟨동동 원문⟩

덕으란 곰배예 받잡고
복으란 림배예 받잡고
덕이여 복이라 호날
나자라 오소이다
아으 동동다리

정월 나릿 므른
아으 어져 녹져 하논대
누릿 가온대 나곤

몸하 하올로 녈셔

아으 동동다리

이월 보로매

아으 노피 현

등블 다호라

만인 비취실 즈지샷다

아으 동동다리

삼월 나며 개한

아으 만춘 달욋고지여

나매 브롤 즈슬

디녀 나샷다

아으 동동다리

사월 아니 니저

아으 오실셔 곳고리새여

므슴다 녹사니만

녯 나랄 닛고신뎌

아으 동동다리

오월 오일애

아으 수릿날 아참 약은
즈믄 햄 장존하샬
약이라 받잡노이다
아으 동동다리

유월 보로매
아으 별해 바룐 빗 다호라
도라 보실 니믈
적곰 좃니노이다
아으 동동다리

칠월 보로매
아으 백종 배하야 두고
니믈 한대 녀가져
원을 비잡노이다
아으 동동다리

팔월 보로만
아으 가배나리마란
니믈 뫼셔 녀곤
오날날 가배샷다
아으 동동다리

구월 구일애

아으 약이라 먹논 황화

고지 안해 드니

새셔 가만하얘라

아으 동동다리

시월애

아으 져미연 바랏 다호라

것거 바리신 후에

디니실 한 부니 업스샷다

아으 동동다리

십일월 봉당 자리예

아으 한삼 두퍼 누워

슬할사라온뎌

고우닐 스싀옴 널셔

아으 동동다리

십이월 분디남가로 갓곤

아으 나잘 반앳 져다호라

니믜 알패 드러 얼이노니

소니 가재다 므라잡노이다

아으 동동다리

「가시리(嘉時理)」

  - 일명 '귀호곡(歸乎曲)'이라고도 함. 『악장가사(樂章歌詞)』에 가사 전문이, 『시용향악보(時用鄕樂譜)』에 1장에 대한 가사와 악보가 실려 있음. 또한 이형상의 『악학편고(樂學便考)』에 '嘉時理(가시리)'라는 제목으로 가사가 실려 있기도 함.

〈가시리 전문〉

가시리 가시리잇고 나는
ᄇ리고 가시리잇고 나는
위 증즐가 大平盛代(태평성대)

날러는 엇디 살라 ᄒ고
ᄇ리고 가시리잇고 나는
위 증즐가 大平盛代(태평성대)

잡ᄉ와 두어리마ᄂᆞᆫ
선ᄒ면 아니 올셰라
위 증즐가 大平盛代(태평성대)

셜온님 보내읍노니 나는
가시ᄂ 듯 도셔 오쇼셔 나는
위 증즐가 大平盛代(태평성대)

「청산별곡」

- 고려시대에 지어진 작자 미상의 가요로, 모두 8연으로 『악장가사
  (樂章歌詞)』에 전문이 실려 전하고, 『시용향악보(時用鄕樂譜)』에
  곡조와 제1연이 실려 있음.

〈청산별곡 원문〉

살어리 살어리랏다 靑山(청산)애 살어리랏다
멀위랑 다래랑 먹고 靑山(청산)애 살어리랏다
얄리얄리 얄랑셩 얄라리 얄라

우러라 우러라 새여 자고 니러 우러라 새여
널라와 시름 한 나도 자고 니러 우니노라
얄리얄리 얄라셩 얄라리 얄라

가던 새 가던 새 본다 믈 아래 가던 새 본다
잉무든 장글란 가지고 믈 아래 가던 새 본다
얄리얄리 얄라셩 얄라리 얄라

이링공 뎌링공 하야 나즈란 디내와손뎌
오리도 가리도 업슨 바므란 또 엇디 호리라
얄리얄리 얄라셩 얄라리 얄라

어듸라 더디던 돌코 누리라 마치던 돌코

믜리도 괴리도 업시 마자셔 우니노라

얄리얄리 얄라셩 얄라리 얄라

살어리 살어리랏다 바라래 살어리랏다

나마자기 구조개랑 먹고 바라래 살어리랏다

얄리얄리 얄라셩 얄라리 얄라

가다가 가다가 드로라 에졍지 가다가 드로라

사사미짒대예 올아셔 奚琴(해금)을 혀거를 드로라

얄리얄리 얄라셩 얄라리 얄라

가다니 배 브른 도긔 설진 강수를 비조라

조롱곳 누로기 매와 잡사와니 내 엇디 하리잇고

얄리얄리 얄라셩 얄라리 얄라

「서경별곡(西京別曲)」

- 『악장가사』·『대악후보(大樂後譜)』·『시용향악보』에 실려 있어 가
   사와 악곡의 구조를 알 수 있음. 「청산별곡(青山別曲)」과 더불어
   궁중악장 가운데 대표적인 속악의 하나로 조선 전기까지 궁중에
   서 애창되었음.

〈서경별곡 전문〉

셔경(西京)이 아즐가
셔경(西京)이 셔울히 마르는
위두어렁셩 두어렁셩 다링디리

닷곤디 아즐가
닷곤디 쇼셩경 고외마른
위두어렁셩 두어렁셩 다링디리

여히므론 아즐가
여히므논 질삼뵈 브리고
위두어렁셩 두어렁셩 다링디리

괴시란디 아즐가
괴시란디 우러곰 좃니노이다

위두어렁셩 두어렁셩 다링디리

구스리 아즐가
구스리 바회예 디신돌
위두어렁셩 두어렁셩 다링디리

긴히쫀 아즐가
긴히돈 그츠리잇가 나는
위두어렁셩 두어렁셩 다링디리

즈믄히를 아즐가
즈믄히를 외오곰 녀신돌
위두어렁셩 두어렁셩 다링디리

신(信)잇돈 아즐가
신(信)잇돈 그즈리잇가 나는
위두어렁셩 두어렁셩 다링디리

대동강(大洞江) 아즐가
대동강(大洞江) 너븐디 몰라셔
위두어렁셩 두어렁셩 다링디리

비내여 아즐가
비내여 노흔다 샤공아
위두어렁셩 두어렁셩 다링디리

네가시 아즐가
네가시 럼난디 몰라셔
위 두어렁셩 두어렁셩 다링디리

널비예 아즐가
널비예 연즌다 샤공아
위 두어렁셩 두어렁셩 다링디리

대동강(大洞江) 아즐가
대동강(大洞江) 건너편 고즐여
위두어렁셩 두어렁셩 다링디리

비타들면 아즐가
비타들면 것고리이다 나는
위두어렁셩 두어렁셩 다링디리

□ 고려가요 : 경기체가(별곡체)

「한림별곡(翰林別曲)」
- 고려 고종 때(1215~1216) 한림의 여러 유자(儒者)들이 지은 경기체가로, 모두 8장으로 구성됨.
- 『고려사』권71 악지에는 "이 노래는 고종 때 한림의 여러 선비가 지은 바다"라고만 기록되어 있어 작자가 누구인지는 확실하지 않으나, 1장에 나오는 금의(琴儀) 문하의 유원순·이인로(李仁老)·이공로·이규보(李奎報)·진화·유충기·민광균·김양경 등이라고 보는 견해가 대부분이며, 이 작품은 여러 선비가 지었다는 기록과 모두 8장으로 되어 있다는 점에서 한 사람이 한 장씩 돌아가며 지었다고 볼 수 있음.
- 경기체가는 「한림별곡」으로부터 발생했다고 보는 견해가 지배적임.
- 우리나라 문자가 없던 시기에 한자를 교묘하게 연결하여 기형적이나마 우리말 운율에 맞게 노래 불렀던 형식.
- 이후 많은 모방작들이 나오게 되었는데, 열거하면 다음과 같음. 변계량(卞季良)의 「화산별곡」·권근(權近)의 「상대별곡」·정극인(丁克仁)의 「불우헌곡」·김구(金絿)의 「화전별곡」·주세붕(周世鵬)의 「도동곡(道東曲)」·권호문(權好文)의 「독락팔곡(獨樂八曲)」 등. (한림별곡, 『외국인을 위한 한국고전문학사』, 배규범, 주옥파)

〈한림별곡 원문〉

元淳文(원슌문) 仁老詩(인노시) 公老四六(공노사륙)

李正言(니정언) 陳翰林(딘한림) 雙韻走筆(솽운주필)

沖基對策(튱긔대책) 光鈞經義(광균경의) 良鏡詩賦(량경시부)

위 試場(시댱)ㅅ 景(경) 긔 엇더니잇고

琴學士(금학사)의 玉笋門生(옥슌문생) 琴學士(금학사)의 玉笋門生(옥슌문생)

위 날조차 몃부니잇고

唐漢書(당한서) 莊老子(장로자) 韓柳文集(한류문집)

李杜集(니두집) 蘭臺集(난대집) 白樂天集(백락텬집)

毛詩尙書(모시샹셔) 周易春秋(쥬역춘츄) 周戴禮記(주대례긔)

위 註(주)조쳐 내 외 景(경) 긔 엇더니잇고

太平廣記(대평광긔) 四百餘卷(사백여권) 太平廣記(대평광긔) 四百餘卷(사백여권)

위 歷覽(력남)ㅅ 景(경) 긔 엇더니잇고

眞卿書(진경서) 飛白書(비백서) 行書草書(행서초서)

篆籀書(전주서) 蝌蚪書(과두서) 虞書南書(우서남서)

羊鬚筆(양슈필) 鼠鬚筆(셔슈필) 빗기드러

위 딕논 景(경) 긔 엇더니잇고

吳生劉生(오생유생) 兩先生(양선생)의 吳生劉生(오생유생) 兩先生(양
선생)의
위 走筆(주필)ㅅ 景(경) 긔 엇더니잇고

黃金酒(황금쥬) 柏子酒(백자쥬) 松酒醴酒(숑쥬례쥬)
竹葉酒(듁엽쥬) 梨花酒(리화쥬) 五加皮酒(오류피쥬)
鸚鵡盞(앵무잔) 琥珀盃(호박배)예 가득브어
위 勸上(권상)ㅅ 景(경) 긔 엇더니잇고
劉伶陶潛(류령도잠) 兩仙翁(량선옹)의 劉伶陶潛(류령도잠) 兩仙翁(량
선옹)의
위 醉(취)혼ㅅ 景(경) 긔 엇더니잇고

紅牧丹(홍모단) 白牧丹(백모단) 丁紅牧丹(뎡홍모단)
紅芍藥(홍작약) 白芍藥(백작약) 丁紅芍藥(뎡홍작약)
御柳玉梅(어류옥매) 黃紫薔薇(황자쟝미) 芷芝冬柏(지지동백)
위 間發(간발)ㅅ 景(경) 긔 엇더니잇고
合竹桃花(합듁도화) 고온 두 분 合竹桃花(합듁도화) 고온 두 분
위 相映(샹영)ㅅ 景(경) 긔 엇더니잇고

阿陽琴(아양금) 文卓笛(문탁덕) 宗武中琴(종무듕금)
帶御香(대어향) 玉肌香(옥긔향) 雙伽倻(쌍개야)ㅅ고
金善琵琶(금선비파) 宗智嵇琴(종지해금) 薛原杖鼓(설원장고)

위 過夜(과야)ㅅ 景(경) 긔 엇더니잇고

一枝紅(일지홍)의 빗근 笛吹(뎍취) 一枝紅(일지홍)의 빗근 笛吹(뎍취)

위 듣고아 잠드러지라

蓬萊山(봉래산) 方丈山(방댱산) 瀛洲三山(영쥬삼산)

此三山(차삼산) 紅樓閣(홍루각) 婥妁仙子(작작선자)

綠髮額子(록발액자) 錦繡帳裏(금슈댱리) 珠簾半捲(쥬렴반권)

위 登望五湖(등망오호)ㅅ 景(경) 긔 엇더니잇고

綠楊綠竹(록양록듁) 栽亭畔(재정반)애 綠楊綠竹(록양록듁) 栽亭畔(재정반)애

위 囀黃鸎(전황앵) 반갑두셰라

唐唐唐(당당당) 唐楸子(당추자) 조협남긔

紅(홍)실로 紅(홍)글위 미요이다

혀고시라 밀오시라 鄭少年(뎡쇼년)하

위 내 가논 디 놈 갈셰라

削玉纖纖(샥옥셤셤) 雙手(솽슈)ㅅ 길헤 削玉纖纖(샥옥셤셤) 雙手(솽슈)ㅅ 길헤

위 携手同遊(휴슈동유)ㅅ 景(경) 긔 엇더니잇고

「관동별곡(關東別曲)」

   - 관동별곡은 1330년 안축(1282~1348)이 지은 경기체가로, 작자가
      44세 때 강원도존무사로 있다가 돌아오는 길에 관동 지방의 뛰어
      난 경치와 유적 및 명산물에 감흥하여 짓게 되었음.
   -『근재집』의「관동별곡」(일부)

바다는 천 겹, 산은 만 겹인 관동의 별다른 지경
푸른 장막, 붉은 장막을 친 병마영의 영주가 되어
옥띠 띠고, 일산 기울고, 검은 창, 붉은 깃발로, 명사길을
아, 순찰하는 광경, 그것이야말로 어떤가!
북방 백성 재물로 의로움 본받는 기풍 일으키며
아, 왕의 덕화를 중흥시키는 광경, 그것이야말로 어떤가!

〈관동별곡 원문〉

海千重 山萬壘 關東別境 (해천중 산만루 관동별경)
碧油幢 紅蓮幕 兵馬營主 (벽유당 홍연막 병마영주)
玉帶傾盖 黑槊紅旗 鳴沙路 (옥대경개 흑삭홍기 명사로)
爲 巡察景 幾何如 (위 순찰경 기하여)
朔方民物 慕義趨風 (삭방민물 모의추풍)
爲 王化中興 景幾何如 (위 왕화중흥 경기하여)

鶴城東 元帥臺 穿島國島 (학성동 원수대 천도국도)

轉三山 移十州 金鼇頂上 (전삼산 이십주 금오정상)

收紫霧卷紅嵐 風恬浪靜 (수자무권홍람 풍염랑정)

爲 登望滄溟景 幾何如 (위 등망창명경 기하여)

桂棹蘭舟 紅粉歌吹 (계도란주 홍분가취)

爲 歷訪 景幾何如 (위 역방 경기하여)

叢石亭 金幱窟 奇岩怪石 (총석정 금란굴 기암괴석)

顚倒巖 四仙峯 蒼苔古碣 (전도암 사선봉 창태고갈)

我也足 石巖回 殊形異狀 (아야족 석암회 수형이상)

爲 四海天下 無豆舍叱多 (위 사해천하 무두사질다)

玉簪珠履 三千徒客 (옥잠주이 삼천도객)

爲 又來悉 何奴日是古 (위 우래실 하노일시고)

三日浦 四仙亭 奇觀異迹 (삼일포 사선정 기관이적)

彌勒堂 安祥渚 三十六峯 (미륵당 안상저 삼십육봉)

夜深深 波瀲瀲 松梢片月 (야심심 파렴렴 송초편월)

爲 古溫貌 我隱伊西爲乎伊多 (위 고온모 아은이서위호이다)

述郞徒矣 六字丹書 (술랑도의 육자난서)

爲 萬古千秋 尙分明 (위 만고천추 상분명)

仙遊潭 永郎湖 神淸洞裏 (선유대 영랑호 신청동리)

綠荷洲 靑瑤嶂 風烟十里 (녹하주 청요장 풍연십리)

香冉冉 翠森森 琉璃水面 (향염염 취삼삼 유리수면)

爲 泛舟景 幾何如 (위 범주경 기하여)

蓴羹鱸膾 銀絲雪縷 (순갱로회 은사설루)

爲 羊酪 豈勿參爲里古 (위 양락 기물참위리고)

雪嶽東 洛山西 襄陽風景 (설악동 낙산서 양양풍경)

降仙亭 祥雲亭 南北相望 (강선정 상운정 남북상망)

騎紫鳳 駕紅鸞 佳麗神仙 (기자봉 가홍란 가려신산)

爲 爭弄朱絃景 幾何如 (위 쟁롱주현경 기하여)

高陽酒徒 習家池館 (고양주도 습가지관)

爲 四節 遊伊沙伊多 (위 사절 유이사이다)

三韓禮義 千古風流 臨瀛古邑 (삼한예의 천고풍류 임영고읍)

鏡浦臺 寒松亭 明月淸風 (경포대 한송정 명월청풍)

海棠路 菡萏池春秋佳節 (해당로 함담지춘추가절)

爲 遊賞景 何如爲尼伊古 (위 유상경 하여위니이고)

燈明樓上 五更鍾後 (등명루상 오경종후)

爲 日出 景幾何如 (위 일출 경기하여)

五十川 竹西樓 西村八景 (오십천 죽서루 서촌팔경)

翠雲樓 越松亭 十里靑松 (취운루 월송정 십리청송)

吹玉篴 弄瑤琴 淸歌緩舞 (취옥적 농여금 청가완무)

爲 迎送佳賓景 何如 (위 영송가빈경 하여)

望槎亭上 滄波萬里 (망사정상 창파만리)

爲 鷗伊鳥 藩甲豆斜羅 (위 구이조 번갑두사라)

江十里 壁千層 屛圍鏡澈 (강십리 벽천층 병위경철)

倚風巖 臨水穴 飛龍頂上 (의풍암 임수혈 비룡정상)

傾綠蟻 聳氷峯 六月淸風 (경록의 용빙봉 육월청풍)

爲 避署景 幾何如 (위 피서경 기하여)

朱陳家世 武陵風物 (주진가세 무릉풍물)

爲 傳子傳孫景 幾何如 (위 전자전손경 기하여)

「상대별곡(霜臺別曲)」

- 조선 초기에 권근(1352~1409)이 지은 경기체가로, 『악장가사』에 수록됨.
- 제목에 보이는 상대(霜臺)는 사헌부를 가리키는 것으로, 작자가 1399년 대사헌을 맡았으니, 그 뒤의 어느 시기에 사헌부에서 하는 일을 칭송한 이 노래를 지었을 것으로 추정됨.
- 사헌부는 새 왕조의 기강을 바로잡는 기관. 서릿발 같은 기세로 새 왕조에 반대하는 세력을 규찰하고 엄격한 질서를 수립하는 중대한 임무를 맡았으니, 거기서 일하는 관원은 차림새가 대단히 엄격하고 자부심도 남달랐을것임. 이런 관점에서, 새 왕조의 기강을 바로잡고자 하는 취지를 펴기 위해 이 작품을 지은 것으로 보임.
- 연장체(聯章體) 형식으로 되어 있으며, 1장부터 4장까지는 경기체가의 정격(正格) 형식을 정연히 지켰으나, 끝의 5장은 형식을 상당히 벗어나 변격(變格)으로 되어 있음.
- 작품의 내용을 보면 사헌부에서 하는 일을 하나씩 서술하면서 자부심이 공연한 것이 아님을 제시함.
  * 1장에서는 새 왕조의 도읍터가 천년승지임을 말하고, 서울의 거리와 사헌부의 엄숙한 기풍 및 관원들의 기상과 자기과시를 노래.
  * 2장에서는 사헌부 관원들이 관청에 출근하는 광경에서 씩씩하고 믿음직한 자태를 묘사.
  * 3장은 임금의 현명함과 신하의 충직한 모습을 그리면서 태평성

대를 기림.

* 4장에서는 관원들이 일을 끝내고 술잔치에서 즐기는 장면을 노래.
* 5장에서는 어진 임금과 충성스런 신하들이 어우러진 태평성대에 훌륭한 인재들의 모임이 더욱 좋다는 것을 노래.

〈상대별곡 원문〉

華山南(화산남) 漢水北(한수북) 千年勝地(천년승지)
廣通橋(광통교) 雲鐘街(운종가) 건너드러
落落長松(낙락장송) 亭亭古栢(정정고백) 秋霜烏府(추상오부)
위 萬古淸風(만고청풍)ㅅ 景(경)긔 엇더하니잇고.
(葉) 英雄豪傑(영웅호걸) 一時人材(일시인재) 英雄豪傑(영웅호걸) 一時人材(일시인재)
위 날조차 몃분니잇고.

鷄旣鳴(계기명) 天欲曉(천욕효) 柴栢長提(시백장제)
大司憲(대사헌) 老執義(노집의) 臺長御使(대장어사)
駕鶴驂鸞(가학참란) 前呵後擁(전가후옹) 辟除左右(벽제좌우)
위 上臺(상대)ㅅ 景(경)긔 엇더하니잇고.
(葉) 싁싁흔뎌 風憲所司(풍헌소사) 싁싁흔뎌 風憲所司(풍헌소사)
위 振起頹綱(진기퇴강)ㅅ 景(경)긔 엇더하니잇고.

各房拜(각방배) 禮筆後(예필후) 大廳齊座(대청제좌)

正其道(정기도) 明其義(명기의) 參酌古今(참작고금)

時政得失(시정득실) 民間利害(민간이해) 救弊條條(구폐조조)

위 狀上(장상)ㅅ 景(경)긔 엇더하니잇고.

(葉) 君明臣直(군명신직) 太平聖代(태평성대) 君明臣直(군명신직) 太

平聖代(태평성대)

위 從諫如流(종간여류)ㅅ 景(경)긔 엇더하니잇고.

圓議後(원의후) 公事畢(공사필) 房主有司(방주유사)

脫衣冠(탈의관) 呼先生(호선생) 섯거안자

烹龍炮鳳(팽용포봉) 黃金醴酒(황금예주) 滿金臺盞(만금대잔)

위 勸上(권상)ㅅ 景(경)긔 엇더하니잇고.

(葉) 즐거온뎌 先任監察(선임감찰) 즐거온뎌 先任監察(선임감찰)

위 醉(취)혼ㅅ 景(경)긔 엇더하니잇고.

楚澤醒吟(초택성음)이아 녀는 됴하녀

鹿門長往(녹문장왕)이아 녀는 됴하녀

明良相遇(명량상우) 河淸盛代(하청성대)예

驄馬會集(총마회집)이아 나 됴하이다.

□ 시조

「하여가(何如歌)」/ 이방원

이런들 어떠하며 저런들 어떠하리
만수산 드렁칡이 얽어진들 어떠하리
우리도 이같이 얽어져 백년까지 누리리라.

「단심가(丹心歌)」/ 정몽주(1337~1392)

이 몸이 죽고 죽어 일백 번 고쳐 죽어
백골이 진토 되어 넋이라도 있고 없고
님 향한 일편단심이야 가실 줄이 있으랴.

「동짓달 기나긴 밤을」/ 황진이(미상, 중종 때 사람)

동지(冬至)ㅅ 둘 기나긴 밤을 한 허리를 버혀 내어
춘풍 니불아리 서리서리 너헛다가
어론 님 오신 날 밤이여든 구뷔구뷔 펴리라.

「가노라 삼각산아」/ 김상헌(1570~1652)

가노라 삼각산(三角山)아 다시 보자 한강수(漢江水)야
고국산천(故國山川)을 떠나고쟈 하랴마난
시절이 하 수상(殊常)하니 올동말동하여라.

□ 가사 작품

「상춘곡(賞春曲)」/ 정극인(1401~1481)

紅塵(홍진)에 뭇친 분네 이내 生涯(생애) 엇더ᄒᆞᆼ고,

녯 사ᄅᆞᆷ 風流(풍류)ᄅᆞᆯ 미ᄎᆞᆯ가 못 미ᄎᆞᆯ가.

天地間(천지간) 男子(남자) 몸이 날만ᄒᆞᆫ 이 하건마ᄂᆞᆫ,

山林(산림)에 뭇쳐 이셔 至樂(지락)을 ᄆᆞ를것가.

數間茅屋(수간모옥)을 碧溪水(벽계수) 알픠 두고,

松竹(송죽) 鬱鬱裏(울울리)예 風月主人(풍월주인) 되여셔라.

엇그제 겨을 지나 새봄이 도라오니,

桃花杏花(도화행화)ᄂᆞᆫ 夕陽裏(석양리)예 퓌여 잇고,

綠楊芳草(녹양방초)ᄂᆞᆫ 細雨中(세우중)에 프르도다.

칼로 ᄆᆞᆯ아 낸가, 붓으로 그려 낸가,

造化神功(조화신공)이 物物(물물)마다 헌ᄉᆞ롭다.

수풀에 우ᄂᆞᆫ 새ᄂᆞᆫ 春氣(춘기)ᄅᆞᆯ 못내 계워 소리마다 嬌態(교태)로다.

物我一體(물아일체)어니, 興(흥)이이 다ᄅᆞᆯ소냐.

柴扉(시비)예 거러 보고, 亭子(정자)애 안자 보니, 逍遙吟詠(소요음영)
ᄒᆞ야,

山日(산일)이 寂寂(적적)ᄒᆞᆫ디, 閒中眞味(한중진미)ᄅᆞᆯ 알 니 업시 호재
로다.

이바 니웃드라, 山水(산수) 구경 가쟈스라.

踏靑(답청)으란 오늘 ᄒ고, 浴沂(욕기)란 來日(내일) ᄒ새.

아춤에 採山(채산)ᄒ고, 나조히 釣水(조수)ᄒ새.

ᄀᆺ 괴여 닉은 술을 葛巾(갈건)으로 밧타 노코,

곳나모 가지 것거, 수 노코 먹으리라.

和風(화풍)이 건듯 부러 綠水(녹수)를 건너오니,

淸香(청향)은 잔에 지고, 落紅(낙홍)은 옷새 진다.

樽中(준중)이 뷔엿거든 날ᄃ려 알외여라.

小童(소동) 아히ᄃ려 酒家(주가)에 술을 믈어,

얼운은 막대 집고, 아히ᄂᆫ 술을 메고,

微吟緩步(미음완보)ᄒ야 시냇ᄀ의 호자 안자,

明沙(명사) 조흔 믈에 잔 시어 부어 들고,

淸流(청류)를 굽어보니, 써오ᄂᆞ니 桃花(도화) ㅣ로다.

武陵(무릉)이 갓갑도다. 져 미이 긘 거이고.

松間(송간) 細路(세로)에 杜鵑花(두견화)를 부치 들고,

峰頭(봉두)에 급피 올나 구름 소긔 안자 보니,

千村萬落(천촌만락)이 곳곳이 버려 잇ᄂᆡ.

煙霞日輝(연하일휘)ᄂᆞ 錦繡(금수)를 재폇ᄂᆞᆫ 듯.

엇그제 검은 들이 봄빗도 有餘(유여)흘샤.

功名(공명)도 날 씌우고, 富貴(부귀)도 날 씌우니,

淸風明月(청풍명월) 外(외)에 엇던 벗이 잇ᄉ올고.

簞瓢陋巷(단표누항)에 훗튼 혜음 아니 ᄒ니,

아모타, 百年行樂(백년행락)이 이만ᄒᆫ둘 엇지ᄒ리.

「면앙정가(俛仰亭歌)」/ 송순(1493~1582)

- 정극인(丁克仁)의 「상춘곡(賞春曲)」과 더불어 호남 가사문학의 원류가 될 뿐 아니라, 그 내용·형식·가풍 등은 정철의 「성산별곡(星山別曲)」에 직접 영향을 미치고 있어 가사문학의 계보 연구에 필수적인 자료임.
- 필사본 『잡가(雜歌)』에 국문가사가 전하고, 작자의 문집인 『면앙집(俛仰集)』에는 한역가가 실려 있으며, '무등곡(無等曲)'이라고도 함.
- 「면앙정가」는 송순이 관직에서 잠시 물러나 그의 향리인 전라도 담양 기촌(企村)에 머물러 있을 때, 그곳 제월봉(霽月峰) 아래에 면앙정을 짓고 그 주변 산수 경개와 계절에 따른 아름다운 모습을 감상하며 즐긴 것을 노래한 가사임.
- 참고로 송순은 태인고현향약을 활성화시킨 송세림의 제자이며, 문하생으로 하서 김인후, 고봉 기대승이 있었음.

〈면앙정가 원문〉

無等山(무등산) 훈 활기 뫼히 동 다히로 버더 이셔
멀리 쎄쳐 와 霽月峯(제월봉)이 되어거늘
無邊大野(무변대야)의 므슴 짐쟉ᄒ노라
닐곱 구비 홈디 움쳐 믄득믄득 버럿ᄂᆞᆫ 둣
가온대 구비ᄂᆞᆫ 굼긔 든 늘근 뇽이
선ᄌᆞᆷ을 굿 ᄭᅢ야 머리를 안쳐시니

너르바회 우희 松竹(송죽)을 헤혀고

亭子(정자)를 안쳐시니

구름 툰 靑鶴(청학)이

千里(천리)를 가리라 두 느래 버렷는 둣

玉泉山(옥천산) 龍泉山(용천산) 느린 물히

亭子(정자) 압 너븐 들히 兀兀(올올)히 펴진 드시

넙써든 기노라 프르거든 희지 마나

雙龍(쌍룡)이 뒤트는 둣 긴 깁을 치펏는 둣

어드러로 가노라 므숨 일 비얏바

돋는 둣 ᄯᅩ로는 둣 밤낫즈로 흐르는 둣

므조친 沙汀(사정)은 눈ᄀᆞᆺ치 펴졋거든

어즈러온 긔러기는 므스거슬 어르노라

안즈락 ᄂᆞ리락 모드락 훗트락

盧花(노화)를 ᄉᆞ이 두고 우러곰 좃니는뇨

너븐 길 밧기오 진 하놀 아리

두르고 소즌 거슨 뫼힌가 屛風(병풍)인가

그림가 아닌가 노픈둣 ᄂᆞ즌 둣

긋는 둣 닛는 둣 숨거니 뵈거니

가거니 머믈거니 어즈러온 가온디

일홈 는 양ᄒᆞ야 하놀도 젓치 아녀

웃독이 셧는 거시 秋月山(추월산) 머리 짓고

龍龜山(용귀산) 夢仙山(몽선산) 佛臺山(불대산) 魚登山(어등산)

湧珍山(용진산) 錦城山(금성산)이 虛空(허공)에 버러거든

遠近(원근) 蒼崖(창애)의 머믄 것도 하도 할샤

흰 구름 브흰 煙霞(연하) 프르니는 山嵐(산람)이라

千巖(천암) 萬壑(만학)을 제 집을 삼아 두고

나명셩 들명셩 일히도 구는지고

오르거니 ᄂᆞ리거니 長空(장공)의 ᄯᅥ나거니

廣野(광야)로 거너거니 프르락 불그락 여트락 디트락

斜陽(사양)과 서거지어 細雨(세우)조차 뿌리는다

藍輿(남여)를 비야 ᄐᆞ고 솔 아릭 구븐 길노 오며 가며 ᄒᆞ는 적의

祿楊(녹양)의 우는 黃鸎(황앵) 嬌態(교태) 겨워 ᄒᆞ는고야

나모 새 ᄌᆞᄌᆞ지어 綠陰(녹음)이 얼린 적의

百尺(백척) 欄干(난간) 긴 조으름 내여 펴니

水面(수면) 凉風(양풍)이야 긋칠 줄 모르는가

즌 서리 ᄲᅡ진 후의 산 빗치 금슈(錦繡)로다

黃雲(황운)은 ᄯᅩ 엇지 萬頃(만경)의 편 거지요

漁笛(어적)도 흥을 계워 돌를 ᄯᆞ라 브니는다

草木(초목) 다 진 후의 江山(강산)이 미몰커ᄂᆞᆯ

造物(조물)리 헌ᄉᆞᄒᆞ야 氷雪(빙설)노 ᄭᅮ며 내니

瓊宮瑤臺(경궁요대)와 玉海銀山(옥해은산)이 眼底(안저)의 버러셰라

乾坤(건곤)도 가음열샤 간 대마다 경이로다

人間(인간)을 ᄯᅥ나와도 내 몸이 겨를 업다

니것도 보려 ᄒᆞ고 져것도 드르려코

ᄇᆞ룸도 혀려 ᄒᆞ고 돌도 마즈려코

봄으란 언제 줍고 고기란 언제 낙고

柴扉(시비)란 뉘 다드며 딘 곳츠란 뉘 쓸려뇨

아ᄎᆞᆷ이 낫브거니 나조히라 슬흘소냐

오ᄂᆞᆯ리 不足(부족)거니 來日(내일)리라 有餘(유여)ᄒᆞ랴

이 뫼히 안ᄌᆞ 보고 뎌 뫼히 거러 보니

煩勞(번로)ᄒᆞᆫ ᄆᆞ음의 ᄇᆞ릴 일리 아조 업다

쉴 사이 업거든 길히나 젼ᄒᆞ리야

다만 ᄒᆞᆫ 靑藜杖(청려장)이 다 뫼 되여 가노미라

술리 닉어거니 벗지라 업슬소냐

블니며 투이며 혀이며 이아며

온가짓 소ᄅᆡ로 醉興(취흥)을 비야거니

근심이라 이시며 시름이라 브터시랴

누으락 안즈락 구브락 져츠락

을프락 ᄑᆞ람ᄒᆞ락 노혜로 노거니

天地(천지)도 넙고넙고 日月(일월)도 ᄒᆞᆫ가ᄒᆞ다

羲皇(희황) 모롤러니 니 적이야 긔로고야

神仙(신선)이 엇더턴지 이 몸이야 긔로고야

江山風月(강산풍월) 거ᄂᆞ리고 내 百年(백년)을 다 누리면

岳陽樓(악양루) 上(상)의 李太白(이태백)이 사라 오다

浩蕩(호탕) 情懷(정회)야 이예서 더ᄒᆞᆯ소냐

이 몸이 이렁 굼도 亦君恩(역군은)이샷다

「성산별곡」/ 정철(1536~1593)

- 성산은 전라남도 담양군 창평면 지곡리에 있는 지명.
- 정철이 25세 이후에 당쟁으로 정계를 물러나 이곳에서 살 때 김성원(金成遠)을 위하여 이 작품을 지었다고 함.
- 당시의 문인 김성원이 세운 서하당(棲霞堂)·식영정(息影亭)을 중심으로 계절에 따라 변하는 경치와 김성원의 풍류를 예찬한 노래.
- 전체 6단으로 나눌 수 있음.
  * 제1단은 서사(緖詞)로 서하당·식영정에 머물며 세상에 나가지 않는 주인 김성원의 풍류와 기상, 그리고 선간(仙間) 같은 식영정의 자연경관을 노래.
  * 제2단은 춘사(春詞)로 성산의 봄 경치와 주인공의 생활을 그린 것.
  * 제3단은 하사(夏詞)로 신선하고 한가한 성산의 여름 풍경을 묘사.
  * 제4단은 추사(秋詞)로 성산의 가을 달밤 풍경을 읊음.
  * 제5단은 동사(冬詞)로 눈 내린 성산의 겨울 경치와 이곳에 은거하는 늙은이의 부귀를 노래.
  * 제6단은 결사(結詞)로 산중에 벗이 없어 독서를 통하여 고금의 성현과 호걸들을 생각하고 그 흥망과 지조를 느끼며, 뜬구름 같은 세상에 술 마시고 거문고나 타는 진선(眞仙) 같은 생활의 즐거움을 노래.

〈성산별곡 원문〉

엇던 디날 손이 星山[성산]의 머믈며셔
棲霞堂[서하당] 息影亭[식영정] 主人[주인]아 내 말 듯소.
人生[인생] 世間[세간]의 됴흔 일 하건마는
엇디훈 江山[강산]을 가디록 나이 너겨
寂寞[적막] 山中[산중]의 들고 아니 나시는고.
松根[송근]을 다시 쓸고 竹床[죽상]의 자리 보아
져근덧 올라안자 엇던고 다시 보니
天邊[천변]의 썻는 구름 瑞石[서석]을 집을 사마
나는 둣 드는 양이 主人[주인]과 엇더훈고.
滄溪[창계] 흰 물결이 亭子[정자] 알픠 둘러시니
天孫雲錦[천손운금]을 뉘라서 버혀 내여
닛는 둣 퍼티는 둣 헌소토 헌소훌샤.
山中[산중]의 册曆[책력] 업서 四時[사시]를 모르더니
눈 아래 헤틴 景[경]이 쳘쳘이 절로 나니
듯거니 보거니 일마다 仙間[선간]이라.
梅窓[매창] 아젹 벼틱 香氣[향기]예 잠을 씨니
山翁[산옹]의 히훌 일이 곳 업도 아니훈다.
울 밋 陽地[양지] 편의 외씨를 쎄허 두고
미거니 도도거니 빗김의 달화 내니
靑門故事[청문고사]를 이제도 잇다 훌다.

芒鞋[망혜]룰 비야 신고 竹杖[죽장]을 흣더디니

桃花[도화] 핀 시내 길히 芳草洲[방초주]의 니어셰라.

닷봇근 明鏡[명경] 中[중] 절로 그린 石屛風[석병풍]

그림재룰 버들 사마 西河[서하]로 홈씌 가니

桃源[도원]은 어드매오 武陵[무릉]이 여긔로다.

南風[남풍]이 건듯 부러 綠陰[녹음]을 혜텨 내니

節[절] 아는 괴꼬리는 어드러셔 오돗던고.

羲皇[희황] 벼개 우히 풋줌을 얼픗 씨니

空中[공중] 저즌 欄干[난간] 믈 우히 쩌 잇고야.

麻衣[마의]룰 니믜 추고 葛巾[갈건]을 기우 쓰고

구브락 비기락 보는 거시 고기로다.

흐르밤 비 씌운의 紅白蓮[홍백련]이 섯거 픠니

부람씌 업시셔 萬山[만산]이 향긔로다.

廉溪[염계]룰 마조보아 太極[태극]을 뭇줍는 듯

太乙眞人[태을진인]이 玉字[옥재]룰 헤혓는 듯

노자암 건너보며 紫微灘[자미탄] 겨터 두고

長松[장송]을 遮日[차일]사마 石逕[석경]의 안자ᄒ니

人間[인간] 六月[유월]이 여긔는 三秋[삼추]로다.

淸江[청강] 썻는 올히 白沙[백사]의 올마 안자

白鷗[백구]룰 벗을 삼고 줌 씰 줄 모르나니

無心[무심]코 閑暇[한가]ᄒ미 主人[주인]과 엇더ᄒ니

梧桐[오동] 서리둘이 四更[사경]의 도다 오니

千巖萬壑[천암만학]이 나진들 그려흘가.

湖洲[호주] 水晶宮[수정궁]을 뉘라서 옴겨 온고.

銀河[은하]룰 띄여 건너 廣寒殿[광한전]의 올랏는 듯.

짝 마즌 늘근 솔란 釣臺[조대]예 셰여 두고

그 아래 비를 띄워 갈 대로 더뎌 두니

紅蓼花[홍료화] 白蘋洲[백빈주] 어느 소이 디나관디

環碧堂[환벽당] 龍[용]의 소히 빗머리에 다하셰라.

清江[청강] 綠草邊[녹초변]의 쇼 머기는 아히들이

夕陽[석양]의 어위 계워 短笛[단적]을 빗기 부니

믈 아래 줌긴 龍[용]이 줌 씨야 니러날 듯.

닉씌예 나온 鶴[학]이 제 기술 더뎌 두고

半空[반공]의 소소 뜰 듯.

蘇仙[소선] 赤壁[적벽]은 秋七月[추칠월]이 됴타 호디

八月[팔월] 十五夜[십오야]룰 모다 엇디 과ᄒᆞᆫᄂᆞᆫ고.

纖雲[섬운]이 四捲[사권]ᄒᆞ고 믈결이 채 잔 적의

하놀의 도단 둘이 솔 우히 걸려거든

잡다가 빠딘 줄 李謫仙[이적선]이 헌소홀샤.

空山[공산]의 싸힌 닙흘 朔風[삭풍]이 거두 부러

쎄구름 거ᄂᆞ리고 눈조차 모라오니

天公[천공]이 호ᄉᆞ로와 玉[옥]으로 고즐 지어

萬樹千林[만수천림]을 ᄭᅮ며곰 낼셰이고.

압 여흘 ᄀᆞ리 어러 獨木橋[독목교] 빗겻ᄂᆞᆫ디

막대 멘 늘근 즁이 어니 뎔로 간닷 말고.

山翁[산옹]의 이 富貴[부귀]를 눔ᄃ려 헌ᄉ 마오.

瓊瑤屈[경요굴] 隱世界[은세계]를 ᄎᄌ리 이실셰라.

山中[산즁]의 벗이 업서 漢紀[한기]를 쌔하 두고

萬古[만고] 人物[인물]을 거ᄉ리 혜여ᄒ니

聖賢[성현]도 만커니와 豪傑[호걸]도 하도 할샤.

하ᄂᆯ 삼기실 제 곳 無心[무심]흘가마는

엇디흔 時運[시운]이 일락배락 ᄒ얏ᄂ고.

모ᄅᆯ 일도 하거니와 애돌옴도 그지업다.

箕山[기산]의 늘근 고불 귀는 엇디 싯돗던고.

박소리 핀계ᄒ고 조장이 ᄀ장 놉다.

人心[인심]이 ᄂᆺ ᄀᄐᆞ야 보도록 새롭거ᄂᆯ

世事[세사]ᄂᆫ 구롬이라 머흐도 머흘시고.

엇그제 비즌 술이 어도록 니건ᄂ니.

잡거니 밀거니 슬ᄏ장 거후로니

ᄆᆞ음의 미친 시름 져그나 ᄒ리ᄂ다.

거믄고 시옭 언저 風入松[풍입송] 이야고야.

손인동 主人[주인]인동 다 니저 ᄇ려셔라.

長空[장공]의 썻는 鶴[학]이 이 골의 眞仙[진선]이라.

瑤臺[요대] 月下[월하]의 힝혀 아니 만나신가.

손이셔 主人[주인]ᄃ려 닐오디 그디 긘가 ᄒ노라.

정읍, 샘고을 이야기

ⓒ 최재용, 2022

초판 1쇄 발행 2022년 12월 15일

지은이   최재용
펴낸이   이기봉
편집   좋은땅 편집팀
펴낸곳   도서출판 좋은땅
주소   서울특별시 마포구 양화로12길 26 지월드빌딩 (서교동 395-7)
전화   02)374-8616~7
팩스   02)374-8614
이메일   gworldbook@naver.com
홈페이지 www.g-world.co.kr

ISBN   979-11-388-1457-7 (03910)